U0577241

名师名校名校长

凝聚名师共识
回应名师关怀
打造名师品牌
培育名师群体

程明远题

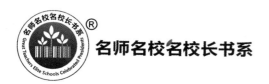

名师名校名校长书系

万博老师带班宝典

万博 著

东北师范大学出版社

长春

图书在版编目（CIP）数据

万博老师带班宝典 / 万博著. — 长春：东北师范
大学出版社，2019.6
ISBN 978-7-5681-5982-1

Ⅰ.①万… Ⅱ.①万… Ⅲ.①中学—班主任工作
Ⅳ.①G635.16

中国版本图书馆CIP数据核字（2019）第131075号

□策划创意：刘　鹏

□责任编辑：何　宁　刘贝贝　□封面设计：姜　龙

□责任校对：刘彦妮　张小娅　□责任印制：张允豪

东北师范大学出版社出版发行
长春净月经济开发区金宝街 118 号（邮政编码：130117）
电话：0431-84568115
网址：http：// www.nenup.com
北京言之凿文化发展有限公司设计部制版
廊坊市金朗印刷有限公司印装
廊坊市广阳区廊万路 18 号（邮编：065000）
2022年6月第1版　2022年6月第1次印刷
幅面尺寸：170mm×240mm　印张：15.75　字数：284千

定价：45.00元

序言

做孩子生命里的重要他人

——写在前面的话

这是我的第一本书。

非常不容易。

备受煎熬。

读完这篇序言及第一章最后一篇《克服"心魔"，自为成长》，就能大致体会这份不容易。

这本书主要由三部分构成：上篇带班锦囊，包括2017年我在《中小学德育》杂志开设的"万老师带班记"专栏11篇文章以及3个经典案例分享；中篇育人日常，选取了最能记录我和孩子们共同成长的素材来分享，即梦想起飞的地方——军训、起始月班级日志和励志帖 思辨窗；下篇温暖回响，由毕业班的回望和墙里开花内外香构成。本书的每章节前的小序均是工作室学员刘淑敏老师所作。她多次聆听我的讲座和报告，又在工作室学习成长，在孕期还为我的第一本书尽心尽力地写序，令我很感动。

"万老师带班记"比较全面地梳理总结了我多年带班的心得与探索。例如，如何做智慧的陪伴者？如何制定特色班规？如何办出特色的墙报？如何开设特色班会？如何与家长良性沟通？如何做读书型班主任？等等。所有的案例均来自真实的带班经历。

下面是专栏第一篇的原文，摘录如下，以作自序。

当王清平主编约请我在《中小学德育》杂志开设专栏时，我感到既荣幸又惶恐。对于一名一线的普通教师而言，在这样优秀的杂志系统地开设专栏，既是荣誉，更是挑战。

在最初的惊喜和慌乱后，我平静下来，眼前浮现起以往讲座现场一位又一位满含热忱的老师。他们听完我的带班经历与案例分享后，总是问道："万老师，您有专著吗？我们想拜读，以便更细致深入地了解和学习……"我总是既感动又汗颜地说："谢谢您，暂时没有，我会努力的！"

与许多辛勤工作的高中教师一样，我长期奋战在高考一线。每天，我除了认真备课上课、辅导学生、组织实施各项班级活动，并肩负起班主任工作室的重担，还希望能兼顾家庭。因此，我从未想过开启写作之旅。《大学》中有云："物有本末，事有始终，知所先后，则近道矣。"作为高中教师，在教学、带班、工作室和社会活动之间，我始终坚守"教学第一、带班第一"的原则。因为，扎根一线、立足本班才能不负学生期待、家长厚望和学校所托，这也是一个所谓名班主任的生命线！然而，面对《中小学德育》杂志这一优质平台的邀约，回想我在全国各地开展讲座时老师们的期待，我似乎找到了写作的动力和激情。我愿意将多年的带班经历和心路历程梳理总结、回顾反思，真实地呈现在同行与专家的面前，希望得到大家的指正！如果我的分享能带给年轻的教师们一点儿帮助，那就善莫大焉了。

正如雅斯贝尔斯所言："教育本质上意味着一棵树摇动另一棵树，一朵云推动另一朵云，一个灵魂唤醒另一个灵魂。"将这一系列分享定义为"如何成为孩子们生命里的重要他人"，源于我在24年教育旅程中始终不曾改变的育人理念："自己是什么样的人，才能要求孩子是怎样的人；只有自己是善良、正直、有用的人，才能把孩子们培养成善良、正直、有用的人。"

在24年的教育生涯中，最令我引以为豪的不是因默默教书醉心育人，水到渠成地收获各级教育行政部门的荣誉、奖励，不是因身处名校教书，学生成绩优异所带来的优越感，也不是因面对生源不佳的状况，依然秉承不抛弃、不放弃的啃硬骨头的精神，与老师们并肩奋战夺取辉煌的高考成绩，而是一届又一届的孩子都能在离开学校许久之后，依然记得我，记得我的叮咛！每年教师节，我都能收到孩子们从各地发回的深情问候，络绎不绝地有孩子回来看我。孩子们在信件、微信、微博上留下了这样的痕迹：

"记得您在每个清晨来到书香弥漫的教室里，为我们深情地朗读泰戈尔的《园丁集》《飞鸟集》的那些日子。"（这是移民澳大利亚的陈鸣，多年后在微信朋友圈的分享。)

"不是因为老师在旁边就不闯红灯，而是因为我还记得，您曾用元代大学者许衡'梨虽无主，我心有主'的故事告诉我们，做一名合格的公民需要内心的坚守而不是强制的监督。"（一个曾经迷茫叛逆的少年在成长为家族企业管理者后，在空寂无车的红绿灯路口也不闯红灯时，与我说的话。）

"还记得三年来周记上密密麻麻的批注对话，那是一个智者老师与一个懵懂少年关于理想、人生、金钱的探讨。万老师，您是改变我三观的人！"（一个立志成为中国索罗斯的富二代，最后被成功"洗脑"，成为文艺青年。他在班群上说："万老师，你让我们的人生多了几分痛苦，更多了几多美好哟！"）

"还记得当年我们的班级奋斗目标，就是成为善良、正直、有用的人！如果不能利用所学专业知识帮助他人，为辛苦打工好不容易买了机票的农民工成功维权，改签打折机票，就不敢再说自己是万妈妈的孩子了呀！"（就读于天津民航大学的文杰在母亲节问候视频中说的话。）

"长大后，我要成为像万妈妈那样的人！万妈妈，我一定不会忘记当初自己的诺言！"（作为一名志愿者的小太阳安琪在微博中的留言，她已经迈出国门，走向非洲，践履志愿者人生。）

…………

还有什么比这更幸福的呢？我们的教育早已不是空洞苍白的说教，不是干瘪冷漠的分数，而是镌刻在孩子生命里的印记。我们不是他们年少岁月里匆匆的过客，而是已经成为他们生命里的重要他人！

今年高考放榜当天，知悉我带的班级再创辉煌，学校一位年轻的体育老师在微信朋友圈激动地发出了一篇文章《女版陆菲青》。文中写道："万老师所带班级的孩子，最大的特色就是阳光上进、善良正直，带着深深的万老师的痕迹……"

多年前，在一次讲座现场，一位年轻的老师泪如雨下。邻座的老师安慰她时，这位美丽的姑娘说："我也曾和万老师一样对教书育人的事业充满憧憬。不同的是，万老师在历经挫折之后依然坚守信念，而我在都市的浮躁和教书的琐碎中，尘封了理想。今天听了万老师的讲座，我愿意重新上路，做孩子们生命里的重要他人。"

　　我想，就从这里出发吧！记述自己的成长痕迹，与辛勤育人的广大同仁，与刚刚踏上工作岗位，还在迷茫和困惑中不知所措的年轻的老师们一起分享与感悟，怎样做才会成为孩子们生命里的重要他人。

　　感恩生活，感恩岁月，感恩职业生涯中每一个给予我启迪、帮助和扶持的人！感恩我生命里的每一个孩子！

　　感谢三名书系的编辑们。

目录

上篇 带班锦囊

中篇　育人日常

下篇　温暖回响

赠人玫瑰，手留余香。

　　师者，渡人渡己的修行者，最大的功德在于启迪学生发现内在的亮点，成就最好的自己。万博老师在教育之路上孜孜以行26年，与数以千计的学生相伴同行，用智慧浇灌出一颗颗鲜活的灵魂，用真情温暖了一颗颗年轻的心灵，用严谨创设出一幕幕动人的教育场景，不辞劳苦，不骄不躁。她培育出来的学生与她一样善良、正直、温暖。每一次遇见都是她浪漫的师者之旅的开端，每一篇教育实践都凝结了她二十多年来对教育的思考与行动，每一幅画面都散发着大气、睿智、友爱的馨香。

上篇

带班锦囊

第一章　专栏精品

　　万博老师在广州市的班主任中是位名人，她带班成绩好，育人效果佳。众多学校都邀请万老师开设讲座，为一线教师分享带班经验。因其在学生、家长、同行中的口碑好，受邀为《中小学德育》杂志撰写德育专栏，以下12篇带班记录是万老师从心底流淌出来的半生所得、所想，一发表就受到了一线教师的好评。

陪伴是最长情的告白

　　陪伴是最长情的告白。只因这句流行语戳中了我24年教书生涯中最温暖、最柔软的泪点，也悄然揭开了我成为受孩子们欢迎、被孩子们铭记，深远影响孩子们成长的一个好老师的秘密。

　　每当节假日或生日，我都会成为被身边伙伴定义为"比较拉仇恨"的人（朋友圈的出现，提供了"拉仇恨"的平台）——我收到的礼物丰富而又新奇：课堂上忽然熄灯，全班齐唱beyond的《真的爱你》，班长捧着鲜花"闪瞎"我的双眼；妈妈和孩子一起制作了巨大的生日蛋糕，全班同学则将教室里的黑板变成了世界上最大的生日卡片；孩子用蜡烛在教室里铺设了"星光大道"，并洒满玫瑰花瓣……许多年轻老师羡慕地说："万老师，我们一生有一次这样的感动足矣！"

　　有一个孩子十几年如一日，每到教师节总会送来祝福。他告诉我："万老师，对您这样好，就是想让您觉得，做一个好老师是值得的！"当时我就感动得流泪了！我总是满怀忐忑地说："我何德何能，配得上孩子们这么用心的礼物？"安琪姑娘说："您配得起，因为您曾那样用心地陪着我们，走过了青葱岁月里最艰难而又最美好的日子！"

是的，只因为我曾那样用心地陪伴过，所以孩子们才记得啊！无数一线的优秀教师，尤其是幸福感满满的教师，应该都会和我有同样的感受吧！

一、陪伴需要认真聆听——打开孩子心门的正确方式

陪伴，说起来简单，似乎人人都会，不就是舍得给时间嘛！其实不然。陪父母、陪伴妻儿、陪伴学生，许多人花了不少时间去陪伴对方，却因为不懂得陪伴的智慧，陪伴越多矛盾越多，争吵也就越多。尤其是处在青春期、叛逆期的孩子，一言不合就会翻脸！

究其原因，无他，孩子们觉得老师、父母太唠叨！其实，我们的祖先在造字时已将智慧隐藏于其中。"陪"字是什么偏旁？"耳朵"啊！是的，陪伴最重要的是用耳朵陪，而不是用嘴巴陪！聆听，是陪伴孩子成长的最好方式！学会聆听孩子心声的老师，才是真正懂得陪伴艺术的老师。几乎所有得到孩子信任的老师或家长都有一个共同点——孩子愿意把心里话说给他们听，并且他们从不自以为是，不顾孩子的倾诉而自说自话。

很多时候，我们错误地以为讲得越多越好。孩子一旦犯了错误，或者学习状况不佳时，老师尚未找到症结所在，就盲目地将自己的人生经验、知识学问统统告诉他们。仿佛这样做，孩子就能进步、成长了。殊不知，当孩子们遇到困难或疑惑时，首先需要的是倾诉对象而非说教者。

师生有效交流的前提是平等：就肢体语言来说，和小学生交谈的第一个要诀是蹲下来，目光平视孩子，这样的对话方式才最容易被孩子接纳。如果在谈话中，孩子的眼睛没有和你形成交流，那么谈话就不是成功的交流。

与中学生交谈的最好的方式是双方坐下来，舒服地交谈。尤其是对于犯了错误的孩子，不要让他/她躬身低头地在你面前被训斥，而是让他/她坐在你身边，如此开始的谈话才有了深度沟通的前提。

多年来，我一直以平等的姿态、悦纳的心态与孩子们进行沟通，最喜欢使用的交流句式是询问式："愿意和我聊聊……吗？""来，说说看，这事儿你的处理方式还可以更好些吗？""你也不太满意这次的成绩，对吗？想和我一起分析一下原因吗？""你受了多大的委屈才干这样的傻事儿啊！先说说委屈吧……"很多时候，我的询问刚出口，孩子的泪水就出来了。孩子们告诉我，面对类似事件，以往家长总是以如下方式开启谈话，"难道你不知道这样做是……吗？"（反问句是所有沟通场合的大忌，除非你想惹恼被责难的人或表

3

达强烈的不满情绪）"说，你错在哪里？""怎么搞的？成绩考成这样！"孩子们说，每当他们被这样诘难时，都羞怒难当，什么都不想说。有时孩子甚至会想说："我就这样，怎么了？"是啊，一旦沟通的第一扇门被堵住了，那么后面的谈话便成了一厢情愿。试想：长期在你一厢情愿的陪伴中度过了许多痛苦又难熬日子的孩子，又怎么会感念你的陪伴呢？

所以，如果想让自己成为孩子生命里那个重要的人，我们首先要学会做一个认真的聆听者，用正确的方式打开孩子的心门。

二、陪伴需要掌握节点——关键时刻不要掉链子

不同年龄段的孩子，对老师的要求是不一样的。孩子年龄越小，对师长的依赖性越强，需要陪伴的时间也越长；随着年龄的增长，孩子的独立意识增强，需要陪伴的时间会越来越少，过多的陪伴甚至还会引起他们的误解——认为师长不信任他们。

作为高中班主任，我们陪伴的是价值观、人生观、世界观日趋稳定成熟的孩子。请注意，他们已经有能力辨识你是否是一个智慧型教师。"母鸡式"的爱，唠叨的说教，耗时间的陪伴，是无法获得高中学生的认同的！总结多年的带班经验，我和大家分享几个孩子需要我们陪伴的重要节点。

节点1：新生入学军训

万事开头难，好的开始是成功的一半。军训时的陪伴非常重要，一些缺乏经验的年轻班主任往往会忽略这个时段，他们认为军训的主要负责人是教官，班主任就是个打酱油的。如果带着这样的想法等开学后再开启新班管理，注定你会事倍功半甚至劳而无功。

高考对学生而言是一场实力与意志的比拼，智力、体力与心态的考量，而军训是开展意志与体能训练的上佳时机。我将军训视为培养学生集体观念、国防意识、竞争意识最好的时机，所带的历届班级都在军训时就形成了良好的班风和极强的凝聚力。在军训期间，我认真陪伴孩子们、了解孩子们，通过各种游戏加深与孩子们的感情。孩子们远离父母，经历了较大强度的训练，此时情感都比较脆弱。晚间休息前、例行查宿舍时，我会极其认真地对待。此时，一句温暖的问候、悄声的叮咛，都会让孩子们感受到莫大的鼓励。我还把孩子们的军训体会编撰成书——《梦想起飞的地方》，送给他们。一步快，步步快。从军训时便把班级带得虎虎生威，孩子们在高考征途中自然勇往直前。

节点2：校园活动季

各种学校的集体活动是最能增进师生情感、生生情感的载体，如运动会、艺术节、科技节等。在以高考为主攻目标的大形势下，许多老师认为，学校的各种活动只是"副业"，故而并不重视。其实，一个只抓学习的班主任，只会失去挖掘与激发孩子潜能的机会。

我认为，多年来，我所带的班级之所以高考成绩优异，我重视陪伴孩子们开展活动功不可没。11年前，当学校操场还是一片黄沙土地时，为了让赤脚跑步的孩子们不受伤，我中午顶着烈日在跑道上拣石块；因体育老师误判，我们错失第一时，孩子们抱着我，泪洒操场；在运动会期间，许多班主任都会陪着孩子们一起跑，一起加油，却在运动会结束后不做总结就散场。而我，总是在夕阳余晖映照下的黄昏，伴着天边火红的晚霞，与孩子们在操场上欢庆每一个胜利，总结每一个失误，激励孩子们把体育场上的拼搏精神带到学习中。

许多当年奔跑在操场上的孩子已为人父母，当他们抱着孩子回来看我时，说起当年的操场，他们依然记忆犹新，感慨良多。认真地开展好每一次校园活动，执着地陪伴孩子们的活动全程，孩子们获得的是受益终身的预设力、活动指引力和总结反馈力。

而一起拼搏、一起欢笑、一起流汗、一起流泪的光辉岁月，也成为我和孩子们永远珍藏的美好记忆。

节点3：每一次大考前后

每一次大考前的温馨鼓励，大考后的及时安抚，也是陪伴的节点。记得有一年高考，年级里一个平时极少迟到的班主任，居然在送考的那几天频频迟到，只见班上的孩子在门口焦急地寻找着自己的班主任。问及原因，这位年轻班主任的回答让我啼笑皆非——哎呀，平时都搞好了，现在就可以松口气了！

高考是孩子们人生的重要节点，也是最需要我们陪伴的关键时刻。每到高考季，我肯定在校门打开之前到达，务必让班上的每一个孩子都得到一个最有力、最温暖的拥抱。我会满怀信心地告诉每一个孩子：你，行的！手发抖的孩子，我更会多抱一会儿。记得那年理科综合试题难度大，孩子们从考场出来都非常沮丧。我一个一个地去安慰、鼓励："你们真的好棒，听说华南师范大学附属中学（以下简称'华附'）考场有一个考生是哭着出来的呢！"我的安慰，让孩子们平复了心情，鼓起信心迎接下午的英语考试。那年高考，孩子们都取得了不错的成绩。

要想成为孩子生命里重要的人，我们就要掌握这些陪伴的节点，关键时刻不要掉链子！

三、陪伴需要心甘情愿——"我愿意"胜过千言万语

我见过许多真正热爱教书育人的优秀教师，他们普遍显得比同龄人要年轻。即便是承担着高考升学重责的高中班主任，亦是如此。当然，我也是其中的一员！每每被问到年轻的奥秘，我的回答都是：身累心宽，杂念甚少！因为陪伴孩子们成长这件事，是我愿意的，而且甘之如饴！

人们在赞美老师时，总会用到诸如"春蚕到死丝方尽，蜡炬成灰泪始干"的句子。我一直不喜欢这样悲苦凄恻的比喻，虽然这从一定程度上昭示了教师这一职业的奉献精神，但是我始终感觉，燃烧自己照亮别人的"成灰泪始干的蜡炬"，作茧自缚的"吐丝到死的春蚕"实在是不符合我的职业理想。如果教师是这样的形象，恐怕只会让孩子们心生恐惧，又岂敢追随传承？

我们的陪伴，应该深情而睿智，温暖而明亮！因为喜欢便不会悲苦，因为热爱就不知老之将至。"我愿意"胜过千言万语，赤子情怀长陪伴！

（《中小学德育》 2017 年第 2 期）

镌刻进孩子生命里的班规

"有两种东西，我对它们的思考越是深沉和持久，它们在我心灵中唤起的惊奇和敬畏就会日新月异，不断增长，这就是我头上的星空和心中的道德律。"这是人类思想史上气势磅礴的名言之一，它就刻在康德的墓碑上。少女时代的我，只因痴迷于仰望星空而从这句名言里找到了精神依据。多年后，当读到康德《实践理性批判》中的句子："他之所以崇高，并不由于他服从道德规律，而是由于他是规律的立法者，并且正因为如此，他才服从这一规律。……既不是恐惧，也不是爱好，完全是对规律的尊重，才是动机给予行为以道德价值。"我犹如醍醐灌顶、不能自已，我仿若一只井底之蛙发现了打开宝藏的钥匙，从此开启了哲学书籍阅读之旅，努力跨越对事物表象的认知，探究事物深层的奥秘。

这一"爱好"深刻地影响了我的班主任生涯，其显著表现在班规的制定上——我竭力探索属于自己所带班级的特色班规。多年来，我所带班级不仅班风正、成绩好，孩子们在开启大学生活后，甚至在工作后依然铭记当年自己定下的班规，并不断践行。

又是一年母亲节，我收到了2010级（1）班孩子们的礼物——自制视频《我们一班的坚守》。孩子们在序言中写道："我们本是没有交集的小溪，因为一场挑战（高考）相聚，而后分离，奔向各自的大海。但是，我们有一段共同的经历，那是不同寻常的三年。那三年自始至终陪伴我们的是万老师……就像想象力丰富、不辞劳苦的雕刻家，她在雕刻心中的天使。三年高中生涯结束，天使们带着一张张新面孔，离开了她，飞向大学，从迷茫走向坚定，从他律走向自律，从疑惑走向懂事，从索取走向付出。三年的熏陶，会是一生的坚守。"孩子们坚守的便是当年我们一起制定的特色班规。

在此，我以原生态的方式呈现特色班规的一些条例，与大家分享。

一、我们的班规名叫"家规"

将"班规"换成"家规"，一字之差，却饱含了孩子们的深情厚谊。正是每一个孩子对班级的认同感和归属感，才让这个集体拥有了强大的凝聚力。高中阶段的孩子们在校时间比在家里还长，尤其是住宿生，可谓是以校为家。如果我们不能营造家的氛围，给予孩子们家人般的温暖和关爱，又怎能激发孩子们对班级的珍惜与热爱呢？

许多老师习惯在学期初制定班规，这固然有其合理性。但是，作为一个充分体现民主治班原则——"我的班级我做主"的班规，我认为，不要急于在学期伊始制定，而是应该等一等。等孩子们彼此熟悉，了解彼此的优缺点，有了共同发展的目标后，此时制定班规会获得意想不到的效果。这样的班规，孩子们才能一以贯之地执行。因为班规里的每一条内容，都不是老师强加在孩子们身上的枷锁，而是孩子们在自省的基础上，根据自己期望自省的目标而设置的"自律"条例。

而班级达成共识，拥有共同的奋斗目标，显然是班规的核心价值所在。

我们一班的奋斗目标由"每个一班的学子都要通过努力考上理想的大学"的短期目标，以及"每个一班的学子都要力争成为善良、正直、有用的人"的长期目标组成。

第一个目标是显性目标，可量化、可考评。它既是家长、学校、社会最关注的目标，也是必不可少的现实功利的目标。第二个目标是隐性目标，难以考量和评估。但是，它却是多年来身为一个热爱教书、钟情育人的老师从未改变的执念，也成为一届又一届孩子们认同并一起努力践行的目标。善良是底线，正直是标杆，有用的人则是践行善良与正直理念的载体。这也是历经三年耳濡目染的熏陶与磨合融入，在一次次的集体活动中，在日常点点滴滴的小事中，我以言传身教的方式，获得了孩子们逐步认可和推行的理念。

无论是小悦悦事件后，我们班及时召开的主题班会"拒绝冷漠，传递温暖"，还是五大主流媒体采访幸福校园，临时走进课室"突袭"的幸福班会，抑或是每一个假期，孩子们分组进行的"爱我家乡捡山"活动（去学校周边的龙洞森林公园、火炉山、凤凰山捡拾垃圾），都被不断补充进了我们的家规，并演化为这样的规则：

1. 拒绝冷漠，传递温暖。不仅关爱身边的同学和老师，也要向需要我们帮助的陌生人施以援手，哪怕只是一个救助电话。

2. 爱我家乡，从身边的小事做起，龙洞街街上的垃圾决不能有一张纸片是我随意丢弃的。

这也是同事所说的我所带历届班级孩子们身上呈现出与众不同的气质的原因。

二、我们的"家风"：立身处世，立志求学

我和孩子们一起将大家提出的一百余条条例合并梳理，按照先"品"后"学"的原则，归纳为两大部分："立身处世"和"立志求学"。立德在先，然后求学；先学会做人，再谈做学问。它们共同构成了一班"家规"的主体部分。

第一部分"立身处世篇"包括8条和23个分项，这也是一班"家规"的精华部分。在此，我撷取一二与大家一起分享。

第二条：一班学子多爱心，人人互助一家亲。

（3）同窗情谊需珍惜，有困有难及时帮。记得万老师说过，要多关心学困生，多关心内向生，多关心"游戏生"。——默晗

第八条：拒绝冷漠传温暖，争做一班热分子。

（2）同学之间要互助友爱，要帮受伤或生病的同学打水、打饭。如有不便之处，应该委婉拒绝，道明理由。——俊明、惠祥

（3）与人为善、交往有礼。——宇翔

（每个同学每星期至少和三个没说过话的同学聊天。——佳怡）

一个社会的安定不是取决于这个社会的上层有多好，而是下层活得是否有尊严。同理，一个班级有多强不是取决于个别孩子有多厉害，而是成绩排在最后一名的孩子都不差！诸如学困生、内向生和"游戏生"等"特殊学生"历来是我重点关注的对象，我也常常恳请其他任课老师、家长和孩子们一起关注这三类孩子，尤其是性格内向的孩子，我一般以同伴互助的方式进行帮扶，让其倍感集体的温暖。

性格内向的孩子一般比较难沟通，我们很难走进其内心世界，有些孩子内向是先天因素（如果其沉默、内向，但神情安详、面露笑意，这是不必担忧的），但大多数孩子内向是后天养成的：或是家庭氛围凝重、不和谐导致，或是其成长过程中遭遇特殊诱因而引发。他们大多神情凝重，少露笑意，独处时

会叹气。这些孩子特别需要我们用班级的温暖与爱去融化其心中的坚冰，还他们一个温暖的春天。当然，适当了解其家庭情况，适时与家长沟通，更有利于其成长。

正是经过了这一番努力，才有了上述"家规"的条例。尤其是"每个同学每星期至少和三个没说过话的同学聊天"，这条出自性格内向的孩子佳怡的班规，让我泪湿眼眶，沉默良久。这，才是有温度、不浮夸、有分量的"家规"啊！因此，一班的孩子们亲如一家，毕业后仍保持着深厚的情感。因为在高中共处的三年里，他们彼此真心相待，就连"学霸"也毫无保留地帮助其他同学一起进步。

三、我们的坚守：不让一个家人掉队

第四条：知人者智，自知者明。

了解自己的优缺点，既不盲目自信，又不妄自菲薄，树立信心，激发潜能；尤其要克服不敢在公共场合展示自己的弱点，积极参加各类活动，提升自己的表达交流能力。

具体措施：每个人在一个学期内至少有一次在班级活动中担当主角。

——钟彬、竞雯

为彻底落实这条班规，三年来，我们每一次大型活动都是孩子们以毛遂自荐的方式组织和实施的。在毕业前夕的一次大型公开班会上，我让一个从未担当过主角的孩子做主持。孩子紧张得结结巴巴，表现不尽如人意，甚至一个领导说："你怎么让这个孩子来主持啊，简直不是你们班的水准嘛！"我坚持的理由是，这是一班最后一次大型活动了，不能因为要呈现完美的班会，而让这个孩子失去最后一次锻炼自己的机会。那些已经锻炼充分的孩子不需要再展示什么了，而这个孩子必需要得到一次机会，克服不敢在公开场合发言的弱点。

如今，这个孩子已经考入了华南理工大学全英班。回忆起高中往事，他最感念的就是我愿意给他机会，并鼓励他在那样的大型活动中做主持人。四年后，一班的孩子们或考研，或入职，进入了华为海外部、小米、中正事务所等一流企业、单位。孩子们骄傲地说，面试成绩能够这么好，与当年在一班得到的充分锻炼分不开啊！

视频《我们一班的坚守》的结束语，孩子们是这样写的：

"遗忘了在孤灯下曾做过的试卷有多厚，遗忘了在静悄悄的教室的考试有

多艰难，甚至遗忘了自己曾为心中炽热付出过几许，但不曾忘记的是铭刻于心的班训：'天行健，君子以自强不息；地势坤，君子以厚德载物。'"

"高考在即时，我们怀抱它；踏往大学时，我们留恋它；告别青涩时，我们笑对它；迎接成熟时，它已融入我们的心。"

"它，是我们的天路，我们一班人通往人生之美与爱的天路。"

"我们是一班人：我们所爱，乃是诚挚为人；我们所愿，乃是自强于世；我们所寻，乃是德厚心坚：我们是一班人，行不一般事；我们是不一般之人，乘君子之风；我们一如既往地奋力前行着，我们是永远的一班人！"

这就是镌刻进孩子们生命里的班规！

（《中小学德育》 2017 年第 3 期）

"看了又看"的班级墙报

教室是学生在校生活的主要区域，班级墙报陪伴着孩子们每一天的学习生活。因此，我历来注重墙报的质量，充分发挥其作用。多年来，我所带班级的墙报因"干货"多而实用，且能不断"传承"，让孩子们看了又看，成为每一届学生的美好记忆。

一、我们的墙报"干货"多

高中生面对高考的压力，各科课堂时间可谓争分夺秒。我力求能在有限的时间和空间里，最大限度地引领这群求知若渴的年轻人，在求学应考的路上更多地思考生命的意义和生活的本质。高中生活不能只以高考为目标，这宝贵的三年，我们更要让孩子在了解自己、了解他人、了解社会和世界的过程中，形成独立健全的人格。高品质的墙报，就成为我们学习交流、提升思维品质的重要介质。

我在班级里开设选修课《论语》后，指导孩子们在墙报上展开了激烈的课后研讨。其中，"《论语》一课一得"的师生互动，成为最受欢迎的栏目。

在"君子坦荡荡"篇，钟彬同学写道："每当我读到'君子坦荡荡'时，总是心中有愧。当自己遇到困难，甚至一些烦琐的事情时，都会心生忧虑、患得患失、唉声叹气……第一次听万老师讲到张居正，我还不以为意，但仔细查阅资料了解其生平事迹后，方知此人乃真君子也！在那样一个等级森严、腐败不堪的时代，他肩负着力挽大厦将倾的重任，劳苦一生为民众，直到病卒于案几前！他担得起'居正'之名！反思自己，姑且不论正直，连敢言都难做到！听完万老师的课，我深有所感。守一方净土，用书中的大智慧净化心灵，努力塑造、改变自我，最起码不做那种大是大非面前左右摇摆的墙头草……"在钟彬同学的讨论帖下，我做了批注："能在课堂认真听讲者众，能在课后查阅资料并拓展思考者少，更难能可贵的是能砥砺修习完善自我！再送为师最喜欢的居正之言与你共勉——'愿以深心奉尘刹，不予自身求利益'！"

在"行己有耻"篇，余意同学表述了她的困惑："《行己有耻》篇开始让步入论语学堂的我产生了一些思考。'子曰：匿怨而友其人，左丘明耻之，丘亦耻之也。'孔子认为，表里不一的人是可耻的，然而，倘若我对待自己所认为的君子表里如一，而对一些不太乐意与之交往的人，为免受其打扰，表面对他客气，实际不乐于与其同游，那又如何呢？'子曰：己欲立而立人，己欲达而达人。'我又困惑了：对待所谓的小人，我也需要先让其立、让其达吗？那岂不是让小人立、小人达，风气不就更坏了吗？"我在她的讨论帖后跟帖道："可爱的姑娘啊，细读深思真不错！为师以为，表面对他客气不等于友其人，故无矛盾；立人达人主要是上对下；对付小人，为上者为尊者可为的是'举直错诸枉能使枉者直'；为下者为卑者，面对小人只需远离之、警惕之即可！"同学们也纷纷跟帖，表达自己的观点，师生之间你来我往，讨论得不亦乐乎！

三年来，孩子们在墙报上剖析自我、劝解同伴、分析生活事件、放眼世界风云变幻。在墙报张贴班级奖状的位置，孩子们还将其命名为"荣誉三思墙"："一思"我对班级荣誉贡献有多少；"二思"班级是我的骄傲，我是班级的骄傲吗？"三思"如何在言、行、思上做最好的自己。孩子们每天围在墙报前，看了又看，或评论，或反思，不断收获着人格与品性的成长。

二、我们的墙报能"传承"

相信所有优秀的班主任都知道，好的墙报必须体现学生的主体性。要让孩子们喜欢编排、喜欢阅读墙报，唯一的方法就是让每一个孩子都成为这面墙的主人。在这里，孩子们展示班级活动、交流学习方法、记录奖优励志的过程……成长也因此变得鲜活而生动。

高一"全家福"。随着智能手机的应用，我们可以随时拍照记录孩子们的成长。因此，我们的墙报多采用照片加注解的方式呈现。"全家福"里，有班主任和科任教师的照片及特色简介，有以学生小组为单位且有组名的小合影，更有全班的大合照。孩子们不断捕捉班级生活的点滴细节，用照片记录成长过程中每一个"家人"的陪伴，这些都成为孩子们以班为家的认同感和归属感的深情表达。

高二"学霸武林秘籍"。"秘籍"包括每一届高考状元的照片、学习笔记和学习心得。其内容既有来自媒体报道的省市级状元资料，更有以年级、班级学霸为主的身边榜样的励志故事。在每一次大考后，我都会及时组织总分前

三、单科第一的孩子总结学习经验，在墙报上与同伴无私分享。

高三"爱心能量石"。高三是孩子们高中在校生活的最后一年，孩子们也因此倍感珍惜。对于家长与孩子的合影、指导老师和小组同学的合影、学长学姐的励志名言拍照等，孩子们整理每一个值得珍惜与怀念的生活瞬间，将它们贴成爱心形状的"能量石"，为自己鼓劲加油，帮助自己走向更加美好的未来。

军训风采、学农归来、运动会风云榜、艺术节采风、龙争虎斗排名榜、假期电影节海报展、经典读书会、时评空间、"《论语》一课一得"、感恩有你……一期又一期的墙报记录着我们一起走过的日子。

值得一提的是，我们的墙报还能不断"传承"——墙报不是过期作废，而是更换新内容后，会把旧内容整理成册（我们的墙报是粘贴式的，传统黑板粉笔式墙报只能拍照存底），成为班级档案的宝贵材料。它们既是我家访时送册上门、让家长喜笑颜开的一个宝贝，更是传承给学弟学妹的"独门秘籍"。

多年后，一些孩子也成为老师。他们依然记得当年黑板报上的师生互动，在感恩卡里写道："当老师难，当一名优秀的老师更是难上加难。感谢万老师一直以来的用心，坚持用生命影响生命，才有了今天我们不冷漠的心。现在的我，更能理解女教师这个职业自带的母性光辉，这种光辉是发自内心的，单纯自然的。"

看了又看的墙报，如镌刻进孩子们生命里的班规一样，在他们的生命旅程中留下了难以磨灭的印记！

（《中小学德育》 2017 年第 4 期）

万老师特色班会

作为德育的重要途径，班会课在学校教育中发挥着重要作用。它是班主任进行思想品德教育的重要阵地，更是带好班级的重要抓手。一个优秀的班主任，必定善于利用班会课，开展各种活动，解决班级的常见问题，应对班级的特殊状况。

对于班会课，各路教育专家、各派德育精英及一线班主任在理论和实践方面，都已取得了诸多研究成果。例如，体验式班会课、素材班会课、叙事型班会课、心理辅导班会课、综合性班会课等（班会课并非自然学科，其分类并不严谨，各种类型的班会均有概念上的交叉互融）研究，为班主任提供了良好的指导和引领作用。

这些年，我也成功开设了许多引人瞩目、效果突出的公开班会课，如《感恩在心　孝亲在行》《朝着梦想奔跑》《拒绝冷漠，传递温暖》等。其中，即兴班会《幸福一班我的家》受到了广州市主流媒体的关注，得以全程拍摄，并进行了聚焦采访。这些班会课的成功源于我的坚持——我的班会课力争做到活动设计层层贴心，深思内省入情入理，实践反馈步步为营；追求"有活动就一定要有体验，有体验就一定要有感悟，有感悟就一定要有深度，有深度方能触动心灵，触动心灵必内化践行"。

根据已有研究对班会课的分类，我对自己开设的班会课进行了梳理归纳。其中，比较有特色的班会课主要有：时评班会、即兴班会、感恩班会、励志班会以及容易被年轻班主任忽视的常务班会。我将分上、中、下三篇，与大家分享我的特色班会。

常务班会不寻常：

我之所以先与同行们分享我的常务班会课，源自工作室学员邱实老师的一次听课记录和反思，摘录如下：

周六开放日，工作室学员、全校班主任和家长代表观摩了万老师"我们爱科学"公开示范主题班会课。虽然已经不是第一次听万老师的班会课，但我知道每次都会有惊喜，这份惊喜来自学生的创意，来自万老师的引导，来自师生间的良好互动……带着万分的信心和期待，我们和万老师的孩子们一起开始了"我们爱科学"活动旅程。

首先是期中考试各类奖项的颁奖。为了让家长和学生同时体会这份喜悦和鼓励，万老师一直都是请家长和学生一起上台领奖。学生的感恩和家长的感动在这小小的颁奖中都得以体现，万老师则用相机记下他们的激动和喜悦之情。接下来便正式走入科技节。第一环节是学生手抄报展示，别看这些孩子平时学习相当紧张，但做起手抄报来他们可是一点儿也不含糊，字和画结合在一起都显出他们的细致和用心。第二环节的植物园DV展示将班会课的气氛提升到了一个小高潮，可爱有创意的孩子用了一个游览视频展现"神奇的植物园之旅"。孩子们一路详细介绍了各种植物和自己对新植物的了解认识，让观众与自然"亲密接触"……在依据各个场馆命名的小组的介绍下，让我们对各个科技场馆有了新的认识。在这些理科生的生动介绍和原理展示之下，我们对科技有了新的理解。听课家长和老师都被他们惟妙惟肖和生动简洁的描述深深吸引。不知不觉中，班会课进行到最后一个环节——分子运输。孩子们用肢体语言和默契的配合，创造性地向观众讲解生物学的抽象理论。在他们情境"教学"的启发下，我们都明白了这个理论。

这节班会课可谓是一节惟妙惟肖的"走进科学"科普课，这样的班会课不禁让人竖起大拇指。但静下心来反思，为什么他们可以如此有序地开展各种活动，继而如此细致地做总结呢？课后在与万老师的沟通交流中，我才知道，我想的没错——功夫在课外，万老师做的"课前准备"远比我想象得更为细致、具体。

对于一班这样的尖子生，老师们普遍都会认为只要老师布置下去，在班长的带领之下，他们一定可以自觉做好。这种想法过于理所当然了，其实老师的指导不可或缺。万老师在学校布置科技节的任务后，首先召开了关于科技节活动的常务班会，和孩子们一起制订了科技节计划。计划细致到每一个环节，如关于分组，万老师的指导具体到安排组长，分配组员，分工明确；关于参观科技馆，万老师在网上查找各个场馆的简介，让学生提前进行了解；每一个小组以参观的主题馆为组名，要用照片和文字展示参观过程，如何拍照、如何参观、如何记录，万老师都进行了极为精确的指导。难怪一个年级12个班都去了科技馆，却没有其他哪个班能像万老师带的班这样收获满满！

　　邱实老师的感慨让我对自己的常务班会有了更加深刻的认识。在八十九中任教15年，我所带历届班级不仅能在高考中勇夺佳绩，还能在学校的各项活动中展示班级风采，夺得大奖。校运会、艺术节、科技节等都成为孩子们挥洒青春、展示实力的平台，各类班会课功不可没。那些效果显著、引人瞩目的公开主题班会课固然精彩动人，但是，真正在一点一滴的潜移默化中改变孩子们的学习习惯、生活习惯和思维品质的，正是那些年我和孩子们一起召开的那些平凡而扎实的常务班会。

　　常务班会，顾名思义，即解决班级日常事务的班会。作为一名一线的高中教师，经常开展主题班会是不现实的，一个月召开一次已属不易。日常班会应以常务班会为主。通常，我们的常务班会并非简单随意的"有事说事，没事上课"的应付式班会，而是由"三本一贴一官"作为保障，即一本班主任工作笔记本、一本班级日志、一本常务班会记录本、一本便利贴、一个班史官。

　　班主任的工作千头万绪，既要管学习又要管纪律，还要管卫生，更要管心理。学校教导处、德育处、科研处、学生处、后勤处，处处都要关注。孩子们的健康、安全、餐饮、住宿等，哪一样不要班主任操心？班主任既要与学生沟通，又要与科任教师、级长、主任、校长沟通，更要和学生家长保持联系。

　　如果不能做到未雨绸缪、统筹安排，便很容易陷于琐事而难以抽身。如何解决这一问题？我是从常务班会的准备开始的。具体来讲，就是从班主任工作笔记和每日杂事便利贴开始的。将各条线的任务及时记录、整理，以今日事今日毕的方法处理杂务最有效。然后，再根据主次和轻重缓急，甄别选取各项需要处理的事务，争取用统筹的方法合理安排。因此，召开常务班会前，班主任的准备工作最为关键。

　　为了让常务班会更高效，能落到实处，我在每一届学生中都会培训至少一名常务班会记录员，让其担任"班史官"，主要负责记录常务班会的流水。即便是最寻常的常务班会，我们也做到节节班会有任务、有安排、有落实、有反馈，绝不随意而为。尤其是我从高一带到高三的班级，都能很好地落实完成常务班会的要求。每年每个班级都会留下多达数万字的常务班会记录。作为和班级日志相互补充的班史资料，这份记录弥足珍贵。而在班主任严谨认真的工作态度中，学生们自然受益匪浅。许多一直坚持担任"班史官"的孩子，在大学打败了众多竞选者成为学生会的宣传部部长，其活动策划、活动记录、活动反馈等的能力都令人称道。

《论语》中有云："不教而杀谓之虐，不戒视成谓之暴，慢令致期谓之贼。"不管什么样的孩子都是要教的！不要以为他们什么都可以做好，只有你先用心教会他们，他们才能在学习和活动中真正收获和成长。细致到位的常务班会的前期准备工作，不仅提高了班主任自身的工作效率，而且使孩子们获得了终身受益的能力。

古人云："天下大事必作于细，天下难事必作于易。"看似简单的常务班会，却需要一个有爱心、有担当、有恒心、有智慧的老师极认真地做好准备和指导工作。因此，每次的公开课分享，我都会让年轻的班主任们感受到，在日复一日烦琐的班主任工作中，如何做到预设统筹、举重若轻。而年轻的班主任们也都能在工作室的学习中迅速成长，青出于蓝而胜于蓝！

常务班会不寻常！希望您读完我的分享，也会和邱实老师一样，领悟到如何预设与统筹，成为组织班级活动的高手！

（《中小学德育》 2017 年第 5 期）

即兴班会考功力

即兴班会是指在特定情境或班级突发问题出现，需要班主任立刻应对问题、分析问题、解决问题时，临时召开的班会。由于其时间可长可短，形式灵活多样，可谓遇河搭桥、见山开道。因此，要求班主任具有一定的理论知识与实践经验，以及较强的应变能力。以下结合案例，作一简单分享。

一、"即兴"需练好"基本功"——善于观察并积极应对班级问题

案例：红歌赛上的小风波

2013届校园红歌赛年级初赛时，我班孩子抽签第一个出场。唱完《团结就是力量》，他们就想溜回教室做作业。班长舒琴来找我，打着数学老师说要利用自习课讲题的旗号，义正词严地表示"我们想快点回去学习"。当时，高二学业水平测试在即，学生学习压力大，对班级事务便不太热心，卫生、纪律等都退步了，大有"两耳不闻窗外事，一心只读圣贤书"的态势。眼前的事件，让我找到了解决问题的突破口。

我要求她带领全班同学去操场跑圈，清醒一下头脑（这是我用来"奖励"学生的体育锻炼方法，切勿盲目模仿），并请孩子们"边跑边想为什么，想到了就来告诉我"。不一会儿，有孩子陆续来找我，"我们班的比赛歌唱得太low了。""知道了，我们练歌太少，声音不够有气势。"许多孩子们跑得气喘吁吁，也不晓得为什么要跑。大胆的嘉城对我说："万老师，给个理由，让我们跑得心服口服些。""一群如此自私的家伙！"我第一次大发雷霆，"你们的歌唱得七零八落，别班的孩子也给予你们礼貌的鼓励掌声；别的班练习得这样辛苦，唱得如此美妙，你们居然等不及给别人掌声，中途就想逃跑！你们怎么说得出口！"孩子们讪讪地，脸上红一阵青一阵。我趁热打铁，在操场边召开了即兴班会。

首先，我反馈了最近班上的不良现象，让孩子自己找找原因，剖析心态。之后，以"学会做一个在路边鼓掌的人"的故事，告诉孩子们："一个学不会

给予他人掌声的人，是不配得到别人的掌声的！"更让孩子们领会到，如果因为要学习就应付班级卫生、轻慢纪律，只会懈怠了意志，损减了追求的动力，更会让我们得来不易的"让优秀成为一种习惯"的班级风气随之瓦解。有了这些认识，孩子们跑得心甘情愿。多年后，孩子们回来看我时，还会提起这次即兴班会带给他们的震撼。孩子们说，考试成绩不好，从来不见万老师雷霆大怒；可做人不好，那是万万不可的！

即兴班会的时机把握非常重要。而对时机的准确把握需要班主任平时练好"基本功"，多观察学生，学会敏锐地发现教育问题，并积极应对。如此，才能在"机会"到来时，以即时班会的形式解决班级存在的问题。

二、"即兴"须深厚"内功"——积累自身理论修养与实践经验

案例："拉链门"事件的反思

这一案例来源于我校年轻班主任晓欣的"一堂即兴班会引发的班主任工作反思"。

这天，办公室里两位年轻的老师（都是当年刚毕业的新教师）情绪激动。其中，历史老师眼睛红红的，伤心又气愤至极的样子；班主任则义愤填膺："等我去叫他出来！""不可。"万老师制止了年轻班主任的冲动，"说来听听，啥事儿？"

原来，班上的小煜是单亲家庭，由父亲一人抚养。孩子特别嗜睡，总在课堂上倒头大睡，尤其是文科课堂。此次冲突的原因是历史老师今天穿的牛仔裤，从某个角度看像是没有拉上裤链（其实是拉上的）。这孩子比较调皮，居然写在一张小纸条上，让周围的同学将纸条传遍全班！"根据刚才你描述的情况，怕是没那么容易哦！""那怎么办啊？""要不下午去你们班开堂即兴班会？""太好了！"下午的即兴班会课，万老师用了三招基本就搞定了这个从来不肯认错的特殊孩子。

第一招：问情。班会开始后，万老师问："大家知道今天年轻的历史老师为啥被气哭了吗？"同学们一脸懵懂的表情，这让我意识到，历史老师的陈述也许不是事实。果不其然，万老师走到小煜面前，微笑着问："孩子，你是不是可以告诉万老师和大家发生了什么吗？"万老师和颜悦色的态度消除了小煜的敌意，他说，自己发现老师牛仔裤的拉链有问题后，就写了一张纸条，借一个女孩的手传给了他的好哥们，想一起嘲笑平时喜欢骂他们"大傻"的历史老

师。仅此而已，并非历史老师所说的"全班传阅并哄笑"。

第二招：问责。万老师没有直接批评小煜，而是问两个传接纸条的孩子："在课堂上这样做对不对？为何不对？"小煜很诧异，急忙说："万老师，不关他们事，是我的错！"万老师说："你当然有错，而且错得不轻，但你的错误是因助纣为虐者的传播才得以铸就。"三个孩子低下了头，其他孩子则因为没被"连坐"而松了一口气。

第三招：深究。接着，万老师带着孩子们就国民心态中的"看客"问题进行了较为深入的探讨。其中有场景实验心理测试：如果在街上看见一个你平时不喜欢的女同学的裙子被刮破了，但她不知情，你会怎么做？由此设计了5个选项，分别折射5种心态；接着列举明朝倭寇入侵案例、南京大屠杀案例、小悦悦案例……万老师逐步深入地引导，让孩子们意识到类似小煜的举动是不妥的。最后，万老师请孩子们写下自己的真实选择，但不需要上交，而是自省后撕掉，想想自己是否可以做得更好。万老师还不忘表扬小煜正视事实、勇于担责的言行，小煜当面向年轻的历史老师道歉……

晓欣在工作反思的最后写道："万老师的教育一气呵成，从取得孩子的信任，不偏听偏信，充分了解，细心询问；到逐层深入引导孩子们思考事件背后的深层意义，由点及面、由人及己的德育环节，无不令人叹服！这么短的时间里，不用大量漫长的准备，而是信手拈来地开设了几项活动，精准地举出相关例子，一步一步地说服了孩子，足见其功力深厚！"

晓欣老师的反思也带给我诸多思考。即兴班会能否有力度、能否达到预期效果，考察的是班主任日常的积累——理论积累和实践积累。正所谓："台上一分钟，台下十年功！"在此，我推荐年轻的班主任们在工作中多读书，多收集案例，多深入思考一些关于生命、关于人生、关于生活的问题。越是广学博览、深思的班主任，越易成为孩子们心中的"神"。

三、"即兴"乃是德育"常态"——在班级生活中和孩子一起"练功"

案例：幸福班会的情感爆发

此次幸福班会可谓突如其来的即兴之作，亦是对我与孩子们日常"功力"的一次检验。当时，广州市五大主流媒体来校采访，我和孩子们正在做课间操。由于记者提出想要拍摄幸福课堂，于是，我被安排了临时任务——上一节

"幸福班会"课。彭校长思路清晰，微笑着鼓励我："就是去上一节常态班会课，体现出师生和谐、孩子幸福的课堂。你去准备吧，10分钟后记者们上来。"

在找科任教师调课的时间里（下节课本是数学课），我迅速调动自己的经验储备——2009届高三毕业前夕，我召集的主题班会——幸福一班我的家，青春无悔谱芳华。对，就老瓶装新酒吧！虽然此一班非彼一班，让孩子们借着突然袭击的公开班会吐露心声，也是不错的选择。

我来到教室用较快的语速和孩子们沟通："今天，广州市五大主流媒体的记者来校采访。我班荣幸地接到一个任务——上一节能体现'幸福课堂'的班会。两分钟后，记者就要上来了。孩子们，快将我们在一班共同度过的日子如放电影般在脑海中过一下，撷取最令你感到幸福的片段和大家分享。角度——师生义、同窗谊、集体情；选材——军训、艺术节、家长会、校运会、课堂；要求：真挚、自然……"还没等我讲完，记者们在彭校长的带领下已然走进了教室。孩子们的神色一下子变得严肃凝重……

班会开始后，吴丹利同学打响了第一炮："最让我感受到幸福的时刻，是上个学期的一节语文课。万老师带领我们一起赏析毛泽东的词《沁园春·长沙》，全班起立齐诵那首斗志昂扬的诗词，感受到青年毛泽东'指点江山、激扬文字'的情怀，那一节课让我永生难忘。那时，我们是幸福的！"（一直以来，我注重发挥学科德育优势，培养孩子们的美好情怀、激发他们昂扬的上进心，努力有成效啊！）

何舒琴同学深情回忆了艺术节上难忘的一幕——我班7个女生在音响故障的情况下坚持表演完节目，下台后大家抱头痛哭，却得到全班最热烈的掌声。我趁势点拨——在她们身上，我看到了我们一班永不服输、坚持不懈的精神，并让全班齐诵班训——天行健，君子以自强不息；地势坤，君子以厚德载物。（每一个偶发事件都是最好的教育契机。班训已深入人心，不再是贴在墙上应付检查的口号。）

余意同学的分享语惊四座："我最幸福的时刻，是和安琪偷偷帮老师收拾整理好办公台后留下字条——万老师，不要太操劳，保重身体哦！喜欢看见您健康快乐的样子！——想象老师看见整洁的办公桌和温馨的字条时流露出的微笑，我忽然懂得，付出比索取要幸福得多……"全场掌声雷动。

春风化雨，润物无声，爱心之旅已然有伴。那一刻，我的眼眶湿润了……

短短两分钟的准备时间，在半节课时间里，孩子们用坦率的话语、真实的细节诠释了他们对幸福的理解：幸福是努力后的丰收（挑战自我成功获取满分的喜悦）；幸福是遭受挫折流下眼泪时同伴的拥抱、集体的安慰；幸福是能在精彩的课堂上与伟人展开精神的交流，引发心灵的共鸣；幸福更是懂得付出比索取更令人快乐的成长！

孩子们的真情流露与幸福分享，正是源自我们日常的班会经验，共同的活动经历与情感积累，源自我们一起走过的日子。多读书，多积累，多实践，让"即兴"成为班主任的德育常态，我们的教育就轻松多了。

（《中小学德育》 2017 年第 6 期）

感恩班会择时开

如果说，常务班会和即兴班会是我的特色班会大花园里的满天星，那么，感恩班会就是其中的牡丹花。在我用心陪伴一届又一届孩子们度过高中三年美好的年华里，感恩班会为我们留下了难以忘怀的记忆。下面，我将回顾多年来开设的感恩系列班会，从中撷取一二，与同行共享。

提起感恩教育，许多老师和家长都倍感头疼，感觉现在的孩子自私自利的多，懂得感恩惜福的少，且普遍认为学校组织的所谓感恩励志活动都是"形式主义"。例如，找一些所谓感恩励志大师来做宣讲，一堆人感动得流泪，场面无比煽情，热闹过后大家的生活又回复原样。这样的现实引起了我的反思。我们的德育活动一旦流于形式，非但不能引导孩子们懂得和认同感恩的意义且自觉践行之，反而会适得其反，使学生萌生逆反心理。因此，在设计德育活动时，我首先考量的便是：这个活动能触动孩子的内心世界吗？这个活动的可持续作用有多强？这个活动适合所有的孩子吗？

在多年的探索实践中，根据高中生的心理与生理特点和教育学与社会学常识，以及学生认知发展阶段的活动特点，我逐步形成了系列化的感恩班会：高一——"感恩同伴：一路有你，我们结伴而行"，高二——"感恩父母：在体谅与包容中共同成长"，高三——"谢师恩：爱你在心口要开"。这一感恩系列班会立足于孩子们在中学阶段的经历与成长需要而设定，取得了良好的效果。

一、高一——感恩同窗情谊初结时

当前，中小学普遍都会组织开展感恩父母、师长的德育活动，但感恩同伴的活动设计并不多。其实，孩子们一升入高中，老师对他们而言，还是"陌生人"。此时，让孩子们感恩老师，显得相当生硬——毕竟没有岁月积淀的情感是单薄而脆弱的。尤其是师生情谊，不像同伴那样容易融合，不似亲情那般浓烈。因此，班主任不可一上高一就组织所谓的"感恩老师"主题班会。

多年来，哪怕是开学第一个月就会迎来教师节，我也只是引导孩子们感恩初中老师——不忘旧情，方得长情啊！而高一下学期，孩子们已经历种种集体活动，自然产生了较为深厚的同窗情谊，在初步适应并共度初升高的新生活后，能否提醒孩子们加强互助，携手前行，实现共同的目标，从而营建一个团结向上、凝聚力强的班级，最能考验一个班主任的智慧。

班主任要做一个有心人，从军训开始到运动会、艺术节、读书活动等，要仔细搜集孩子们共同成长留下的足迹——照片、班级日记、书信等，并注意引导孩子们在班级共同体中学会互助成长。如此，待到开展感恩同伴班会时，班主任就不会"巧妇难为无米之炊"了。每逢班会前，我只用轻松地组织安排学生主持制作PPT，设计游戏环节即可。

孩子们的创造力不可小觑，诸如"你是我的眼"——从同学的照片中将眼睛部位进行截图，让同学猜一猜这是谁。这个游戏非常好玩儿，但前提就是早在班会之前，班主任已经积累了大量素材且不能提前曝光内容，那样才会有惊喜和默契；"最佳答题帮帮帮"——我所带班级平时设计了"小老师"的生活环节，引导学生互帮互助，这样，同伴感恩班会才会有"最佳搭档"出现；当然还有"同桌默契大比拼"——猜成语，一人看，一人用肢体语言比画答案，限时完成数量多者胜；还有礼物互赠环节，如结合读书节拟出指定书目，请学生家长购买后赠予帮助自己孩子最多的同窗，可谓"一举几得"，既联络了同学和家长的感情，又表达了感恩之意，还借势建立了班级图书站……一系列活动下来，家长和老师的全力参与，孩子们的积极互动，都让感恩活动温馨、真实！

二、高二——感恩父母相互体谅时

学生进入高二年级后，学习紧张且竞争激烈，同时，处于青春期的孩子们开始进入了情感内隐的成长阶段。家长们明显感到来自孩子的压力和拒绝，尤其是原本沟通不畅的家庭，此种情况会变得越来越严重。如何融化坚冰，解开孩子与家长的心结，让他们学会相互理解、体谅和包容，是班主任这一阶段最为重要而迫切的工作。因此，此时设计"感恩父母"的班会可谓恰逢其时。

对于高二的学生而言，此时的感恩父母不同于小学和初中阶段，停留在简单的乌鸦反哺养育之恩的层次，而应多一份青年应有的理性思考与责任担当。因此，在感恩班会中采用角色互换的体验活动，如让学生体验父母职业之艰辛等内容，会更有意义。

多年来，我设计了形式多样的体验活动，诸如小品表演（模拟情绪失控对话、良性沟通对话等）、黑暗互助游戏（蒙住父母和孩子的眼睛，绑腿前行）、背米体验式活动（让孩子体验父母教会孩子走路的艰辛）等，都让感恩班会生动感人。在设计这些环节的过程中，我积累了许多素材，常用的视频有《苹果树》"龙应台《目送》（朗读版）"《中国梦想秀——邓雪凤专辑》《不要用爱我的名义掩盖你的情绪失控（超级演说家）》，音频有《当我老了》《时间都去哪儿了》《真的爱你》等。最推荐的文章是毕淑敏的《孝心无价》，它曾感动了一届又一届孩子，激发了孩子们的感恩之情。相信有了这些素材，你也可以开设极为精彩的感恩班会。只要设计合理，体验到位，都能通过一系列感恩活动设计达到亲子沟通、体谅包容、感恩励志的目标。

在我精心准备和设计的各种感恩活动中，受益的不只是一个孩子，而是一个家庭；而且是一群孩子，诸多家庭。记得有一年感恩班会结束后，一个孩子的爸爸握着我的手红着眼睛说："感谢万老师的班会，今晚我就要回去看看我老爸！您说得对，家长是孩子最好的老师，我一味责怪孩子的时候，少有反思自己……如果我自己都不能好好善待我的父母，又怎么能指望孩子善待我们呢？"还有一位家长当晚写下一封长信给我，表达了参与班会后的感触……我想，这样的感恩班会，才真正走进了家长和孩子的心灵深处吧！

三、高三——感恩老师表达"爱意"时

进入高三以后，孩子在老师的引领与陪伴下不断精进学业。孩子面临着高考，也面临着毕业分别，彼此之间的情感浓厚而复杂，此时开展感恩老师的班会将会令人多么难忘！

犹记得当年我们班的孩子在"模仿老师口头禅猜猜猜活动"中，设计的小品"带孩子买糖"的桥段，孩子们惟妙惟肖地展现了他们最敬佩和喜欢的物理老师小翠的湖南话："怎么肥（回）事？懂了啵（吧）？（不等回答就自言自语）肯定懂了哈，下一个题目！"当时全班笑成一团的欢快情景，孩子们几乎在每次聚会都会提起。而"爱你在心口要开"，正是我大力提倡的感恩班会的"秘诀"。

不善表达爱意与冷漠麻木是有区别的。许多孩子被人误会为麻木冷漠，其实他们只是不善表达而已。如果孩子高一时不善表达，到了高三还未有任何进步，那就是我们老师的责任了。我常说："爱，不是藏在心里憋一辈子，那和

不爱没区别；爱，更不是说些轻飘飘的话，是要付出行动的。"高一在引导孩子感恩同伴时，我要求他们用心准备带有"爱意"的礼物，不在乎"贵"，只在乎"重"——价值不要贵，但心意必须重！高二感恩父母时亦是如此引导。到了高三，我无须引导，他们已然心存感念，情意深重了。毕业前夕，孩子们赠送老师不贵但心意重的礼物，已成为每一届我所带班级的传统。孩子们精心制作的感恩视频成为我所带班级科任老师们收到的最珍贵的礼物。视频里，孩子们对老师们的学术认可、学养认可、学科传承，那才是最精彩的感恩！

2016年，几个理科大男孩和几个理科女学霸一起制作了压花作品《羊城八景图》，送给我做毕业礼物。我视之为艺术瑰宝，珍藏在书柜的最上面一格。作品所用的花瓣、叶子都是孩子们精心烘干压制的，其中的配图诗句都是他们自己创编的。在制作这份礼物时，因为没有压花机，孩子们还央求父母专门去买了微波炉。我事后听闻，不禁感动落泪，我们的陪伴、引导、付出都没有白费，孩子们的礼物，贵重得超过皇冠！而这几个孩子在高一时，都曾是这个年级最自以为是的一群孩子。岁月流逝间，正是感恩情怀的濡染让他们成长得如此阳光、温暖！

当然，感恩教育如果只局限于感恩同伴、父母和老师，肯定不是完善的感恩教育。真正的感恩教育，还应拓展至更为广泛的领域，如感恩自然、感恩社会、感恩生活等。我们要引导孩子们学会：既感谢同伴相助，也感恩陌生人之援手；既感恩师长的引领扶持，也感恩校工、门卫、清洁阿姨的服务……在满怀感恩的心意中，生活会更美好，孩子们也更能体谅他人，直面挫折，承担责任。感恩教育不一定都以主题班会的形式进行，但三次大型的感恩活动，却是孩子们成长中必不可少的经历。

最后温馨提示：每一次班会活动都一定要有反馈和跟踪，如此，我们的德育活动才会有落实，也必定留痕。只要你用心引导学生感恩同伴，感恩父母，感恩身边人和远方人，那么，你曾那样的用心陪伴和引导他们，成为他们生命里重要的人，他们自然会深深地眷念你、感激你。这或许就是这么多年来，一届又一届毕业的学生源源不断地回来探望我、感恩我的秘诀所在吧！你若盛开，清香自来，想要孩子们成为什么样的人，老师和家长先要反思自己是不是这样的人。

不要责怪孩子们不懂感恩，你，教会他们感恩了吗？

（《中小学德育》 2017 年第 7 期）

高考后的德育作业

——把暑假留给最爱你的人

又是一年毕业季！又一批寒窗苦读12年的莘莘学子即将步入梦寐以求的象牙塔，而在此之前，他们将拥有一个近3个月的假期。高考后的这3个月可谓是孩子们的狂欢季：没有老师的叮咛，没有暑假作业，没有学习的压力……

他们可以放肆地玩耍。我们往往或是默许甚至放纵孩子们的这种放肆，或是盲目诱导孩子们学习新技能，考取各种证书，期望让孩子"全身盔甲"去迎战新的人生。

然而，我们是不是缺少了这样一种思考：怎样让孩子在高考后的这个特殊假期过得更有意义？正是出于这一思考，多年来，我坚持给高考后的孩子们布置一份特殊的作业——"用心陪伴父母"。

作业要求：

1. 角色互换。不是一天，而是一个暑假。帮父母做家务，或辅助父母做家务，直到能独立完成家务。

2. 真情陪伴。逛街、聊天，一起看书、看电影、喝茶，旅游（有条件的话）。

3. 尽心孝敬。不要将这当作负担，而是从心底发出的因感念父母之恩而愿意为之行动的反馈。如果只是为了完成作业大可不必做。

4. 可以用照片、视频记录下这段珍贵的时光，分享到班级群。

为了让孩子们接受我的德育作业，我写了一篇工作日志和孩子们、家长们分享。同时，作为陪伴他们三年的班主任，在孩子们走向崭新的成年生活之际，我也借此向孩子们诉说一些关于人生的心里话。

（日志节选）我之所以布置这样的德育作业，出于三个方面的考虑：

第一，早点领悟"陪伴是最长情的告白"。我14岁考上寄宿制高中后，就离开父母独自求学，而后又在异地读大学，最后远嫁他乡。孩子们，未来，也许你们当中的一些人也会经历相似的人生轨迹。这意味着，今后几十年，你们将与父母聚少离多！

去年，老父仙逝时，我才深深领悟到"陪伴是最长情的告白"这句话的意义。在我组建自己小家庭之后的20多年间，我虽然曾多次接父母来羊城小住，直到母亲实在想回老家时，我才依依不舍地送他们回去。我总感觉陪伴他们、孝敬他们的时间太短，尤其是自己忙于工作，总是父母在照顾我而非我在照顾他们！当"子欲养而亲不待"时，我无比懊恼：为何没在自己婚前、毫无牵绊之时好好陪陪他们，孝敬他们？而今，悔之晚矣！

第二，珍惜唯一一次全身心陪伴父母的机会。高考结束后，也许老师或家长会为你提出诸多建议，如出去旅游长见识、做暑期工体验生活、学开车掌握一门技能、学乐器培养情趣等，而我认为，至关紧要的不是学习什么，而是陪伴父母，感恩反哺！对于即将走进大学校门，尤其是奔赴外地求学的同学来说，这可能是你们一生中唯一一个可以全身心陪伴父母的长假了！

大家不要总认为，"以后我有大把机会和父母相处"。以后，有了爱情，你会沉浸于二人世界；有了爱人，你会迷恋自己的小家；有了小孩，你将用更多的时间陪伴孩子。即使你依然单身，你也可能更愿意和同事、朋友去旅游，很难有一个完整的假期专心陪伴父母。所以，珍惜高考后这个无牵无挂的假期吧！我们可以陪伴父母逛街、购物、买菜、做家务、看电影、看电视、旅游等，让无微不至照顾了你18年的父母，深切体会被长大了的你照顾的感觉！而且通过做饭、洗衣、沏茶、削水果、设计旅游攻略等，还能展示你的生活能力。让父母相信你是真的长大了，为即将离开他们独自生活的你，少一点担心，多一点安慰。乌鸦尚反哺，遑论人子乎？

第三，一技在手，走遍天下都不愁。学车、学外语、学编程是技能，而做好家务也是一门技能！而且会做家务的人情商高！无论男孩还是女孩，拥有独立生活的能力，无疑会是收获成功的助推力。

且不说高分低能的孩子有多令父母担忧，即便是在婚姻中，懂得做家务乐趣的人，才会是懂得收获家的温馨甜蜜的人。会收拾整理自己的小家，会做几道拿手可口的小菜，甚至会烘焙蛋糕、饼干，会养育盆栽，会收拾院落……都会让你的生活充满情趣！

懂得生活之美的人，抗挫折能力也强，遇到难事懂得如何调节自己的情绪……君不见李安、李健等，在人生低谷时都是安静生活、会做家务的美男子。他们在困顿中能和家人温柔相待，最终走出低谷，攀登人生高峰！

或许有人认为我是"太平洋的警察"——管得太宽了！但是，为人师者除了教给你们知识，送你们顺利通过人生的大考，如愿登临自己人生的新台阶，我以为，更重要的是教会你们如何生活和做人，让你们懂得生活之美，美在平凡而琐碎的日子；生命之美，美在感恩惜福，珍爱身边人！所有的诗意和远方，其实都在我们心中！心有天堂，处处是光！对于父母来说，重要的不是要你为他们洗脚，也不是一句我爱你，最重要的仅仅是你的陪伴。

我在家长群和学生群发布了这份日志，并布置了暑假德育作业。有我的亲身经历作例，又有为师者的深情诉说，一个月后，孩子们交上了一份份令人感叹的作业，并在班群里交流分享了各自的感受。

黄丹敏同学的分享：

6：30—10：00起床、做早饭、洗茶杯、扫地、晾衣服、洗碗。

10：00—13：00买菜、洗菜、做午饭、洗碗。

13：00—16：00看书、休息。

16：00—21：00洗菜、收衣服、叠衣服、做晚饭、洗碗、扫地、拖地、倒垃圾、洗衣服。

我按照妈妈讲的日常家务事安排了上面这张日程表，一个月后，我不敢相信自己居然能够坚持下来，更惊叹于妈妈竟然就这样忙碌了多年，且很少有怨言。万老师在高考后还在为我们操心不已，这份德育作业让我真正体验了妈妈的日常——辛苦、烦琐的日常。以往的清晨，我看着妈妈不停忙碌，会很疑惑地问："老妈，不就做个早餐吗？怎么你总是做不完似的？"通过这次作业体验，我才知道妈妈除了做饭，还要打扫房间、清洁厨房。看似简单的早饭，会附带诸多家务……我决定在暑假分担妈妈做饭的家务活，并且带头尽力做好每件负责的家务。

谢谢万老师安排的这次活动，让我们能够在读大学之前，在陪伴父母最长的这段时光里，真正感受到父母的不易，从而更珍惜这段时光，珍惜当下，不负父母不负己！

赵李琼同学的分享：

这次万老师的德育作业，提醒了我要珍惜与父母在一起的每时每刻，因为以后也许就没有像这次假期如此长时间待在家里了。所以，我每天陪妈妈去买菜、去超市、散步，只要妈妈要出去，我都尽量陪同。渐渐地，我发现妈妈每天心情都在变好，这比我单纯地做一道菜来表达感恩之情要更实际、更有意义……

我在实践中体验父母的不容易，并用陪伴向他们表达感恩之情，谢谢万老师的点拨，感谢这个特殊的德育作业！

沙玮琪同学的分享：

我之前不会做饭、做家务，不是因为学不会，而是因为懒，因为不够关心。这次德育作业让我真正发生了改变。今天，我和妈妈去菜市场买菜，在她的指导下做了三顿饭，亲身体会到妈妈的辛苦。

以后，我在家的时间越来越少，能报答亲恩的机会也越来越少了。尽管饭菜不够可口，切菜的刀法和炒菜的手法比较拙劣，但我尽了心，意义就会不一样。希望不久后，我也能够成为妈妈的贴心小棉袄。

感谢万老师这三年来不仅传道授业，更教会了我们许多做人的道理。希望万老师能够多注意身体，在假期里好好休息。您一直为我们操心，辛苦啦！

家长们更是感动不已，纷纷在家长群和班级群"晒幸福"。许多家长说，这份德育作业让孩子们真正成长了！

陈健同学的妈妈说：

"孩子每天跟我一起跑步、一起买菜煮饭，真的感觉他长大了，懂事了！昨晚，他接过我的拖把要帮我拖地时，我说，你这几天帮妈妈做了那么多事，我都不习惯了。孩子说，我要去东北大学那么远的地方读书了，以后陪你们的时间也不是太多……当时我就有想哭的冲动。谢谢万老师，您的教导让孩子们拥有了一颗感恩的心！"

孩子们还纷纷留言给我：

"桃李不言，下自成蹊。身为万老师的学生，我们看到您总是用言行诠释着这个道理。感谢万老师暑假的德育作业，感谢老师的叮咛！优秀的学长学姐一直以来都是我们的榜样，有您如此关怀，我一定在大学秉承一班精神，向学长学习，争取成为一个优秀的学生。"

"万老师不仅是我们可敬的语文老师，更是我们重要的人生导师。暑假德育作业便是您对我们人生重要的指引，谢谢，万妈妈辛苦了！"

正如一位同事在工作室公众号留言所说，作为班主任，我们除了传道、授业、解惑，还要做有温度的教育者，做有情怀的生活诗人。我愿意与年轻的班主任们一起，做孩子们生命里重要的人，用心陪伴、真情化育，不仅有现实的高考分数和成绩，还能有诗意的远方与梦想，更有踏实而温暖的日常。

（《中小学德育》 2017 年第 8 期）

遇见最好的彼此

——家长同行篇

我教书生涯的前半段，是在尊师重教氛围极为浓厚、有着江南望郡美誉的城市幸福地度过的。学校是全市最好的中学，家长极其尊重老师，我和家长的沟通几乎停留在单方面发布通知，家长无条件执行的"极简"阶段。直到来到广州城乡接合部的这所学校，面对周边刚富裕起来的村民，有了人生无数个难以忘怀的场景，我才开始思考如何与各类家长沟通。

犹记得：我第一次打电话给本村的一位家长，询问没有请假也没来上课的孩子是否在家，家长答复："不知道。""那您看看孩子起床没？""要看你来看……"电话就挂了；第一次在家长会上，我看到把皮鞋穿成皮拖鞋的家长（俗称"踩后跟"），甚至把脚放在桌上的家长，在教室抽烟大声讲电话的家长；第一次家访，孩子妈妈开了门，一个男人在客厅打游戏，头也不回，直到我们和妈妈聊完孩子的情况准备走时，我问："孩子的爸爸不在家吗？"打游戏的男人回头说："做咩啊（粤语：干吗）？"我下巴都快被惊得掉了……

是的，15年前，我所在的学校就是这样的教育环境，面临的就是这样的生源。15年来，学校在一群有情怀、有智慧、肯付出的教育者的耕耘下，早已成为区域内小有名气的优质学校。伴随着学校的发展，我度过了职业生涯里一段既艰辛又温暖的岁月。

这些年来，我不仅交上了一份令孩子、家长、领导满意的高考考核答卷，更难得的是，毕业后，不仅孩子们没有忘记我，家长也依然记得我，甚至还深情怀念一起走过的三年——因为这三年不仅是孩子们成长的三年，也是家长相伴同行成长的三年！许多家长彼此成了好朋友，也和我成了朋友。即使孩子大学毕业了，大家都还保持着密切联系。

是什么让我有了这样的收获？我想，这得从"遇见最好的彼此"系列活动开始说起吧！

活动第一步：陈情

每次接手新班级，第一次家长见面会上，我都会向家长坦承我的教育观点：遇见最好的彼此，携手同行美好的三年，成就丰满幸福的人生。

所谓"遇见"，就是同学缘、师生缘、师长缘，这份缘是萍水相逢擦身而过，还是为彼此的生命轨迹烙下痕迹，留下美好，均取决于我们的教育理念和生活理念。我很庆幸找到了自己喜欢的职业，且乐在其中。我愿意把最好的自己呈现在学生和家长面前，并在陪伴孩子们成长的三年里，不断进步成长，成为更好的自己；也希望家长、学生和我一起，亲历成长与蜕变。于是，几乎每一次精心准备的见面会，都会因真诚的对话圈粉，也开启了遇见最好彼此的序幕。

在第一次家长见面会上，我带给家长们的见面礼通常是精心制作的视频——"莲的心事"。在富含哲理的故事和优美的图片、音乐中，让家长们懂得要让千年古莲绽放，需要耐心的等待、适宜的温度和合适的土壤。或许是上一届孩子们留下来的美好回忆录，让家长们看到了我是如何认真陪伴孩子们成长的。

由此，我取得了家长的信任，再开启新的旅程时，自然事半功倍。

活动第二步：调研发掘资源

班主任要深入了解班上孩子家庭的成员结构、职业学历、兴趣爱好等，知己知彼方能立于不败之地。在最短的时间里深入了解孩子们的原生家庭，是把握教育契机、选择合适的教育方法的前提。班主任可家访知情，可闲聊知情，更可问卷调查知情。

立足调研，班主任才能有效发掘家校共育资源。例如，在一次家访中，我发现阿宪的妈妈虽然只是家庭妇女，但出租屋被她收拾得干净整洁；两个孩子在我班上成绩好、表现佳。这不正是对日本畅销书作家舛田光洋《扫除力》的最好注解吗？于是，这个家庭的故事也成为我培训家长的常用案例——给孩子上好人生第一课——"自律，从打扫开始"。

又如，阿军的妈妈是我在闲聊中了解到的一位坚强的单亲妈妈。在丈夫车祸去世后，她独自撑起家族企业，完成了从家庭主妇到商场女强人的华丽转身。大女儿18岁生日那天，学校不放假，她鼓励孩子安心在校自习，自己也在企业家培训班进修，母女一起用最积极的方式对待生活。于是，她成了我的"家长同行学校"之最佳案例。

榜样的力量是无穷的，尤其是身边的榜样，远比我从网络找资料，或从外部请专家带给家长们的冲击力更强烈。这些真实的案例分享让"遇见最好的彼此"成为接地气、高效率的家校共育活动。

活动第三步：把握契机适时培训

一是面对面培训。可以是专门培训，在家长会时准备专题分享作为培训；也可以是附加培训，不必等到一学期一次的家长会，平时开展班会活动时，我也会邀请家长们来参加。既能让家长们了解我们的工作和孩子的成长情况，也能让家长在深度参与孩子们的活动中自我内省成长。

例如，"感恩在心　孝亲在行"主题班会活动后，小键的爸爸握着我的手说："谢谢您，开展了这么有意义的活动，我今晚就要回去看看爸爸。您说的对，如果我们自己都不能以身作则孝顺父母，又怎能奢望孩子们将来孝敬我们啊……"

又如，白云山拉练活动，我们班邀请家长参加，孩子们的士气得到了鼓舞，家长们的意志也得到了锻炼，团队精神面貌得到了最佳展现。"一起走，莫回头；不畏难，努力攀——勠力同心登山巅"。当班级的旗帜高高飘扬在白云山巅时，就是师生共同砥砺意志的时刻，也是我们一生宝贵的回忆！

二是网络培训。可利用丰富多样的媒介，如QQ群、微信群、校讯通等。不要把校讯通变成作业通知器，将QQ群变成吐槽群，将微信群变成拉票群。这些平台需要班主任的精心管理，才能最大限度地发挥其良性作用。这里，我与大家分享一个利用校讯通高效沟通的案例。

学校感恩节开幕时，适逢开放日，要求每个班至少来5个家长。但是，有些班级一个家长也没来，我们班却全班到齐。原因何在？我的这次通知分3次发放，组合成为一封"致家长书"。（此处引用见上篇第二部分案例分享二"家校良性沟通案例"。）

我和家长之间的沟通，严格遵循人际沟通交流原则——"少说我，多用我们"，注重良性沟通。看到班主任情真意切、细致入微的长信，只要求自己回复一个数字，这样贴心的通告会有家长忍心拒绝吗？

我就是这样一点一滴地引导、躬亲力行地示范、费尽心思地使用妙招，将踩着鞋跟的家长感化了，将期望值高却不配合的家长感染了，将傲慢无礼、藐视老师的家长征服了……家长在参加一系列"遇见最好的彼此"活动后，逐步改变了不良的生活、作息或饮食习惯。孩子们的原生家庭在悄然改变，几年后，高考取得好成绩不就是顺理成章的事了吗？

（《中小学德育》 2017 年第 9 期）

倾之以情　晓之以法　守之以恒

——如何指引孩子们写出精彩难忘的班级日志

作为班级文化建设重要的一部分，班级日志不仅是班级重要事件的记录本，而且是班级日常趣事的发表地，更是丰富多彩的课堂和校园生活的收藏录。它承载着师生共同的回忆，更是孩子们青春成长的见证。

多年来，我利用班级日志这块阵地，进行班级文化的建设、营造、濡染，让班级日志成为孩子们乐写、善写、持续不断写下去的宝贵资源。班级日志不仅在高中三年里成为孩子们争相传阅、点评、谈论、温习的资源，还成为孩子们毕业后回校探望我时最乐意共同阅读、共同分享当年事当年情的宝贝。

一、倾之以情，用序言开启班级生活

倾之以情，我以为这是最重要的。没有这一点，再完美的指引、规定或督促，都无法让孩子们坚持三年持续记录。离开倾之以情这一前提，所谓记录的技巧方式将失去意义。

每接手一届学生，我都饱含深情地期待和孩子们一起度过难忘的青春岁月，希望成为陪伴他们认真度过人生最美好年华的那个人。因此，我用心挑选精美的硬面抄，适合记录一个学期150余天日志的本子送给孩子们。在每一本扉页上，我都慎重地写下序言。

犹记得，我为2010级高一的孩子们写下序言，根据王蒙的小说《青春万岁》中的序诗改编而成，最终成为我们的班诗——

所有的日子，所有的日子都来吧！让我编织你们，用青春的金线和幸福的璎珞编织你们。

有清晨集合的哨音、正午骄阳的炙烤、细雨蒙蒙中的拉歌，夜色迷离下的擒敌拳；还有受伤后的坚持、倔强、温暖的心。

青春是转眼过去的日子，也是充满遐想的日子，纷纷的心愿迷离，像春天

的雨，我们有时间、有力量、有燃烧的信念，我们渴望生活，渴望在天上飞……

这首诗陪伴了孩子们的军训、第一次全校公开班会……每一次班级学生情绪低落时，我们一起诵读它，都会激发我们的斗志。毕业前夕最后一次全校公开班会，当我们再次集体吟诵时，孩子们眼中噙满了泪花，那可以说是世间最美的珍珠！赴新加坡南洋理工大学读书的一楚在来信中，曾深情回忆起班级日志中的这首序诗，它已然渗透在孩子们的生命之中。

2013级高三开学时，我在班级日志序言中深情回忆我们一起走过的点点滴滴：

细数流年，仿佛昨日才相见。恍然间，和小伙伴们已经走过了千山万水。军训的辉煌有书为证（《梦想起飞的地方——军训心得集》），高一运动会的惨败，工作室小伙伴们的泪水犹存（体育弱班起步），高二运动会大满贯领奖台下的欢呼声尤响彻耳旁（由弱到强傲视群雄），屈子精魂橘颂唱响，两届艺术节华美的篇章留下光阴的故事（两届艺术节一等奖的殊荣——《橘颂》《光阴的故事》），多少次家长会中师生、家长互动得激情澎湃，遇见最好的彼此系列班会如火如荼——感恩篇、自然篇、诗画篇……青春如酒，我一直陪你们沉醉。不知不觉，长跑已到冲刺阶段。寒假腾龙计划出笼，为不负青春，为不留遗憾！愿以笨拙之身，再奋力一搏，带你奔跑带你飞！我们的大学，我们的梦必成真！

爱你们的万老师

2016年2月寒假归来

这样的序言，让孩子们充满了对共同走过的日子的眷念，激起他们更加珍惜当下的情怀。孩子们慎重地翻开新的篇章，记录新的生活。没有班主任的真情、深情、痴情，又怎会有学生的全情投入呢？

二、晓之以法，用"规矩"指引日志记录

班级日志是需要规矩指引的，即便是相对成熟的高中生亦是如此。"不教而杀谓之虐"，不要轻易抱怨孩子们写不好班级日志，你给出最精准的指引了吗？

我梳理了多年来指导学生写班级日志的规矩，大致如下：

一是谁来写？值日班长。班级里的每一个孩子都有机会在班级日志上留下墨宝，但是，唯有当日的值日班长，才是最了解全面情况的人，由他（她）记

录班级生活最合适。

二是怎么写？按照要求写。不同年级、不同班级要求也不同，大致要求是书写工整、内容翔实、表达有趣。首先，书写工整是底线，书写美观是目标；其次，内容要翔实，奖惩记录、有意义的课堂实录、班级趣事等，都要一一记录。

我们的班级日志一般由本纪（全天大事记）、外传（趣事记录）、金句素材（语文课上我的金句、日日课前演讲提供的素材）、回音墙（跟帖回复）4部分组成。表达有趣则是为了让孩子们在繁复枯燥的学习中发现亮点、自娱自乐，每次阅读班级日志都是全班最快乐的时光。因此，班级日志几乎成为历届孩子们毕业后返校来看我时，最想回顾的历史。

三是如何保障质量？首先是时间保证，当天写班级日志的孩子们可以免写语文作业；其次是禁止流水账，要尽量写得有趣。例如，语文课是记录重点，我会让孩子们每天都感觉语文课是最期待的课；电影分享、书籍介绍、时评碰撞等都在孩子们的认真记录下，成为宝贵的作文素材。这使得孩子们特别留意身边发生的种种有趣的人与事。另外，尽量让值日班长思考一个主题来撰写日志的外传，如我眼中的某某老师/同学、某某课堂、校园一隅、班上'大神'、今日大事之我见、本周要闻简析等。

三、守之以恒，用温情陪伴孩子成长

坚持才是王道。我们的班级日志一记就是三年，从开学第一天记录到高考前一天。我和孩子们的坚守，不仅仅是希望留下最完整的记录，更是借此培养孩子们恒定守常的思维品质和学习习惯。而倾之以情和晓之以法就散落在每一天的班级日志的点评、纠错、指点迷津中，散落在与孩子们打交道的日常生活细节中。

这，就是"道"。

"话痨"文杰写了一份超长无敌的日志，班长晓欣点评道："万老师，您觉得文杰啰唆吗？写字潦草吗？不过，看到他这么用心地写出如此冗长的班级日志（我作证，他今天一整天都在想如何把日志写得完美呢），您也感动得不忍心责怪他了吧……"

我在日志上回复："这样感性的男孩儿，我哪里忍心责怪啊，喜欢还来不及呢！虽然读日志已经把我累得够呛，我想，文杰写得更不易啊！呃，我一直是把文杰当外星杰出青年来看待的，他实在太强大了，地球生物尚不具备此等耐心、毅力。给10086个赞！"

这个古道热肠的孩子，后来一直是学弟学妹记录日志的楷模。他工作后领到第一个月工资，马上跑来请我吃饭，还说"万老师，您是唯一不嫌弃我唠叨，肯耐心听完我唠叨，还乐不可支的老师。您的回复让我激动了好多天。"

孩子们的絮叨和稚拙的语言里往往藏着最美的信任、最纯的思念、最干净的困惑。班级日志让我多了一个倾听孩子们心音的通道，让我成了孩子们最好的陪伴者。

有的孩子在日志里写道："今天读书交流会我最喜欢的是《风雨哈佛路》的女主人公，更喜欢万妈妈的点评——由绝境里也开出花来的人生是令人钦佩的。"我回复："谢谢你的喜欢，顺便补充一下，哈佛女生的名字是莉丝默里。记准确了，以后写作文好用哦！"

燕媛姑娘写了一篇很美的日志："其他课堂似乎一门心思往前赶，只有语文课，我们在万妈妈的带领下放慢了脚步，释放心灵，发现生活的美好，品味思想的光芒，在一节节的语文课上，让思想成熟、心灵丰沛……"我动情地回复："美好的时光因为你细腻的记录镌刻在了岁月的碑上。"

当孩子们记录了生活的不如意时，我回复道："生命中有许多的人和事，都会如风一般掠过。不同的是一些风带来鸟语花香，一些风带来污浊寒意。我们无法时时选择什么风吹过我们的生命，但我们可以做到的是——熏风香阵中我们大口呼吸、尽情享受；浊气冷风里屏息快进……

多么庆幸和你们一起走过的日子，常有清新、美妙、温馨的和风掠过我不再年轻的生命！"

…………

你是什么样的人，才能指望孩子们成为什么样的人。你若冰冷淡漠，又怎能奢望孩子温暖多情。引领、示范、陪伴，而不是指挥、命令、旁观，唯此，才可能引导孩子们写出生动活泼、富有生命活力的日志。

作为班主任，我是极幸福的。因为，我一直用不老的青春陪伴孩子们走过最美的年华。而班级日志正是我幸福班主任生涯的见证。

（《中小学德育》 2017 年第 10 期）

粗缯大布裹生涯　腹有诗书气自华

——做渡人渡己、启智明心的读书型班主任

常常有年轻的老师惊叹于我在处理班级事务时举重若轻的干练，与家长沟通交流时的从容；或感慨于我帮扶他们的即兴班会，精彩的仿若精心布局、反复打造的主题班会。他们经常会问我，要怎么做才能修炼出这般功夫？思忖再三，我找到了一条"秘籍"——阅读。

一、叩问阅读，不忘初心——你的阅读有反思吗

2017年暑假，"别人家的熊孩子那么牛"成为我身边师生家长热议的话题。北京市高考状元熊轩昂在接受记者采访时，一语道破"天机"："穷人家的孩子越来越难以考进北大清华啦！"阶层固化已经引起社会各界的关注。但是，多年的班主任经验告诉我，比阶层固化更可怕的，可能是网络写手六神磊磊所说的"智商固化"。

"如果感兴趣，尽量去读原著和经典，不要总看二手三手的知识，总看二手知识，人会傻掉的。"在阅读这件事情上，我们需要经常反思：

你固化了吗？

你是那个只看帖子不看书的老师吗？

你是那个只看方法指导不看原著的老师吗？

你是那个喜欢听讲座求课件，盲目模仿却不独立思考自己带班之道的老师吗？

我们身处一个高速发展的时代，急功近利容易侵蚀各行各业从业者之心。尤其是阅读这件事，当成功学、励志学、成名利器、"逆袭"捷径满天飞时，作为班级文化的引领者，班主任要时刻警惕"智商固化"的陷阱，不断追问自己：你的阅读还能固守德育的本质吗？你是否能保持旺盛的求知欲，保持读书的好习惯，并在漫长的岁月中，在琐碎的班级生活细节里点滴积累、潜心

化育……

一个在名校毕业已成为同声翻译的孩子，在高三毕业前夕写信给我：

"亲爱的万老师：

……在您为我们缔造的奇幻无比的文学世界中，学生我收获无穷。犹记得，高一上学期末，在别人都整理书包回家途中，不合时宜的我拿着期末考后重新修改的作文来到您跟前，听您以小说笔法现场为我的作文重塑骨肉，再造灵魂，第一次为您的'出口成章'感到震惊，更重要的是，之后您为我打开了那扇里面住着林清玄、张晓风等诗性作家的文学的大门。形而上的心灵收获比实际学到的写作技巧有用得多，无用之用乃为大用啊！我的高中，虽没承师愿进入张爱玲的世界，没有接受少女本应该有的诗情画意的熏陶，但一本《梵·高传》，就使我收获了自己更钟情地对生命意义先热切而后冷静的思考……"

班主任需要不断阅读，不断丰盈自己的心灵，才能真正成为班级文化的创新者，成为孩子们成长的引领者、陪伴者、人生导师。

二、深度对话，直抵心灵——你的阅读能浸润学生吗？

可以说，多年的班主任生涯也是我孜孜以求、广学博览的读书生涯。通过阅读，我逐渐积淀了一定的人文素养，不断拓宽思维的广度和深度。更重要的是，在岁月的流转中，我逐渐将阅读所得融入血脉，进而影响、浸润学生。阅读，让我逐步与孩子们建立了直抵心灵的深度对话。

"老师，您知道吗？自从上了大学和别的同学接触后，我越来越觉得您的素质教育非常成功。不少同学成绩优异、名列前茅，我却从他们身上看到了一些十分可怕的东西。他们太在乎学习，说得更具体一些就是分数至上、荣誉至上，对于他们来说情感根本不值一提。"

"如果这就是我们推崇的所谓'优等生'，那么，中国教育的意义何在？您常说，我们的教育是为了祛除一些人性上的污垢，让人变得更文明。而这些同学仅仅为了一点儿成绩上的私利就不顾昔日情分，教育的作用反而刺激了人性中恶的部分。我甚至经常听到一些同学对我说，她分数低了心里如何不平衡，凭什么某某同学分数比我高……高考制造厂加工出来的学习机器，太可怕了！该怎么远离这些人啊……"

"是啊，异化了的人是失去人性美好的机器！不用介意身边有这样的人，甚至不用去讨厌她们，只需悲悯！也无法在空间的距离上远离，你只需坚守自己的准则，稳步慢行，必定会走得更远……"

"嗯嗯，是的，与功利比起来，学会慢行会更长久。我特别感谢您高中三年的言传身教，让我学会读书、深思、承担公益，这是一种十分奇妙的幸福感。独处最佳的伴侣就是书籍……在中国青年志愿者协会，曾经有人问我为什么要如此认真地参加活动，因为这是一种信仰，是我高中三年在万老师熏陶下所获得的精神支柱。曾有同学问我，为什么感觉我活得特别洒脱，不论多忙都能抽出时间看书、弹琴，找到自己的兴趣爱好。这是一种深入骨髓的教育，岂是三言两语就能说清的，而陷入分数功利执念的她们更不会理解……"

——来自一个已就读名校大二的孩子在微信中和我的几段对话

对于一个班主任来说，这些温暖明亮的对话胜过任何褒奖。试想，一个自己不喜欢读书，或是依赖教学参考书的老师，又怎能与孩子进行心灵的沟通。而那些深陷分数执念的孩子的背后，何尝不是有着一群深陷分数执念的老师和家长？

因此，我常常对来自非一线城市或非一流名校的老师提出如下问题：面对教育资源不均衡的现实，身为老师，你为孩子们作出了哪些努力？就我自身而言，在一个生源从五类上升到三类的学校，15年的班主任生涯中，我正是用不断的阅读反思和直抵灵魂的对话，浸润我的学生，努力弥补这种不均衡。

三、阅读分享，共同成长——我们一起读书吧！

这么多年来，有许多好书滋养了我的专业成长。我也将这些书陆续推荐给了我的孩子和家长们。我们一起品读，一起陪孩子们走过高中三年的青葱岁月。

初中三年，说真的，看的书不怎么多。但是作为万老师您的学生，进入高中后的头脑风暴早洗刷了我们无知的大脑，在您的指导下，我看了大量的书，而其中最让我受益的莫过于《文明论概略》和《知识分子论》……在《知识分子论》中，我知道了身为一个受过高等教育的人，我的责任是什么，我的终极目标是什么，我该有怎样的气节。《知识分子论》中有许多深刻又发人深省的语句值得我们去细细品味、揣摩。例如，"知识分子的代表是在行动本身，依赖的是一种意识，一种怀疑、投注、不断献身于理性探究和道德判断的意识……知道如何善用语言，知道何时以语言介入，是知识分子行动的两个必要特色。""知识分子是一小群才智出众、道德高超的国王，他们构成人类的良心。他们支持、维护的正是不属于这个世界的真理与正义的永恒标准。"……

——来自就读新加坡南洋理工大学的一位学生写给我的信

许多书既滋养了我和孩子们的生命成长历程，也成为家长培训的必备素材。

例如，M. 斯科特·派克所著的《少有人走的路》，这本书不仅帮助我解决了许多问题孩子的心理辅导的难题，而且帮助让我释然了在生活、工作、婚姻中遇到的一些困惑。因此，我选取了第一部分"规矩"之"子不教谁之过"篇章，作为家校沟通的学习培训材料，帮助许多父母改善了亲子沟通的问题。

"今天读了万老师的分享：把万老师画出的句子重复读了又读，我也说说心里话，感觉每条都像在说我们，又好像不太像，所以迟迟不下笔。其实自从孩子上初中开始，他就一直变，变得像大人，其实在我们心中，他还是个小屁孩，所以忽略了他的改变。家长唠叨，孩子反感，越演越烈，你一开口，他就掩耳或直接关门，甚至沉溺于手机游戏，学习没兴趣，成绩下滑，所以这些确实是我们做父母的责任，监管不力，该批评。但我不知如何改变，自从进入高中来到万老师的班上，我好像有了导师。上次开完万老师的家长培训会后，孩子和我们都深深知道了自己的错误，就是缺乏'等待千年莲花种子发芽的耐心'。也知道了不能要求孩子按照自己的想法去改变，而是彼此要一起进步成长。我们按照万老师教的方法一点一点都试着为对方去改变，现在，孩子回家脸上有了笑容，话题也慢慢变多了，学习开始慢慢认真了，这是好的开始。让我们在万老师的带领下，重新和孩子一起慢慢成长，再次感谢万老师您的爱和精心的栽培！"

——来自正在执教的班上的家长短信

我最喜欢罗马皇帝马可·奥勒留《沉思录》一书中的一句话："我们听到的一切都是一个观点，不是事实。我们看见的一切都是一个视角，不是真相。"它启示我们：理性认知事物有多么重要，而我们这个民族最欠缺的就是理性。徐贲的《明亮的对话：公共说理十八讲》一书能教会你如何理性地说理对话。《沉思录》中"品质在传承中闪耀"一篇，与《曾国藩家书》一起，成为我所带班级家风传承类家长培训会的必备素材。

爱比克泰德的《爱比克泰德语录》更是句句经典，直抵人类心灵深处。"只做力所能及的事"让我在繁复的工作中有了取舍，"内心的快乐平静才是最好的生活"简直就是治疗现代浮躁病的良药。"宽容对待他人""论理性的生活""过真正有道德的人生"……美妙的警醒的短篇，让我恨不能统统背下来！

"粗缯大布裹生涯，腹有诗书气自华。"让我们通过不断的阅读、思考、践行，做渡人渡己、启智明心的好老师吧！

（《中小学德育》 2017 年第 11 期）

克服"心魔"，自为成长

满怀深深的谢意和歉意，我就要结束2017年"万老师带班记"专栏写作了。谢意不言自明，歉意则是对我的专栏编辑而言的。一年来，一次次地催稿无异于老师催小学生交作业，那份心情我完全能够理解。

在专栏的十一期文章中，我从自己的带班经历中撷取了许多美好的回忆，和读者分享我的班主任历程。如何引导孩子们成长，成为孩子们生命里的重要他人，是我，也是所有班主任孜孜不倦的追求。专栏即将结束，而班主任的职业生涯仍将继续。

在这宝贵的最后一期专栏中，我想和读者分享一些我从未向人吐露过的小秘密，回顾我自己生命里的重要他人。这些"重要他人"在我班主任生涯的艰难时刻，给予了我克服"心魔"，自为成长的力量。

这一年来的写作经历，于我而言，有着特别的意义。因为我完成了超越自我的华丽转型——在《中小学德育》杂志社主编王清平的鼓励下，在栏目编辑毛老师的帮助下，我从一个口若悬河，提笔却重千金的畏惧写作的老师，成长为一个艰难的"键盘侠"。之所以说"艰难"，是因为写作于我而言，可谓是一个心理痼疾。不仅仅是因为各种任务不断带来的时间分配压力，让我感觉写作困难；更主要的原因是，我当年在高考语文考场上，因为发高烧未能完成作文而引发的纠缠一生的噩梦，并由此带来的心理痼疾，让我厌恶写作。

这是我从未吐露过的心事，这件事就如压在胸口的大石，让我喘不过气来。

很多年前，当阅读李镇西的《做最好的老师》一书时，我在心里弱弱地又大言不惭地说：我写出来也不会差啊！我也是最好的老师啊！但是，我每每坐下来想要写一写自己的感悟时，一提笔就仿若重千金。当读到钟杰老师妙趣横生的"教育西游记"时，我不由地想到，在日常的课堂上，我不也是一个很能吸引孩子们听课的老师吗？为什么我不能像钟杰老师那样用文字记录这些好玩又有趣的教育故事呢？

可是，我不敢。一提笔，那个噩梦就充斥着我的大脑，仿佛一只从地狱中伸出的魔爪将我揪回去："一个高考作文都没写的人，算了吧……"于是，我恐惧写作，担心被人嘲笑："你和你的孩子们的那些琐事，谁愿意看啊？"也因此，多次推拒了杂志社的约稿和各种编书任务。我用阿Q精神安慰自己：孔子都述而不作呢。同时，也为自己的胆怯寻找各种借口：上课、备课、改作业、面谈学生，这么多事情，我都已经筋疲力尽了，怎么可能还有时间写作呢？

就这样，多年痼疾成冰窟，冻结了无数个想要提笔的念头，直到遇见我生命里的重要他人——王清平社长。她温柔如水的鼓励和举重若轻的劝导，成为我写作的破冰器，而栏目编辑点石成金的文字处理，更为我捋清了芜杂的思绪。于是，便有了"万老师带班记"的12篇文章。

不仅如此，自从开始专栏写作后，我居然在今年国庆长假的8天时间里，引导孩子们完成了《苏东坡传》的整体阅读，我在线研读、批阅、讨论，依靠一部智能手机、两个软件，每天用3～6小时，指引孩子们进行阅读，并和孩子们一起写下了近十万字的读书报告。而孩子们回报我的，不仅是对语文的热爱，对阅读的兴趣高涨，而且让家长们也惊叹，自家不爱读书的熊孩子居然开始迷恋读书，而且是读如此难懂的书。而我几乎每天都有一种写作的冲动，想要把我和孩子们阅读互动的案例记录下来，将我们的奇思妙想记录下来……

正是这次专栏写作，在悄无声息中释放了我囚禁已久的心魔。毛编辑每个月都会将样刊及时寄给我，而每一次看到自己刊发的文章，那份小小的骄傲与满足感都会抚平我心中对写作的恐惧。我高兴地在朋友圈与朋友们分享喜悦之情，善良宽厚的朋友们不吝欣赏和赞美，给了我莫大的鼓励。就这样，在外界不断地促成和催化下，我心中积淀了25年的教育热情，如地底的岩浆喷发出来，我变成一个痴迷于写作的"键盘侠"。如今，我不仅完成了12期稿件，还整理了自己带班多年的资料，在"万老师带班记"的基础上丰富内容，完成本书的著写。

回顾自己的成长道路，有那么多恩师的引领和贵人相助，他们都是我生命里的重要他人，让我克服"心魔"，实现自为成长。

当然，我写下这篇文字，除了倾诉内心深处无以言表的情感，更想让老师们有所感悟：我们该如何帮助那些需要帮助来克服心魔的孩子们？当你遇到自己尚不了解，甚至已经有误解的孩子时，当孩子不能很好地完成学习或活动任务时，你能否做到不妄加揣测或随意批评责备，而是像王清平主编一样，温柔鼓励，大胆信任。

王清平主编于我而言，正如魏巍《我的老师》里美丽的蔡芸芝先生一样，给一个受了委屈恐吓的孩子多么大的安慰和鼓励啊！解开了我的心结，打破了我心中的坚冰。在这个日益浮躁的时代，她能这样善待一个来自普通学校的班主任，给予了我如此的机会，帮我克服了心魔，促成了我新的成长。而这种善意也能够不断传递。在我的班主任生涯中，曾经遇到过一个被所有老师嫌弃、脾气乖张的孩子，因为当年我的温柔以待和宽容，长大后，这个孩子曾在医院替我守护病中的爱人整整一个月。那时，我就知道，唯有爱与温柔不可替代。

如果所有的教育者都有这样的情怀，那么，教育将是多么美好的事情！如果我们能温柔对待身边喜欢的和不喜欢的每一个人，这样的世界，该会是多么的美好！

感谢所有在我生命中对我温柔以待的人！你们给我的力量，足以让我传承更温柔的力量，去化解孩子们心中不曾为人所知的恐惧和胆怯。

（《中小学德育》 2017 年第 12 期）

第二章　经典案例

本章是对第一章专栏写作内容的补充和细化。专栏写作受篇幅限制，每期供稿七八千字，保留下来的大概三五千字。能够补充原始的案例，对一线老师来说应该更具操作性。分享三个经典案例，即精细化管理案例活动设计、感恩父母系列活动设计、考前心理辅导活动设计。这三个经典案例非常实用，也是万老师在全国各地讲座中最受欢迎的带班案例。

案例一：精细化管理案例活动设计

常言道："细节决定成败。"班级管理无小事，处处彰显教育的大道理。每一个细节，都是一种无声的教育，学生总能在润物细无声中潜移默化地成长。万博老师带班成功的秘诀之一就是活动精细化管理。每次活动、每个行动都有具体可行的行动指南和目标，既规范了学生的行为，也留给学生自主发挥的空间，使学生在精细化与规范化中学会做人、做事、做学问。

在班级活动的组织中，如何达到活动德育的最佳效果，取决于组织者能否做到精心构思、合理分配、严格执行、及时反馈。下面以学校组织的科技节活动为例，万老师精心设计了活动计划书，并组织了后续的系列活动及活动反馈，都取得了很好的效果。无论是提升学生的学习兴趣、扩大小组参与度，还是巩固学生参观学习获取的能力、完成学校科技节任务等方面，均有显著的成效。下面我就提供原始计划书给年轻的班主任参考。

常务班会之参观广东科学馆活动计划书

2013届高二（1）班　4月19日

一、目标

（1）开展科普教育，了解科技发展前沿最新的技术和理念，培养科学兴趣。

（2）参与学校科技节活动，完成相关活动任务。（参观感想、实践活动、墙报手抄报资料）

（3）在集体活动中增强凝聚力。（小组合作交流）

二、时间

2012年4月22日上午8：30在校门口集中乘车。

三、准备工作

（一）查询主题馆内容（万老师）

广东科学院内有"儿童天地"展馆、飞天之梦展馆、感知与思维展馆、交通世界展馆、绿色家园、人与健康展馆、"实验与发现"展馆、数码世界展馆、数字家庭体验馆和3D IMAX电影院。

（二）分组安排（戈林）

自由组合（5×8，即5人一组，分别负责8个主题馆的参观记录）

（1）飞天之梦展馆组：咏俊（18925066363）

一楚、江峰、琦雯、林宪。

（2）感知与思维展馆组：晓菁（15521025052）

钟彬、虹彤、艺林、朗坤。

（3）交通世界展馆组：鸣宇（13711050813）

嘉诚、锡涛、沫晗、丹勇。

（4）绿色家园组：舒琴（15728209328）

坤泽、丹利、宇翔、文杰。

（5）人与健康展馆组：泳江（18922388069）

李浩、志全、余意、竞雯。

（6）"实验与发现"展馆组：炎锋（13556010758）

佳怡、润华、惠祥、飞飞。

（7）数码世界展馆组：文亮（13533447282）

俊明、戈林、晓娜、丽芳。

（8）数字家庭体验馆组：嘉欣（15915964642）

剑锋、黄杰、碧钰、晓欣。

（三）任务

1. 集体照

地点：广场。

相机负责：戈林。

集合组织：黄杰。（带哨子）

时间：一分钟完成拍摄。（照相排队位置安排见附件）

2. 每位同学带上笔、记录本、相机

记录下自己喜欢的、感兴趣的、有价值的内容，用眼睛看、用大脑思考和感悟、用笔和相机记录、开口交流。

3. 小组任务

每个小组必须参观3～5个展览馆。

4. 组长任务

（1）关注组员，一个也不能少。

（2）自己或安排组员拍摄照片并于当晚10：30之前上传给戈林。

① 小组成员在自己负责的主题馆名前的合影。

② 同学参观科学馆的照片。

③ 科学馆中的展览。

（3）收集资料上交给主题班会负责人（舒琴）。

① 小组合影一张、参观照片两张、展馆内容5张。

② 小组成员收获交流心得一份。（每位同学写200～500字左右的感想，于当晚9：00前发送给组长，组长23：00前整合好小组的体会发送给戈林。）

（四）总体负责

班主任：万老师（13538886603）；

男生：戈林（15814887722）、黄杰（13826108621）；

女生：余意（13610182600）、晓欣（13682269707）。

（1）安全责任制：层层负责，随时联络。

① 班主任万老师要有戈林和黄杰的电话。

② 总负责戈林要有所有组长的电话。

③ 组长要有各组员的电话。

④ 没有手机的同学须紧跟一名有手机的同学。

（2）各项任务的督促完成。

黄杰负责收手抄报、余意负责收1500字的体会、晓欣负责主题班会和墙报、戈林负责督促实践活动DV和超级变变变。

附件：

拍集体照的位置安排

第一排：蹲着

晓娜、一楚、朗坤、丹利、余意、舒琴、竞雯、小菁、鸣宇、炎锋。

第二排：半蹲

坤泽、泳江、碧钰、沫晗、锡涛、俊明、丹勇、润华、艺林、晓欣。

第三排：站着左移一位

江锋、李浩、丽芳、虹彤、嘉欣、琦雯、黄杰、嘉诚、佳怡、钟彬。

第四排：站着右移一位

戈林、文亮、宇翔、文杰、剑锋、惠祥、飞飞、志全、咏俊、林宪。

有这样缜密细致的活动计划书，整个科技节参观科技馆的活动完成得非常圆满，根据参观内容组织的汇报班会暨家长会也很成功。之后，班级上交的科技节总结、科技节论文、科技节手抄报、科技节墙报等均获奖。这也是"凡事预则立，不预则废"的最好案例。

案例二：感恩父母系列活动设计

一个人有多懂得感恩，就能走得多远。"感恩教育"是德育中非常重要的部分，引导学生感恩父母、感恩老师、感恩同学、感恩身边的每个人，进而感恩社会，对于学生而言，感恩是终身受益的优秀品质。万博老师从切身的体验告诉学生感恩的意义，引导学生如何表达感恩之心，触动学生的心灵，也感动家长同事，是"感恩教育"的优秀践行者。其中，感恩父母活动设计尤其触动人心。

"感恩在心，孝亲在行"班会活动设计

——广州市第八十九中学2013级高一（1）感恩节公开示范班会

一、班会目的

班会活动旨在通过搭建的平台，让孩子交流观影、赏文心得，碰撞内心对感恩父母的见解及看法，并反思自己过往生活中对待父母之态度、做法不妥之处，经自省内化后转化为感恩孝亲之言行，既让家长倾听孩子的心声，也让孩子开始自省的旅程，以期在下一次主题家长会"遇见最好的彼此之三"中有升华。（注：我们班的主题活动"遇见最好的彼此"已经开设了"遇见最好的彼此之一——父母篇，遇见最好的彼此之二——人与自然篇"。）

二、班会背景

班情——学习程度较年级其他班级好，学生自我意识强（这是普遍存在的优生心理），自以为是、缺乏感恩之心也是相当一部分90后独生子女身上存在的问题。

三、班会准备

（1）班主任在学校宣布感恩节启动的当天（5月19日），开启高一（1）班的感恩系列活动（准备期为上周）。

（2）第一节班会——观看视频《中国梦想秀——邓雪凤专辑》（这是真正感动所有梦想观察团成员罕见的全票300人无一反对通过的感人梦想人物）。

（3）班会后及时布置反馈任务——配合语文作业阅读毕淑敏《精神的三间小屋·孝心无价》后写心得体会。

（4）批阅孩子们观看视频及推荐文章后的心得，分组定向分享重点。

（5）给家长写一封信，联系落实参加班会的家长。

（6）制作小组分享交流记录表。

（7）安排录像、照相人员以及后期制作音影资料的人员，以备班会资料的收集和成果分享。

四、班会流程

1. 分享心得篇

（分享观看完邓雪凤的故事后，自己内心的触动。）

（1）第一层次分享——小组分享，组长记录，推荐至少一名组员参加第二层次的分享——全班分享。

（2）分层次重点分享，不重复。

（3）提醒听者仔细聆听，以便在第二、三环节自省碰撞中发现不足。

（4）温馨提示。

①听分享需要记录的内容：

视频里感动了发言的同学也感动了我的话/细节/人是……

和发言同学有同感的观点是……

和发言同学不同的观点是……理由是……

②发言规范语言：

在看完万老师推荐给我们的视频及文章后，我……

我很认同某某同学的看法，曾经我也是那样的……

在听完某某同学的分享后，我陷入深思，开始自己的自省……

2. 碰撞火花篇

（听完小组成员的分享和其他组推荐同学的分享后，谈谈自己的感受、触动或思考。）

（1）第二层次分享：各小组推荐人员分享观影、赏文感想。

（2）第三层次分享：交流碰撞，找共鸣、提异议、找问题。

（邓雪凤身上有哪些值得我们肯定和学习的品质？对比邓雪凤对养父的感恩的言行，你对父母有过哪些感恩的言行或不孝的言行？从邓雪凤对于幸福的看法中你得到了什么启示？）

3. 真情告白篇

（1）家长代表以歌代替心声《时间都去哪里了》。（包奕凯家长）

（2）每组选一位同学对前来支持我们班会的家长进行感恩表白。

（3）献给爸爸妈妈的歌。

以赵李琼的反思做总结。

4. 自省行动篇

（1）一张贴：在便利贴上写下自己在日常生活中不能体谅父母的不孝言行，并思量如何做出改变。

（本学期第二张自律贴——孝亲在行自律贴）

（2）一封信：给没来参加班会的父母写一封信，汇报感恩节我班的系列活动，以及在积极认真参与这些活动后你的反思和成长。

（3）一个目标：如何化感恩之情为报恩之行，结合自己进入高中以来的表现制订期末考试目标。

感恩班会后一个家长深情的反馈

昨天参加了高一（1）班"感恩在心　孝亲在行"的班会课，感受太深，此文较长，望谅解。

很惭愧以前多次参加万老师精心准备的家长会等活动，自己尽管学到很多但从来没有写下来发给老师，对万老师倾注的心血和付出的劳动，一直缺乏实际行动的支持。以后争取多和老师沟通、配合，为创新班的发展做一些力所能及的事。

昨天的主题是"感恩"和"孝亲"，这是一个容易流于俗套的话题，我想，这也是陈健同学起初对邓雪凤视频无感的原因。因为媒体上充斥着太多刻意、煽情的相关宣传，会让孩子和大人看到类似的话题就调换频道，或者报以怀疑、挑刺的态度。邓雪凤的故事我没有看过，说实话，我不喜欢太悲情的东西，因为其中往往经不起推敲的是社会保障的严重缺失、民政机关的失职。但总有些人和事会打动大多数人，哪怕是那些层层包裹、最世故坚硬的心。万老师的融冰之旅系列感恩活动就是这样的感人至深。

在班会课上，我想的是自己的父母，两位普通善良的空巢老人。前两天父亲用微信发来三张照片，是提前准备的端午节粽子和满头白发的母亲包粽子的样子。我看得眼睛涩涩的，想起父母爱护我的种种小事：给我买的漂亮衣服，总是把我爱吃的鸡腿、鱼肚子留给我，对我跑到遥远的广州去工作毫无怨言，在我儿子小的时候到广州来帮忙料理家务……而我对父母的回报真的太少太少了，这两年喜欢观鸟，假期总在旅行，一年难得回老家看他们几次！

父母年老了，子女都不在身边，我知道他们很寂寞，每个礼拜都盼着我给他们打电话，可我有时一拖再拖，最后就忘记了。今年最高兴的是春节回家给他们买了一部智能手机，教会父亲拍照、发微信、看新闻，他们能常常看到我们去了哪里、做了什么、吃的晚餐等，也算稍有安慰。父亲偶尔发来他们的照片，我转发在朋友圈里，总能赢得一大堆点赞和评论，因为很多人都像我一样不能在父母身边尽孝！

所以，当我听万老师说儿子在作文里写"希望我们对他不要太好，免得他做不好会内疚"时，我真的感觉很惊讶，因为我觉得自己为儿子做得并不多、对他也不是"太好"，和小时候父母持家的辛苦相比，现在的家务劳动都有各种电器代劳，不想做饭还可以随时去餐馆吃，而且每天吃完饭洗碗的工作都指派给儿子干了，我们做父母的真是太轻松了。实在要说有什么辛苦，就是心理上还是比较操心，觉得他还不太懂事、缺乏自控能力，有时候周末一出门就是一天，也不知道他在外面干什么了，真是个不靠谱的孩子。

总之还是那句老话，不养儿不知父母恩。我们对孩子大多能细致地疼爱呵护，对父母却往往疏于关心尽孝，也许这就是人类一代一代进化发展的原因吧！但不管怎么说，要求孩子感恩，自己也应该多尽孝，常常给父母打个电话，多回家看看。这个端午节我准备回家跟妈妈学包粽子，家乡风味的清水粽子。

感谢万老师，您设计的这堂班会课没有落入俗套，同学们含泪说出内心对父母的感谢、与父母间的矛盾，让我们这些为人父母者又想起自己的父母亲。班上绝大多数家长在班会课上都流泪了，连一些大男人都红着眼圈陷入深思。最后那首全班孩子献给父母和万老师的Beyond的《真的爱你》我很想跟着唱，却哽咽着唱不下去。

我想对儿子说：儿子，我不是理想中的那种无私慈爱的妈妈，你也不必为我们成为完美的天才少年，我们因血肉结缘，亲密陪伴了十几年，这就很好了。几年以后，我们生活的交集就会越来越少，到那个时候，妈妈希望你独立成长，成为最好的你，偶尔也和我们分享一下你的世界，那就是我和你爸的心愿。

（2016 届 1 班　李虎潼妈妈）

感恩的心——融化坚冰的温柔力量

——万博老师公开示范班会课观后感

广州市第八十九中学　宋杜鹃

正值炎炎夏日，躁动的心总难以平静，思量着在学校的感恩节中应该和学生们一起做些什么，来触碰一下我们那颗满怀感恩却无处释怀的心。面对"感恩"这个词，总会有一些人和事浮现在眼前，心会变得柔软，连呼吸也会变得温柔，好像有满腔的感谢，却又说不出口，而最难以对其表达感恩之情的人，便是我们的父母。然而，很多时候，父母和孩子的相处，却并非预期的那样和谐，多多少少都会存在一些摩擦和隔阂，甚至还会有那冷漠外表下的情感坚冰。

在这样的背景下，利用感恩节的契机，善思、敏行的万博老师在校园开放日当天呈现了一堂别开生面的示范班会课。课堂上，学生和家长围坐在一起，围绕"感恩在心，孝亲在行"的主题，让家长和学生进行了一次内心深处的沟通和交流。用万老师的话说，父母和孩子一起踏上"融冰之旅"，通过真诚的告白，给彼此多一些温柔和理解。而融冰之旅并非始于此，早在一周前，万老师就通过让学生观看视频、阅读文章和书写心得等方式，对他们进行了潜移默化的感恩教育，而此次的班会课，正是感恩活动总结性的成果展现。班会一共分为四个部分：分享心得篇、碰撞火花篇、真情告白篇、自省行动篇。整个过程环环相扣，层层递进，在自然和缓的节奏中，每一位参与者和聆听者都欣然踏上了这次难忘的融冰之旅。

首先，在分享心得篇中，学生们以小组的形式分享观看完视频《中国梦想秀——邓雪凤专辑》后自己内心的触动。各小组成员及其家长围坐在一起，分享着他们从这位坚强的、有孝心的女孩身上的收获。他们在邓雪凤那句"学业可以等，父亲的一呼一吸不能等"中，看到了在艰难境况下她的牺牲、她的大孝，同时也使得他们开始自省，反思自己在过往的生活中对待父母或冷漠或恶劣的态度。一个女孩子在分享内心感悟时，不禁潸然泪下，在与邓雪凤的对比中，她感受到自己是那么的幸运，家境优越、父母健康，自己整日被关怀、被呵护，为自己的任性和自私感到愧疚，认为自己总是以自我为中心，不考虑父母的感受，时常让父母生气，还与父母争吵。安慰她的时候，许多孩子和父母都止不住地流下了眼泪，他们为邓雪凤的孝心动容，为父母的坚忍动容，为孩子的成长动容，更为彼此间的理解动容。

其次，在碰撞火花篇中，通过小组内的分享推荐出各小组代表进行发言，进一步分享自己的感受、触动、思考。一位学生代表在发言中提到自己平时并未在意父母的爱，认为被爱是理所当然的，对于父母偶尔的要求也总是拿学习当借口，终日过着公主般的生活。通过邓雪凤的故事，她感受到自己的肤浅和自私，并发出"读尽圣贤书，此般亦无用"的感叹。如若不能为父母尽孝，只为自己而活，即便你满腹经纶，终究沦为浅薄无用、不孝不善之人。在此期间，万老师就孩子们的发言也提出了一些发人深省的问题，为思想的行进推波助澜，令每一位倾听者都陷入了深思，反思自己是否也是用这样的态度对待自己的父母，不知他们的内心也是否满怀愧疚。在这一环节中，万老师鼓励孩子们抛开自己的手写稿，用最真挚、最简单的语言道出内心的声音，这种最质朴的表达方式也使我们倍感亲切和真实，少了华丽的语言和情感的束缚，彼此间的交流也变得自然和流畅。

再次，在真情告白篇中，家长代表倾情演唱了《时间都去哪里了》，道出了父母对孩子成长的关怀，对时光匆匆的喟叹，对漫漫生活的感悟；孩子们起立齐唱《真的爱你》，表达了自己对父母的愧疚、理解和爱。用歌声道出心声，借真情表达心情，在这质朴的歌声中，父母和孩子都表达出了彼此那份深沉内敛的爱，那羞于言表的情。还有一位刚经历了一场手术的家长也来到现场，尽管身体不适，但这位母亲仍然不希望错过孩子的每一步成长，也让在场的每个人都为之动容，孩子给母亲一个大大的拥抱，一个深深的鞠躬，这温暖的一幕，使我们感受到了感恩的美好和温暖。

最后，在自省行动篇中，学生们在便利贴上写下了自己在日常生活中不能体谅父母的不孝言行，并思考如何去改变，如何从行动上落实，同时，孩子们还要给未参加班会的父母写一封信，汇报班级感恩节系列活动和自身在其中得到的反思和成长，并且制定目标，将感恩之情转化为报恩之行，为期末考试制定目标，激励自己珍惜时光、好好学习，以回报父母的关切和期待之情。

通过此次班会，我们仿佛感受到，在万老师这位掌舵人的引领下，我们都在这次的融冰之旅中满载而归。因为有一颗感恩的心，孩子和父母之间的情感坚冰正在悄然融化，虽无声，却动人，父母因被理解而欣慰，孩子因感恩而成长。《苹果树》中说"有一棵大树，春天倚着她幻想，夏天倚着她繁茂，秋天倚着她成熟，冬天倚着她沉思"，这棵树伴我们走过四季、走过一生，那就是我们的父母。希望"树欲静而风不止，子欲养而亲不待"的遗憾能少一些，孩子们通过这一次的感恩活动更能感受到孝心无价、感恩无限。带着一颗感恩的心吧，她虽温柔，却能融冰化雪，感天动地。

（宋杜鹃）

案例三：考前心理辅导活动设计

高考备考，对于学生而言，这是一场刻骨铭心的"战斗"。在备考的365个日夜中，班主任是学生最坚定的陪伴者和引路人。万博老师在引导学生调适情绪、指导家长全力支持孩子高考的问题上有自己独特的见解，并且着力打造"高考亲子加油站"品牌特色活动，帮助学生、家长轻松且卓有成效地渡过最关键的冲刺备考期，战胜考前焦虑，使学生高考取得优异成绩。

下面这份案例经由万博工作室公众号发布，立刻受到全国各地高三备考师生的青睐。

"亲子加油站"助力冲刺高考

高考，是学生积蓄三年后要上的"战场"。在备战高考的最后20天里，心态是至关重要的。因为三轮复习过后，各科知识点的查漏补缺基本完成，进入回归基础、整理错题集、巩固复习成果的阶段。这个阶段考生要有大幅度的增分不太可能，如何稳定成绩成为第一要诀。在家长和老师的帮助下，稳定孩子们的情绪，使他们静心备考，调试心态到最佳的平衡状态，就成功一半了！在这20天里，尤其需要解决两大常规难题：一是如何解决考前焦虑，二是如何通过班级活动帮助考生走出备考高原区。

一、指引家长、孩子克服考前焦虑

还有20天就高考了，家长、孩子甚至是老师都容易陷入焦虑紧张的情绪中，不少考生在考前几天出现失眠的状况，这时该怎么办？

其实只需要一句话就能解惑！

记住："比焦虑更可怕的是对焦虑的焦虑！"

正如"比失眠更可怕的是对失眠的担忧"。对考前失眠者最好的安慰，并不是说"快睡吧，睡不好一定考不好"。那无异于加剧失眠及焦虑。只有告诉家长和孩子："失眠怕啥，放心！就算今晚不睡觉，只要你想考大学的愿望极其强烈，就不会犯困且不会影响发挥！"只要是身体健康的青少年，除非是长期失眠已经引发各种身体的不适（那需要专业的心理医生辅导），否则，偶尔失眠真的是完全不用担心。况且，如今高考只有两天时间，熬一熬就过去了，更不必担心！

安慰家长和孩子不要焦虑，并不是拿某人不焦虑来鼓励他们，因为那只会加剧他们的恐惧和忧虑。最佳的心理暗示是：所有人都是会焦虑的，这是人之常情！这也是事实啊！

所以，这时候最佳的状态是两个"如常"、一个"调整"。温馨提示小贴士如下。

1. 作息如常

孩子备考到现在，应该说成绩已基本定型。只要是进入复习状态、认真备考的考生，想必已经晚睡早起习惯了（切记再晚也不要超过晚上12：00）。如果不如常，加倍努力甚至熬夜复习，或者特意早睡，都会得不偿失。

2. 关爱如常

不要因为快高考了，就在生活上、学习上做过多调整，尤其住宿生的作息随学校安排勿轻易改变，以前送汤送饭送消夜的照常，以前没送的现在也不要送了；更不必再问孩子周测分数、排名之类的话。家长们一定注意，不必特别小心翼翼，那样反而让孩子们不适。

3. 调整生物钟到最佳考试兴奋点

让孩子们养成上午8：30—11：30，下午2：30—5：00，都处于刷题状态，其余时间段复习归纳整理。刷题期间尽量不上洗手间。这样的生物钟，会助力孩子高考时平稳答题。

二、引导考生克服备考高原现象

通常高三学子从百日誓师到一模、二模期间，是最佳的冲刺阶段，也是增分最快的阶段。二模过后进入疲倦期，尤其只剩20天时，是孩子们的备考高原区。优生的普遍心理是渴望早点考试，少些变数；中等生到达增分后的瓶颈期很难突破，有些焦急；学困生有些低迷甚至出现负面影响的情况。此时，先前的理想教育励志活动很难再激发斗志，怎么办？

"亲子加油站"是我这几届带班取得优异成绩的法宝。"亲子加油站"的对象不仅是父母和孩子，还包含校领导、级长、各科任老师、同学，都是这场亲子加油站活动的主角。调动整合一切有利资源来备考，形成合力，成为取胜的法宝。一个人走得快，但一群人才能走得远。让孩子们在浓浓的师生之情、同窗之谊、父母之爱中汲取坚持到底的能量，安全度过高原区，决胜高考！

当然，不同地域、不同层次、不同结构的学校，应该采取不一样的、适合自己生情班情的方式。例如，2013级我使用的是"流金岁月回顾"，因为三年没变动班级的这个班，孩子们感情极深，用这个触点很给力！三年活动照片制作的精美动态PPT如催泪弹般地激发了孩子们被刷题麻木了的神经；2016级我使用的是"爱心动力能量墙"，这届孩子活跃，略显浮躁，我就调动家长、学长资源完成一面极富特色的爱心动力能量墙，让孩子们在学习困倦之时去凝视这面墙吸取力量；而今年我在高三才接手的这个班，家长和孩子都相当内敛且不活跃，很多事情很难调动，我就精心设计了一系列环环相扣的动态游戏来调动、激励、催化学生，效果非常好！下面给大家分享的就是前天刚刚完美收官的"亲子加油站活动"，希望能给年轻的班主任提供一些可借鉴的方法和可使用的素材。

三、2017届高三（9）班"亲子加油站"活动方案

1. 目标

利用亲情、师生情再次调动高三（9）班孩子学习的激情，巩固前三次大考一次比一次好的佳绩，度过备考高原区。

2. 准备

（1）家长志愿者招募。（照片搜集整理人员、PPT制作人员、加油站party采购人员、温馨教室布置人员。）

（2）领导老师加油泵。（校长、级长、科任老师照片收集，手写鼓励祝福语收集。）

（3）亲子Party小游戏设计。

（4）制作温馨感人的PPT。（家长志愿者完成得相当出色，一切在孩子们不知情的情况下悄然进行，家长们贡献出孩子儿时的照片、全家福、家长的叮嘱语给志愿者制作精美的PPT，故Party上孩子们感动极了。）

（5）邀请科任老师参加。

（6）教室布置。（家长志愿者周日晚上用100个气球把我们的教室装点得

温馨浪漫，桌椅排成心形。）

（7）主题曲选取：

《梦想成真》（英文版）——超级好听的曲调和极为励志的歌词！

《真的爱你》——粤语绝佳版的经典励志感恩歌曲。

《友谊地久天长》——越老越喜欢且永不过时的优美旋律。

（8）上届学生的励志视频与感恩视频。

3. 流程

（1）观看上届学长学姐们留下的励志与感恩视频，激发学生对大学生活的憧憬之情。

（2）大学那么美，我准备好了吗？——没动力，怎么办？

（3）家长、老师对你说。（家长祝福语、老师祝福语）

（4）成长痕迹。（照片猜猜猜）

（5）亲子游戏三（班级棒棒拳猜胜负，输者开始抢凳子游戏，然后是亲情和谐度比拼）在欢声笑语中释放压力，激发热情。

（6）爱的献唱（父母与儿女牵手共唱《真的爱你》；全班孩子手拉手唱《友谊地久天长》）。

值得一提的是，在亲情和谐度比拼中，"你最怕爸妈说什么""你最想对儿女说什么"，居然有父母最想说的话是儿女最怕听到的话，现场进行沟通疏导，起到了很好的效果。

最后带领孩子们做我发明的减压操，在温馨美好中，"亲子加油站"活动完美收官！

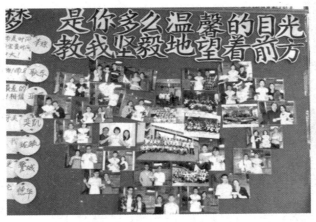

2016届"爱心动力能量墙"

2017届高三"亲子加油站"主题曲

家长加油帖

老师加油帖

校长加油贴

亲子活动现场

爱心唱将

4. 来自家长们的反馈

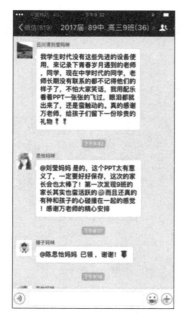

反馈截图

四、送考注意事项

（1）常规提醒到位，准考证、身份证两证齐全，戴手表核对考场时间，提前到达，铅笔、签字笔不要用新笔，用写惯了的笔。

（2）大忌语言"别紧张"，那简直就是不良暗示。

（3）最佳语言"好孩子，轻松些""好孩子，你行的"。

（4）孩子愿意拥抱就拥抱，愿意拍手就拍手，别强求。

（5）考完一科出来不问难易、不对答案，只叮咛准备下一科。

（6）考场有空调的，备一件外套。

常言道：班主任既是世界上最小的官，也是最大的官。

班级管理工作，小到打扫卫生、安排座位，大到人生规划、精神指引，无不考验着班主任的智慧与能力。一个班主任就是一个世界，她所给予的养分，便是孩子茁壮成长的根基。万博老师的日常管理工作，在孩子们成长的日志中点点滴滴渗透出来，值得细细咂摸咀嚼……

每一份活动方案、每一次亲子互动、每一节精品班会课、每一次促膝而谈，都在学生的心灵留下了不可磨灭的印记，滋养着学生正直、勇敢地飞向世界的每个角落，寻找更多彩的人生。万老师总能以敏锐的触觉，抓住最关键的教育节点，给予学生既中肯又睿智的指导和建议，使学生在润物细无声中获得最好的成长。

育人日常

中篇

第三章　梦想起飞的地方——军训

　　军训是学生进入高中要上的第一课，也是班级组建的关键时期。班主任在军训期间的带班风格、与学生的亲密关系、个人魅力与职业魅力，都会对日后的班级建设带来或多或少的影响。万博老师积26年的教学经验所得，在引导学生正确对待军训，树立正确的世界观、价值观和人生观方面取得了比较好的成效。更重要的是，万老师对学生的军训总结和日志都做了认真的批改和点评，与学生进行最及时、有效的交流，且效果显著。

　　6万字的军训点滴录，记录了31个孩子在为期6天的军训中从肉体到灵魂发生的蜕变。这6万字，既有军营中教官的棒喝与严厉带来的震慑，也有孩子们在肉体上经受磨炼后精神上的感悟，更有第一堂班会课上班主任的起点教育带来的深远影响和印证。这一切，都凝聚了创新班31个孩子和老师的心血与汗水。这也是这个班三年后取得高考辉煌成绩的坚实根基。

军训日记

让灵魂在苦与累中涅槃（好标题）

广州市第八十九中学2016届高一（1）班　李帅东

　　因为军训，我看到往昔生活的颓败；因为军训，我想到曾经生命的苍白；因为军训，我悟到流逝人生的无力。更因为军训，让脆弱的灵魂在苦与累中涅槃，凝铸成搏击长空的倔强！（排比使用有力！可惜后文照应不足，应在军姿定型训练的冥想中渗透对往事的回忆，与如今的思考形成对比，方照应周全。）

全新的集体

2013年8月19日　星期一　天气：晴　军训第一天

又是一个微风醉人的上午，似乎没有烈日的天空与我们的活动极不相称。是啊，阴凉处，让人飘飘然。我们的动作显然有些滞慢，步调总难以协调。一人拖慢，全班受罚，我觉得这不公平，但看到教官的脸色阴沉，他对我们解释："你们是一个集体！"这句话算是给我们的集体下了一个全新的定义，它让人难以理解，这虽然是军营里的集体，但是谁说它与我们学校里的班集体没有千丝万缕的联系？我开始知道，为什么总有人出错，目光乱晃，心神不定，举止随意。我也渐渐理解了老师为什么在第一天就提出"自我"这个弊端，它的的确确存在于我们之中！太多的自我难以铸就一个有凝聚力的集体，在教官的"一人感冒，集体吃药"的集体观念下，我们明白：在集体中生活，应尽量敛去"自我"的锋芒，收起"自我"的棱角，寻找、发掘那坚韧聪慧的"共性"来代替那随意、不羁的个性，有了共同的志向，共通的情感，一班才有了集体的内核。（集体的概念应当渗透在三年的高中生活中，但是集体的精神绝不是个性的泯灭，老师希望你们在集体力量的感召下变得坚韧、隐忍、超拔。但独特的个性、张扬的自我在才华的显露上是不可遏制的！）

简单的生命

2013年8月21日　星期三　天气：阵雨　军训第三天

第三天下午站军姿的时候，我突然感到一阵烦躁，练来练去仍是那几个简单的动作，而且每个动作已经重复了不下20遍。在站立之余，我不禁心神游走，竟然没跟上教官的口令，出错了……被罚后，连累了集体，我心底既愧疚又有些不屑，甚至是厌恶。"这么简单的几个动作何需重复几十遍！何况我来这里是为了体验'苦累'的，这些枯燥的动作何苦之有！"我不平地想道，并怒目而视"老黑"教官，他似乎微有察觉，立刻投来凌厉的目光，黝黑的脸庞上带有杀气般地写着：坚持！站好！一旁（2）班教官更是了解我自以为是的心，边走边训道："简单的事情重复做！重复的事情好好做！这里没有新鲜，没有复杂，就是这么枯燥简单的动作！如果这些都做不好，怎么突破自己？站好了！在想放弃与坚持不放弃之中突破自己！"铿锵的话语一如那深刻简单的道理掷地有声。军训其实就那么几个动作，几个简单的动作，它枯燥、单调，即使你抱着忍受苦难的心来到这里，但你依然迷茫。如果不能在那几个简单的动作里找到与将来学习生活的一丝联系，军训也就仅仅是你因偏执而招来的一场苦难。教官的话有理，生命何其简单，我们最初的智慧便是从简单的动作里重复得来，从牙牙学语到蹒跚学步，经过了多少次的重复才有了今天的思辨与矫健！（赞！在军训中你不是简单的机械，而是外表木讷、内心涌动着思想火花的生命！）

我渴望苦难

2013年8月23日　星期五　天气：雨　军训第五天

　　我满怀期待的第五天，本该烈日当空。可是它又下雨了，一大早，绵绵的雨下个不停，一切都蒙在了阴影里，连哨声都隐入了雨中。我的渴望也就这样被浇灭了。已经是军训的最后一天了，因为盼望雨停，大家都涌在楼梯上，等哨声响起就冲出去，我不知他们是怕迟到还是想站军姿……雨还在下，它像一堵无形的墙隔在我们的军训与学习中，如果这些天的雨来得真实而故意，我们就不配在一班……哨声响起，我们冲了出去，即便站在雨里，我也高兴。我想，如果军训就这么结束了，就太遗憾了。因为我既没有通过它磨去我的棱角，也没有在其中获得太多的毅力。这回的军训，本该如一座熔炉般将我们的杂质熔去，可是雨给它降了温，老师的夸赞给它降了温，于是就有了许多的浮躁。在嬉笑、叫苦之余，我也在想，我们一班是怎样一群人聚在了一起，又为什么待在一班？如果仅仅是因为"创新班"的称号，或是个人的偏执与痴狂，那一切都将暗无天日了。我深知不能让雨消磨了我的斗志，耗去时间，因为我们是一班，我警醒自己，因为有一个人，不，两个人，在看到这一切之前，便已悄然离去。所以，我渴望烈日，渴望苦难，渴望令人绝望的军训！（只有懦夫才苛求生命的一帆风顺和生活的安逸自在，从字里行间我读到的是少年的豪气和决心扬帆的勇气！）

　　军训，是一味苦涩的药，我含着它咀嚼，品出了集体的内核——团结，品出了生命的本质——简单，悟出了生活的本味——苦难。这在一些人的眼里或许认为我幼稚而偏执，然而，如果没有经历那五天的苦与累，没有感受那被降温的军营熔炉是怎样在我们心底重新燃起一股烈火，你就难以感受它入骨入心的力量，你就难以相信那幼稚而偏执的感受是如此真实而贴切。苦难并没有因为阴雨而泯灭，就像生活从不会因为短暂的阳光而幸福。我的灵魂也就是在这样的苦难中涅槃，从闲散到坚韧，似浴火重生，如沦肌浃骨！然后，我将带着它踏入新生活。我深知，那也是一味苦药，但看我怎样以涅槃的灵魂、不屈的坚守把它酿成满腔甜蜜！

万老点评

军训标兵的神采已然在文中展露无遗，更难得的是对苦难的渴望彰显了一个理智、超拔少年的雄心和霸气！

军训成长心路历程

广州市第八十九中学2016届高一（1）班　盛德华

为了蜕变而前进（好标题）

2013年8月19日　星期一　天气：晴　军训第一天

铁要经过无数次的敲打与烈火的洗礼才能变成钢，人也是如此。经过一次次的磨难与坎坷，人才能出类拔萃。今天，我们为了证明自己的优秀，为了证明自己有吃苦耐劳的精神，我们向着军训出发了。

——题记（好题记）

今天一大早大家很准时地来到操场集合，地上满是大大小小的箱子和五颜六色的水桶，整个操场突然之间形成了一道独特的风景线。同学们大多都簇拥在一起有说有笑地谈论着，但话题只有一个——军训。大家怀着无比激动但略微忐忑的心情聆听校领导的讲话，每个人都已是汗流浃背，但他们依旧聚精会神地聆听着。待领导们稍做讲话后，大家提着自己的行李物品按顺序乘车出发。在车上，我们听了班主任万老师的训话，以及万老师对我们的鼓励，从她的话中我们领悟到了：第一，在军营要绝对服从教官的指令，不得反抗，要遵守军训基地的规章制度；第二，在军营中必须要有礼貌，见人要问好；第三，在军队中要把此次军训当作一种幸福，要以苦为乐，尽量做到最好；第四，每天在军队中也要学习和思考，人不可一日无思；等等。（记录仔细，赞！不过冷漠的记录是行文大忌。你又不是写公文，可以适当写写自己听到训话后的启示或当时的感想，并且可和下文呼应。）

很快，我们来到了"黄埔军供站"，我们将在此进行为期6天的军训，收拾好东西又要进行一次"开训大会"的训话。校长亲自给我们讲话。校长通过讲述自己的经历，告诉我们要珍惜眼前的美好，做到忆苦思甜；也使我们明白了军训的真正含义，听得大家热血沸腾。尽管头顶是炎炎赤日，尽管全身大汗，但我们好似全然不知，都全身心投入到了校长的训话中去。

接着就开始正式训练了，我们的教官是一个皮肤黝黑、身材魁梧的战士。很显然，他是一名经历过刻苦训练且极具经验的战士。他对我们的要求十分严厉，谁若犯了不该犯的错，就会受到严厉的训斥和残酷的体罚，这使我们的身心疲惫不堪，但严师出高徒，军人以服从为天职，面对这些，我们只得服从。

第一天只是简单地训练了几个项目，晚训结束就早早回去洗了澡，晚上10：30就相继睡去，虽然有些疲惫但还是蛮开心的……

今天是蜕变的第一步，我相信这几天会使我们真正的脱胎换骨，也将会是以后的一段美好回忆……

意志上不情愿的服从与身体的疲惫
2013年8月20日　　星期二　　天气：雷阵雨　军训第二天

"一个口令，十个动作！一……二……"教官们站在主席台大声喊着口令，而我们在台下咬紧牙关接受体罚。帽檐上方晴空万里，光芒万丈，而在帽檐下的我们汗如雨下，面孔中透露出极其的不情愿与憔悴。今天才是军训的第二天，我们却已满是疲惫。

在家中我们过的日子可谓是无比滋润，虽不是衣来伸手、饭来张口，但有父母疼爱着，不用担心吃不吃得饱、要不要洗衣服等一系列生活上的琐事，可是很多同学还是对家里的生活不满足。

现如今，房间里的空调白天是动都别想动，你若私自开空调就会使整个宿舍的人都被罚。只有晚上10：30后才能开空调，但也只能开几个小时，半夜就会自动断电，所以每天基本是被热醒的，而在家中，空调我可以随便开，可幼稚的我还嫌温度开得高；在军营，早上6：30就要出操，而在家中却可以舒舒服服睡到自然醒；军训时吃的都是粗茶淡饭，而在家中却是山珍海味；父母从不会让我做违背自己意愿的事，但在军营中军令如山，每天被罚都是带着心中的怨恨而去服从，身体疲惫不堪……

先来讲讲今天的状况：

由于是在外面过夜的第一个晚上，身体上未完全适应，基本上是隔两个小时就醒一次，睡得不踏实，所以清晨不到5：30就起床了。全身肌肉酸痛不已，而且眼下还有深深的黑眼圈，整个人显得憔悴不已。

好不容易熬到了早训，结果第一件事就是受罚，平时娇生惯养的我们哪里愿意，但由于军人以服从为天职，既然我们穿上了这身军装，就必须服从每一个指令。我们虽然身体上服从，但是意志上却在反抗。直到我们一个个稍微清醒，汗流浃背才停止。接着又要站军姿，直到吃饭。吃饭也有很多规矩，吃饭时不能讲话，必须保持安静，而且一定要在10分钟内吃完。饭菜虽抵不上家中的可口，但又不让人失去胃口。

休息后就要练操了，每一个项目必须高度认真才能完成，就如齐步走与跑步：齐步走时，身体必须微微前倾，步伐要大且要控制好速度，摆臂要高但又不能打到别人；跑步细节要求更多了，跑步前要抱臂，两膝微曲，且必须是前后摆臂，而且要做到前不露手后不露肘，跑步后要靠脚，靠脚要响，且四步内必须稳稳地刹住"车"，排面要整齐。所以这也说明了一个道理，看似简单的事物都有不简单的一面。

就这样，慢慢地到了晚上9：30，回到宿舍又要开始"夜生活"。大家争先恐后地去洗澡、洗衣服，否则在规定时间内未完成就又要受罚了。

总结：今天我们每次受罚都带了一点点的不情愿，这是不应该的，我们还没有彻底接受这种生活，身上的娇气还未摆脱，还没真正做到不怕苦、不怕累，这是我们需要改进的。要把自己的意志磨炼得坚毅、坚韧，才能有傲人的性格，在将来才会受用。（客观真实！逐步开始变化！）

意志的坚毅与身体的麻木

2013年8月22日　星期四　天气：阵雨　军训第四天

夜晚窗外拂过一丝微风，平时听到的鸟叫声，这几天好似也不复存在，取而代之的是每天的口令声及教官的训话和哨声。现在是晚上9：30，洗完澡，冲完凉，一个人安静地坐在床铺上。我试图寻找平日里皎洁无瑕的月光，但映入眼帘的只有一片朦胧的月色。军训的第四天已接近尾声了，我拖着那疲惫不堪的身躯和对家深深的思念，拿起笔回忆这几天发生的事，并慢慢地记录，慢慢地体会。

我的性子已被几天的军训慢慢地磨得平滑了，意志一天天接受着锤炼，已由前几天捎带情绪地服从命令转变成毫不犹豫地听从命令、坚持不懈地做好每一个动作，而且我意志上也已变得坚强，身体已经麻木，对累的感知度也已下降。心境也由前几天的抵触变成服从再变成现在的麻木，我觉得这是一种进步。（你的记录是最真切又理性的，赞！）

今日早晨5：30，我按时起床洗漱与整理物品，只为了能把内务收拾整齐。经过30分钟的努力，终于有所改善，这也使我点燃了对新的一天的热情。

6：30早训的哨声准时响起，我们急忙向楼下奔去，但由于人太多而被"塞车"在楼梯口。好不容易挤出宿舍楼。结果早训的第一件事就是受罚（几乎每天一样），因为我们集合迟到了3分钟。50个上下蹲，一早上就汗流浃背，本来就没干透的军服，在汗水的浸透下使身体瘙痒无比。但我觉得，今天被罚却没有前两天严厉，不是教官们对我们宽松了，而是我的身体已经麻木，体力有所增长。被罚之后就要进行军姿训练，30分钟的军姿，站得前脚掌发麻，膝盖无法弯曲，全身酸痛，脑袋上的汗水顺着脖子滑下，有的流进衣服内；有的流进嘴巴里，但已毫无咸味；有的流进眼睛里，一阵阵的刺痛感，使得眼泪顺着脸蛋一行行地滑下。我的耳边一遍遍想起万老师19号对我们的训话——军训两要义：学会在集体中服从、学会在苦难中淬炼坚毅。肉体传递给我快要趴下的信号，但意志告诫我要忍耐，磨炼自己的定力。我丝毫没有屈服放弃的打算……
（最佳段落，超赞！细节逼真、排比生动、感悟到位！）

今天站军姿时，我的右手不幸被教官一巴掌拍过来，惯性突然使我失去了平衡，我差点摔倒（因为我的右臂未紧贴大腿）。这时，教官拿了几片树叶让我夹在掌心，且不能掉落，否则我就完蛋了。顿时，一股寒气从脚底直冲后脑勺，无奈的我只得紧紧将手贴在大腿两侧。当我松开手掌时，才发现整个掌心布满了汗水。

有人会问，天天练的都是同样的动作不无聊么？我的回答是：一点儿都不会。在军营中不苦那是不可能的，但是我们以苦为乐，不把苦当作苦，而且每当休息之时教官们都会展现自己的才艺，用各种方法来逗大家笑，和大家一起游戏，使枯燥的军训生活充满乐趣。每一天就在大家的欢笑声、口令声和汗水声中度过。

麻木是因为我已经适应了这种充实且紧张的日子，而且身体也变得强壮，我在军训中使自己的意志得到锻炼，已经明白了作为一个男人要有担当，要学会坚持，要有坚毅的性格，不怕吃苦。只有这样，你才能超越一般人。再过几天军训要结束了，这段对精神上的考验的日子我会永远记住。

最后的检验与成功的蜕变

2013年8月24日　星期六　天气：阴转阵雨　军训第六天

"一二一，一二一，一二一，立定！"今天是最紧张也是让我最激动的一天，不仅是因为今天就可以回家了，更是因为今天要举行会操表演，来展现各个班级6天来的军训成果。

一大早天公不作美，下了一场大雨，地上湿漉漉的，但这丝毫没有影响大家的兴致。在一切准备好后，大家怀揣着激动的心情来到训练场集合。我们一次次地彩排，只为了待会能表现得更好。此时，我们一班的同学心理上的压力空前的大：第一，我们的教官多次被换，所以怕等下会操时会听不好口令；第二，我们昨天彩排时出了好几次洋相（左右不分，踏脚不响亮，跑步不到位……）；第三，我们因为是卓越一班，自然身上的担子与集体的名声关系更重大，绝对不能给这块牌子抹黑。在这一系列的压力下，我们一次次地完善，别的班都在歇息时，我们在刻苦训练，每个人心中的热血和班级的荣耀都被激发出来了，汗水一次次浸透我们的衣服，但这一切都不能阻挡我们争夺第一的渴望！

终于等到了会操的时刻，我们是一班，自然是第一个上场，这是一场硬仗，但是这场仗我们必须赢。我们迈着矫健的步伐，和教官一起大声喊着口令，一个个目光炯炯，眼睛里透露出的是坚毅而不是娇气，来到主席台前面接受首长、领导检验。一个个动作我们简洁且出色地完成了，那一刻，我突然感到大家的心已紧紧连在了一起，无法分开，就这样，我们出色地完成了检验。

40分钟后，我们得到通知是第一名！这一刻，大家按捺不住心中的喜悦，欢呼起来，此次军训也慢慢落下了帷幕……

这次军训是非常有意义的，使平日松散的我得到了锤炼，心灵得到了历练，使我更加成熟了，使自己身上的娇气彻底转变成坚强。这是一次成功的蜕变。此次军训所学到的精神，更为我们高三打下了扎实的基础！

万老点评

德华，读了你的日志，很感动。感动是源于细节的真实。你细腻地记录了

自己在军营中逐步成长的心路历程。希望这次难忘的军训之旅成为你人生道路上克服困难的动力之源，加油！

与坚持为伴，在苦难中成长

广州市第八十九中学2016届高一（1）班 洪亚茹

军训第二天

2013年8月20日 星期二 天气：雷阵雨 军训第二天

今天是军训的第二天，我心中万分期待，当然也做好了十足的准备迎接今天的考验。谁知一开始便是一场严厉的惩罚！

遥见主席台的教官面有怒色，他极其严厉地一一数落着我们所做的蠢事：随便往楼下扔垃圾；洗澡间水浸，仍在洗澡。这种愚蠢、无知的事竟然真实地发生在我们这群高中生身上，真是让人羞愧。我们就因此被罚做深蹲跳。教官每吹响一哨，我们就得前后来回翻转地跳。没几个来回，我就已经累得不行了，双腿麻木，身上汗如雨下，我暗想：应该已经快结束了吧。可一声哨音又彻底打破了我的幻想，把我狠狠地拉回现实。教官的哨声犹如万丈深渊，深不见底，令人无法藏匿，也无法脱身，一种窒息的感觉涌上心头。不知不觉中，我们已经做了将近100个深蹲跳了。彼时，我的膝盖已经麻得无法正常伸展，身上豆大的汗珠如一只只毛毛虫在不停地蠕动，却又无奈不能伸手去拭汗，任由汗淌着。经过这次身体上的惩罚与折磨，我又一次回想起开学报到第一天的特殊班会上，万老师和同学们重点探讨的自律问题。正是由于我们的不自律，造成这令人惭愧的错误。只有自律，方能受人尊重。在无人监督的情况下，能遵照规则自觉约束自己的行为是不易的。所以，一个能取得卓越成绩的人必须有非常强烈的自律意识。我想要成为人中之龙，我更要做好自律，时刻谨记着。

（众多同学的记录中，你的记录细节最真实感人！）

休息时间，万老师向我们介绍去年学生的军训情况。在万老师绘声绘色的介绍中，我的脑海中浮现了这样一副画面：炎炎夏日，学长学姐们无一喊苦、坚持不懈地完成所有训练。而我们比他们处在更优越的环境，训练强度更不比他们，我们却都叫苦连天。于情于理都不应该。万老师告诉我们，要珍惜现在的环境，我们要更努力，更刻苦地完成一切训练，服从教官的指挥。训练中再苦再累也要咬紧牙关撑住，我们流血流汗不流泪！万老师的一席话点醒了我，也鼓舞了我。这次军训是一次很好的锻炼机会，我要好好地利用它，从而磨炼我的意志，锻炼我各方面的能力，消灭我的任性与娇气。我想要成为一个卓越的人，一个完胜其他九千九百九十九个人的人，一个真正称得上是卓越一班的人！不单是学习上的卓越，更是各方面能力的卓越。在这条漫长的追求卓越的旅途上，我会坚持走下去。这是我自己选择的路，再苦再累我也一定能走完。我会战斗到最后一刻，冲向我卓越的未来，做一个更好的自己。

军训第三天

2013年8月21日　星期三　天气：阵雨　军训第三天

军训已经进行到了一半，每个人的体力几乎到达了极限，濒临临界点。每个人看上去都是那么疲惫不堪，但军训还未结束，我们仍需坚持。

早餐后，我们总要站30分钟的军姿。教官要求我们身体呈立正姿势，双手紧贴大腿两侧，身体微向前倾。这要求听起来不高，但你长时间保持这样的姿势是很难的。骄阳烈日下，我们双眼目视前方，丝毫不敢懈怠。时间静悄悄地流逝着，可在我心中却如过了几个世纪一般漫长。时间一点一滴流逝，我也渐渐支撑不住。原本挺拔的身姿不知不觉变得松弛，脚掌上的触感刺得我生疼，脑中一片空白，心中一直喃喃默念着：30分钟快过去吧！但事与愿违，这才过了不到一半的时间而已。我的腿脚已经麻木，心也开始麻木了。突然，一个声音响起："同学们，坚持就是胜利啊！"原来是教官。他的话给了我力量，坚持就是胜利！是啊，我都已经坚持了这么久，为何不坚持到最后一刻呢？为何要让我之前的努力化为泡影呢？想到这，我又挺起胸膛，坚毅地看着前方。一个人真正的能力往往要在挑战他的极限中发掘出来，不然就会永远被遗弃在灵魂中，无法触及。这次军训，我要挑战自己的极限，与自己奋战到底，决不放弃，进而发现自己的力量，爆发自己的潜能！我的心中也不停地回想着万老师说的"以苦为乐"，我现在站军姿的苦，不正是为了培养我的毅力吗？一个人有了毅力，不管遇到任何困难与挫折，都不会轻言放弃，他离成功也不会太远了。如果我能在站军姿中培养自己的毅力，那我离卓越岂不是更进一步了？心中所想，脑中所悟，都似一支强心剂鼓舞了我。腿上的麻木感、痛楚感也渐渐消失无踪，心中也更坚定了。先苦后甜，是迈向卓越的必经之路；以苦为乐，是到达成功彼岸的正确态度！（好样儿的，亚茹！你不是军训标兵，胜似军训标兵。）

晚上休息时间，我们班渐渐显露了我们搞笑、奇葩的风格。我们不满足于唱军歌，而是唱了许多儿歌、流行歌，如《西游记》主题曲、《甜蜜蜜》、《蓝精灵》等。我们唱得不亦乐乎，也许外人看我们似乎很傻，但我们就是乐在其中。我们的万老师也十分捧场，给我们表演了她万大仙的独门绝技——隔山打牛。此招一出，瞬间打得十几个同学倒地不起，跪地求饶。<u>这一番情境充分展示了我们班浓浓的师生之爱。</u>我们之间没有隔阂、不分彼此，令人动容。当然，我们班的奇葩特性也是与众不同的，如万老师所说的"一个有个性的班级"。（是的，一个小游戏，却让大家这么开心，何乐而不为？我甘愿扮一次万大仙。）今天一天我悟到许多，懂了许多，与同学和老师之间的感情也深了许多。这所有的许多让我进步了许多，在高中三年，我会倍感珍惜，超越自我，与班上的奇葩们共同进步、共同欢笑！

军训第六天

2013年8月24日　星期六　天气：阴转阵雨　军训第六天

今天是军训生活的最后一天，也是至关重要的一天。在今天，我们要进行会操表演，这无疑是一个巨大的考验。我们这5天来的刻苦训练，全都是为了今天能有一个令我们自己满意的成绩。我们想通过今天来证明我们卓越一班不是浪得虚名的，不管哪方面我们都能做到最好！我们虽然对自己的实力毫不怀疑，信心满满，但班上还是弥漫着一股紧张的气氛。每个人都担心会因为自己的不足而拖累集体，害怕自己稍有不慎就会让全班同学、老师、教官的努力霎时化为乌有。我也相当紧张，上场前我的腿都抖得不像样，止都止不住。我一直以来都是一个好强的人，不允许我因为自己的过失而拖累整个班集体，更何况我们班的训练如此刻苦，我就更不允许自己有丝毫闪失。我对自己下了死命令，要求自己高质量完成整套会操动作。

我们班第一个上场。班里的每一个同学都全身心地投入其中，口号声喊得震天响，恨不得吼破自己的喉咙才罢休。每个人的精神面貌都很好，眼里闪着坚毅、自信的光芒，炯炯有神。每个人都挺直胸膛，昂首迈步。我们的动作整齐划一，非常默契。教官的命令一下，同学们便能马上跟上节奏，没有犹豫与迟疑，反而是自信！我们最终还是成功地、完美地完成了整套动作，下场的那一刻，我整个人都松了一口气。因为自己没有拖班级的后腿，也因为我们班能如此顺利、成功地完成会操表演。毫无悬念，我们班在会操表演中取得了第一名的好成绩。那一刻，我们全班洋溢着开心、喜悦的气氛，每个人的脸上都露出了笑容，为自己，为班级喝彩！

这次军训教会了我许多。它不仅让我经受了身体上的考验，更磨炼了我的意志，洗刷了我的灵魂，改掉了我的任性，培养了我的团队意识、自律意识，锻炼了我的自理能力，教会我学会服从。短短6天，我受益匪浅，我从一个稍有稚气的初中生蜕变成一名自信的高中生。

高中三年是幸福的开端，它能引领我走向卓越，拥抱理想。我自己选择的路，我会坚持走完，不论用什么方式。吃得苦中苦，方为人上人，再苦再累也是值得的，更何况我学会了以苦为乐。在这条路上，或许我会跌倒，或许我会迷失方向，但我不会一蹶不振，就此停下。我会迅速地站起来，抛弃迷茫！我会在苦难中成长，与坚持为伴，迈向属于我的绚丽未来！

万老点评

亚茹，你抓住重点，记录军训中最难忘的经历和心灵触动，且联系了第一节班会的内容。你是个懂得聆听并吸收的孩子，这点在三年的学习中，很重要。只图一时热血高涨，过会便忘的人，大多一事无成。能有悟性且有执行力的人方为人中龙凤。加油！

流血流汗不流泪

广州市第八十九中学2016届高一（1）班　唐珑毓

梅花香自苦寒来

2013年8月20日　星期二　天气：雷阵雨　军训第二天

早上5点多的时候，我便在"哐哐"的开关门声中醒来。天色刚刚泛白。我们带着满身的酸痛与疲惫，穿上半干的军服，揉着眼睛、打着哈欠，拖拖拉拉地走下楼梯。但由于昨天有人乱丢垃圾，我们要站45分钟的军姿和做100多个蹲起。头顶上火辣的烈日，流入眼睛里的汗水，以及身边同学粗重的喘气声让我的大脑有些眩晕。又一声哨声，这是我们像绿色的青蛙一样上下跳的第10次。万老师的声音在方阵外传来："这是意志的磨炼……"但我认为，这次惩罚也是对我们的警示，让我们加强纪律意识、集体意识。乱丢垃圾的人固然有错，但没人制止他，没人把垃圾捡起来，就是我们这个集体的错误。

吃完早餐，回宿舍整理完毕后，我们正式开始了一天的训练。军训只练了几个简单的动作，但我们却没能做整齐，甚至有人已经忘记了怎么做。原本大家的动作就有所不足，再加上教官时常离开去修水管。我们听着其他班整齐划一的脚步声，不由得开始着急。最后让李虎潼带着我们训练。在休息时间，万老师讲了上一届创新班军训的事情。那一年，创新班包揽了各种奖项，但这种荣誉不是可以随随便便得来的。许多人带病带伤训练，甚至连老师让他休息也不愿意，坚持跑完才去校医那里擦药。如今，他们都成了名校的高才生。我想这必定与他们坚韧不拔的精神和领悟能力有关系。吃得苦中苦，方为人上人。军训不仅仅是让我们的肉体吃苦，更是让我们的精神吃苦。不来军训，选择在家里蹲确实更加舒适，但也让我们的意志少了一个锻炼的机会。（原始的记录不如心灵的震撼来得感人。注意叙述方式的选择。）

团结就是力量

2013年8月21日　星期三　天气：阵雨　军训第三天

由于昨天的惩罚，今天大家的肌肉都开始酸痛、僵硬。下楼梯时，大家的惨叫声、哀鸣声此起彼伏，但我们也因为集合速度慢而再次受罚。令我印象深刻的是，一位感冒的男生当时因身体不适在宿舍休息，让另一位同学帮忙请假。但是由于规定，即使是生病也要自己下来请假，因此在他被教官赶下来后，还是被罚做了俯卧撑。

联系到这两天受罚的原因，我们对纪律的严谨又加深了认识。不管是练动作、站军姿，还是集合，可以一次做好的事情就不要分两次做。不管是什么事情都要尽力做到最好。训练的每一个动作，都让我深深地体会到了团结的力量、合作的力量以及团队精神的重要性。

今天晚上轮到1~6班夜训。虽然我们没办法回宿舍洗澡、休息，但也不缺乏乐趣。教官让我们学唱歌，回来检查。从《学习雷锋好榜样》《团结就是力量》到《打靶归来》，再到《两只老虎》，我们的歌声、笑声在篮球场上飘荡。

沙场秋点兵

2013年8月24日　　星期六　　天气：阴转阵雨　　军训第六天

今天是军训最后一天，而在今天，我们也要进行军训会演。辛苦疲惫的6天终于有了收获。我们在会演中获得了一等奖。回去的车上充满了愉悦的笑声，但是万老师的话点醒了我们。我们取得的成绩终究有侥幸的成分——我们是一班。这个"一等奖"沾了"国际创新班"的光，而我们未来要做的，不是沾光，而是以我们的实力去擦亮"国际创新班"这个牌子。若是现在就开始骄傲自大，必定会带来失败。为了我们各自的目标，为了我们班的荣誉，我们应该脚踏实地、全力以赴，在各个方面都争取做到最好。生于忧患，死于安乐。我们虽然是八十九中的尖子生，但是比起华附、广州市执信中学那些人，我们还差得远。未来的高中三年，我们要把在军训里学到的东西延续下去。

军训前曾经觉得这6天像个漫长的世纪，但现在不也都过来了吗？在军训这段时间里，一提起军训我们总抱怨声不断，军训像是我们的噩梦。但当军训过去，军训里发生的趣事，却被我们一而再、再而三地提起。这次军训，我适应环境的能力得到了提高，对纪律也有了更加深刻的认识。从怨声连天到欢声笑语，我相信每个人都经历了一场蜕变。老师的教导、教官的呵斥，仔细思考，会让你受益无穷。孟子云："天将降大任于是人也，必先苦其心志，劳其筋骨……"虽然疲惫，但是收获的价值更让我觉得再苦再累也值得！

👤 万老点评

"毓姐"行文很大气，是御姐的范儿！每个部分的题目也拟得很好："梅花香自苦寒来""团结就是力量""沙场秋点兵"。若结尾就大标题"流血流汗不流泪"回应总结一下，就更棒了！

痛苦的磨炼

广州市第八十九中学2016届高一（1）班　林国钰

站军姿的痛苦

2013年8月20日　星期二　天气：雷阵雨　军训第二天

今日是军训的第二天。虽然只是第二天，我却感到很烦躁。不是训练累人感到烦躁，而是不断重复着同样的动作，不断地把这些动作做好才感到烦躁。（心不静的烦躁少年啊！）

最让人烦躁的还是整个军训中最简单的动作——站军姿。之所以说它最简单，是因为这个动作不需要你动，只需要你站着不动就行了。可能你会说：那不是轻松得很吗？有什么可烦躁的？站军姿，需要的是抬头，挺胸收腹，两肩张开，身体微向前倾。就是这可怕的站军姿要求，给整天弯腰驼背的我带来莫大的痛苦。不到10分钟，我的腰和脖子就开始了前所未有的疼痛，在忍受这个疼痛的同时，还要用点力气将两肩向后张开，最无法承受的是身体前倾，让前脚掌承受整个身体的重量。这时候的感觉就是腰部和脖子剧痛，脚已麻木，十分想狠狠地动两下，但还是要表情严肃、淡定地望着前方，实在是有一种人间地狱的感觉。（好孩子，说明你认真，不偷懒！那些偷奸耍滑的小子是体会不到站军姿的痛苦的！）

除了这些，还有就是"不能动"这个条件，我本来就好动，我也相信一直不动谁都会不自在；我更相信有一滴汗或者一只虫子，在你身上流淌着或者爬着时，你感觉奇痒无比，还不能挠，你会感到万分痛苦。

虽然站军姿给我带来了很多痛苦，但是我不能否认站军姿给我带来的成效也是显著的。随着时间的推移，站军姿给我带来的痛苦也越来越少，我想，这是因为站军姿磨炼了我的定力和意志力，使我的定力和意志力得到了提高，这对我将来的学习是很有帮助的，可以让我更长久地忍耐学习给我带来的寂寞。所以我要克服站军姿带给我的痛苦，改变我好动的这个毛病。之后还有4天，我会坚持！（整个过程娓娓道来，水到渠成！）

一步错，步步错

2013年8月21日　星期三　天气：阵雨　军训第三天

今天算是最倒霉的一天了，不过也要怪自己无能，谁叫我没听好教官的命令。

昨天，我们的教官很明确地强调了军训不能戴手表，我听从了教官的指令，昨天下午并没有戴手表。但是今天，总是无法知道时间让我觉得很不舒服，于是我抱着侥幸的心态将手表放入裤兜，想看时间可以随时从裤兜拿出手表，而且教官不会发现。但是，"天有不测风云，人有旦夕祸福"，在吃完午饭后，我想拿出手表来看看什么时候午休，一摸口袋，惊讶地发现手表不见了。于是我立刻展开搜寻，将自己走过的地方都找了一遍，还问了很多宿舍的人有没有捡到我的手表，但是结果都是不尽如人意的。

几百块的手表丢了我很心疼，还害怕回到家中父母会责骂，心中异常烦乱，我也就是抱着这种心态来参加下午的军训。所谓心态决定一切，不好的心态，就会引发不好的事情。军训中，因为我仍惦记着我的手表，而听错了教官的指令，被教官重罚做俯卧撑，本来平时就运动少，做完后已是手脚发软。

"吃一堑，长一智。"如果我听从教官的要求，我的手表就不会丢了；如果我认真听教官的指令，我也不会被罚。今日算是明白服从到底有多重要了，不服从带来的只有惩罚和痛苦。还有，做事要保持一个好的心态才能做好，平时还要多多锻炼。今天做俯卧撑做不起，略略有点儿丢人啊！

老黑呀老黑

2013年8月22日　星期四　天气：阵雨　军训第四天

明天军训就结束了，今日的我们看起来都是那么高兴。今日下午还进行了一次很有意思的消防演习，算是把军训推到了高潮。我在当中学会了怎么用灭火器，这还是我第一次用灭火器。

不过我并不想说这次的消防演习，我想说说我们的教官。我们的教官姓吴，具体名字我不清楚，外号"老黑"。顾名思义，虽然教官们的皮肤普遍都是黝黑的，但是老黑的皮肤显得格外黑。

老黑是一个特别忙的教官，在训练我们的时候多次接打电话，指挥国旗队，指挥打饭，指挥整个年级，还出差两次，最让人无语的是还被叫去修水管。他每次去忙的时候我们就会停止训练，然后站军姿，所以我们班是全年级站军姿最久、训练最少的班。虽然老黑训练我们的时间十分有限，但是他训练出来的总质量却非常好。在我的观察下，有些班的训练时间比我们长得多，但是质量却不及我们。这都得益于老黑的训练之严，同时得益于我们同学之间的团结和理解能力好。

不过，这并不代表我们班就真正做的很好，训练时间不够，仍使得我们有不少地方做得不足。今天晚上，在其他班都在休息的时候，我们班的同学们仍然坚持训练，这种好强的精神感染了我，今晚的我们是全心全意地、认真地训练，为了争夺明天的第一。同时，我也希望老黑教官能在明天赶回来，带领我们拿第一。

军训奇异果

2013年8月24日　星期六　天气：阴转阵雨　军训第六天

今天，军训已经进入尾声，老黑教官上午带领我们完成会演，军训也就彻底结束了。回到家后，有人问我军训感觉如何，我想了想，最后，我觉得把军训比作一种神奇的果子再合适不过了。

这种果子是青青的，看上去就给人一种没有成熟，吃起来一定有种苦涩的感觉。让人不想去品尝它，想推开它、拒绝它，想把它扔到垃圾桶里，但是又不得不吃它。所以大家都讨厌这种果子。

吃下这个果子，嘴巴里面就会瞬间感到一阵苦涩，难以下咽。这种苦涩就是在军训中给我们带来的苦涩。严格的命令约束着我们，让我们不能随心所欲，让我们感觉不爽、不自在。不论是站着、坐着、走着，都必须要按指令做好。不听指令的后果很严重，教官会给予我们很严厉的惩罚：蹲起、俯卧撑、跳转身。每一项动作都挑战着我们身体的极限，让我们疲惫不堪。教官的语言是"恶毒"的，只要我们没做好，他的话会如同机关枪般向我们射来。军训的服装是难受的，粗糙的军服穿在我们身上，我们感觉十分不舒服，时常还会因为运动幅度过大，而弄烂军服。军训的饭菜是难吃的，几乎没有肉，有些菜还是半生不熟的，有些菜中盐放得很多，早餐馒头格外干涩，稀饭有时候没有米。军训时候洗澡是困难的，如果不快速跑过去抢洗澡的位置，就要排很长很长的队。

但是这个果子的苦涩味道过去后，却留下淡淡的甜味。每当劳累的军训结束后，要吃饭的时候，我们的胃口就变得很大，吃饭时从来没有这么香，使得难吃的饭菜也变得有点儿美味。我不但没有午睡的习惯，而且有熬夜的习惯，但是经过一天劳累的军训，午觉和晚上睡觉成为我们最大的享受，躺在床上无比舒服，很快就进入了梦乡。

吃完果子后，异常的开心，就像是红军走完长征一样，虽然我们军训和长征行路上所吃的苦比不得。这时，嘴巴里面还残留着果子的味道，时不时回味着这个果子的苦和甜。但是，如果再次看到这个果子，我们仍然想拒绝它，不想吃它。

万老点评

国钰，你行文幽默，文章可读性强，但火候不够，欠老到。尤其题目的拟制上要多下功夫。最后部分感悟很到位！

蜕变与展翅

广州市第八十九中学2016届高一（1）班　李佳军

初到训练地，心有所思

2013年8月19日　星期一　天气：晴　军训第一天

军训开训会议时，校长教导我们，她说："军训期间，我希望你们不怕吃苦、磨炼意志、学会服从，并且将所学的用到生活中去……"我们在烈日下听着，汗珠虽一滴滴流下，但不乏用坚定的眼神回应校长者，似是想表达定不让校长失望、会尽自己最大的努力的决心。

会议一结束，我们就开始训练。

第一天的训练很累，站军姿、练转体等各种动作接踵而来。教官稍不满意，我们便得训练一次体能。让我们稍感安慰的是，下午下了一场雨，除了带给我们一丝凉意也减少了训练时间。可到了晚上，我们还得接着集合训练。千万别认为晚上便能偷懒了，教官的眼睛经常地盯着我们。不过就算教官不看，我们也会克制自己的。因为我们是来受苦锻炼的，缺少了自律，军训的效果肯定不会好到哪儿去！

脚底痛、膝盖疼、腰板酸，不过，再苦再累终于在晚上八点多结束了。我躺在床上，心里想到了妈妈，心里与身体的苦痛便消减了些。我不能在军训的这几天没有任何改变，至少背得挺直，才能让妈妈满意。

自己要加油了，我要来了，剩下的日子。

刻苦后的蜕变

2013年8月23日　星期五　天气：阴　军训第五天

今天是训练的最后一天了，明天早上会演后，这次的军训便结束了。

在这几天的训练里，我感受到了教官的严厉、老师的期盼，也得到了同学们的相互支持，更磨炼了自己的意志力。

这次军训，每当因为站军姿汗水从脸上滑过时，我总有种冲动想将它擦去。但我心里想着"不能动，绝对不能动，动了就是不负责的表现，也会拖累班级，给班级抹黑……"这样一想，于是我的腰板挺直了些，手与裤子贴得更紧了，冲动感也被我硬生生地压了下去。

站军姿累，可站军姿后也十分不舒服。每次站军姿后，我的膝盖、脚底总是会痛。痛得连动作都变形了。有好几次克制不住自己头下重、手不直、腿没抬高、表情狰狞。不过，我都会迅速调整，因为心里有股气，气自己的不作为。同样是一班的人，怎么能丢脸呢？随着训练的开展，我也慢慢适应了，不仅动作与别人不分上下，而且意志力和团队精神也是略有长进。（细节描写真实可感。）

再说今天的训练内容，我们上午正常训练，下午与晚上则各举行了一场预演，下午还进行了消防演练。在预演时，我们班的表现并不好，这有点儿打击我们的信心。所以，晚上同学们都主动要求加班加点地训练。说实话，我羡慕别的班休息，不过我也知道，追求卓越就得比别人付出更多、练得更多。蜕变永远是辛苦的。明天的胜利一定是属于我们班的。

凤凰展翅，八面威风

2013年8月24日　星期六　天气：阴转阵雨　军训第六天

我们在军训的前五天里认真对待、刻苦训练，主要是为了改变自己，同时为了今早的会演赛。我们是一班的人，早已被他人贴上了尖子的标签。训练的结果好是正常，若不好别人会感到不屑及不满。我们别无选择，只能向着卓越前进，用事实堵住众人的嘴。

赛前，我们每个班都预演过一遍了。预演时，我们的表现便足以惊艳全场，排面整齐、动作划一、声音洪亮。我们一回到位置就座，班主任就过来了，她一副若有所思的样子，同时嘴里说着："好，真不错……"

到了比赛时，我们是第一个出场的班级。相信每个人心中都是激昂的还略带紧张。我甚至能听清自己有力的心跳声，若不是因为军姿，我想我的手可能早已握紧了。随着教官一句"齐步走"，我们高一的第一次征战开始了。

我们每一个人都用自己最好的状态来战斗。我专注得以致现在竟忘记了那时我究竟是如何度过的了，只记得我的每一个动作都是尽力去做好的。不管怎样，我们顺顺利利地下场了。

我们回到自己的位置，很多人都是昂首挺胸、面带微笑。最后的结果也正是我们所期待的——一等奖。我们没给教官丢脸，没给老师丢脸，没给自己丢脸。我们赢了！

感想：

五天训练与一天的表演终于过去了，终于可以回去在自己的床上好好休息一下了，心情相当愉悦。不过军训结束后，我感到自己像是从一个在汪洋大海中漂泊的小船蜕变成一个希望自己能到达新大陆的小船。我想要成为一个真正的强人，只有这样，我才能去保护我想保护的人、东西、感情等。奋斗吧，燃烧吧，少年！

万老点评

佳军，你是好样儿的！听说你曾经是数学学霸，期待你全力以赴保住这霸气的称谓！军训日记写得真实感人，希望军训的成果在高中三年乃至整个求学阶段得以保持……

成长的"第一步"

广州市第八十九中学2016级高一（1）班　涂伟聪

变成一个卓越的人

2013年8月24日　星期六　天气：阴转阵雨　军训第六天

今天是军训的最后一天了，今天下午终于可以回家了。

今天早上大家按照平常的时间下楼集合，集合完毕我们和往常一样，站军姿、吃早餐。吃完早餐之后，大家都回去收拾自己的行李，准备回家。

军训总结大会和军训会操表演在上午十点正式开始的。在这之前，我们全年级进行了一场预演，效果还算可以。当军训总结大会正式开始时，我的心情是非常紧张的，因为会操表演只有短短几分钟的机会，如果做得不好，之前我们所付出的努力就全都白费了，所以我一定要努力做好。我们班是在国旗班之后第一个上场的班级，在出场顺序上不占优势。之前因为我们的教官很忙，我们平时训练的时间比其他班要少，但是大家团结一心，我相信，我们会取得最后的胜利。当我们班把所有的动作都做完离场之后，我的心情终于放松了下来。回到自己的位置坐下，我觉得我们已经做得很好了，所以我就没再认真去看其他班的表现。（不关注队友，怎可知道自己的实力和不足？三思！）

大约过了30分钟，军训会操表演结束。接着，熊校长开始对我们这次的军训做总结。他说了很多我们这次军训中发生的事情，如刚开始军训的第一天有人直接往窗外扔垃圾，以及我们做得不好的其他事情也说了，有一些话触动了我的内心。军训6天了，我都没有学会什么叫"定"，平时站军姿的时候为了不让自己睡着，我的心里总在想着我听过的一些歌曲。回想过去的几天，我经常被教官批评，我做得不好。熊校长说："我们能否把在军训中学到的意识应用到以后的学习生活中呢？"我认为是完全可以的。服从意识、团队意识、自律意识，这些我们都可以运用到以后的学习中去。（认真听校长的总结并思考，赞！）

当熊校长讲完之后，开始进行表彰，表彰刚才会操好的班级，还有在军训中表现优秀的学员。我很紧张，因为我不知道我们是否能拿到一等奖。我认真地听着，当听到一等奖有我们班时，我感到有点儿意外和喜悦。我觉得我们班并不是做得最好的，但是为什么我们可以拿到一等奖呢？我带着这个问题坐上了返回学校的大巴。

在车上，我终于知道了原因。上车不久，万老师提出了一个问题："我认真地看完了12个班的表演。我觉得你们不是做得最好的，七班做得比你们更好，可是你们知道为什么我们拿到一等奖了呢？"当时的我实在想不出是什么原因。当老师叫了两个同学起来回答都不满意之后，李虎潼说出了原因——因为我们是一班。"没错，就是因为我们是一班。"万老师说，"因为我们是一班，教官和学校的领导想鼓励我们，所以才把这个一等奖给了我们一班。"我感到震惊，怎么会是这样？但是经过了几分钟的思考，我明白了。因为我们是第一个国际创新班，我们身上肩负的责任比以往几届学生都要重，能不能改写八十九中的历史就看我们这些人了。我陷入沉思中。

在回到学校之后，我在想：我们不能只靠一班往日的辉煌，我们必须要变得卓越，我要成为一个卓越的人。但是怎样成为一个卓越的人，需要我自己认真去思考……（将这思考贯穿到日常学习生活的一言一行、点点滴滴中吧！）

军训"苦中作乐"

2013年8月23日　星期五　天气：阴　军训第五天

军训，听起来就觉得很辛苦，但是经过这几天的训练，我发现其实军训一点儿也不辛苦。

8月19号上午9：30，我们高一新生来到了黄埔区的军供应站进行为期五天半的军训。第一天，我们来到之后，先是集合拿衣服、分宿舍，然后下午开始学习军训会演时要表演的内容。我们学了稍息与立正、停止间转法、跨列与立正、敬礼与礼毕，还有齐步走和跑步。刚开始训练的时候是觉得很辛苦，但是慢慢的就不觉得苦了。在齐步走和跑步中我曾经做得不好。

那是军训的第三天晚上，当时，我们的教官叫我们复习一遍前两天学过的内容，然后开始教我们学跑步。前面复习以前的内容时我还做得比较好，但是在学跑步的时候我总是做不好。抬脚、出拳不直，教官喊"立定"时我总是刹不住。当大家被教官一个一个叫出去单练时，我心里非常紧张。当轮到我时，我的腿都开始发抖了，我再一次没有做好。这时候，教官和老师都耐心地教我，我觉得自己真的很差劲。我心里一直想着这件事，以至于在后来的"齐步走"时我也没做好，在喊"立定"的时候我往前多走了两步。教官看到之后，我又被狠狠地教训了一顿，说："你看看你，怎么回事啊？这都做不好？就是因为你，整排都变得不整齐了。如果是在军训会操表演时出现这种情况，那么你们班之前的努力就都白费了！"听到这些话之后，我感到很惭愧。我不想给班级抹黑，我不要做那颗"老鼠屎"，我不想因为自己的一个错误导致全班的努力都白费了。所以，当时我就下定决心，以后一定要做好。那天晚上，我认真地进行了自我反省。

军训其实还是很辛苦的，就军训的伙食而言，一桌10人，早上吃一盘面和稀饭，还有一些萝卜干和馒头，中午和下午都是4个菜，没看到一点儿肉。所以，军训的伙食还是很一般的，但是我们可以换个角度去想，我们现在吃的东西可能对一些贫困的人来说都是很珍贵的。就像那些贫困地区的人，他们每天吃的东西可能都没有我们现在吃的好。同学们是住在城市里，每天都有大鱼大肉吃，所以才忍受不了这里的伙食。<u>当我每天看到大家都把没吃完的剩饭剩菜倒进桶里时，我都觉得很心痛。为什么大家要浪费这么多粮食？比起那些贫困地区的人，我们是很幸运的了！</u>（赞！善良的孩子！）

军训这几天的生活其实一点儿都算不上辛苦，只是相对于一些人来说他们觉得很辛苦。但是，只要我们换一个角度去思考问题，其实我们是可以过得很快乐的。

短暂的不愉快

2013年8月20日　　星期二　　天气：雷阵雨　军训第二天

今天是军训的第二天，我们在学习和昨天一样的训练内容。

早上起来之后，先站半小时的军姿，然后再去吃早饭，吃完早饭休息一下再继续训练。但是，吃完饭之后，在训练的过程中发生了一件令我印象深刻的事情。

这天吃完早饭后，经过一段时间的休息，我们开始训练。教官在教我们"停止间转法"的时候，我做得还是比较好的，但是之后教官喊"向右对齐"时，教官看到我右边空出来了一个位置，误以为是我没有对齐前面的同学，然后直接就拿了一瓶矿泉水朝我扔了过来，砸到了我的右手。教官问："你为什么不对齐前面的同学？这一排就你一个凸了出来。"我说："我对齐了，我就是对齐前面的同学的。"教官后来仔细看了一下，发现是站在我右边的那位同学没有对齐，然后他对那位同学训斥了几句之后，就让我们继续训练。当时，我的心里其实是很不舒服的，为什么我无缘无故要挨打？我明明是做得很好的了，是我旁边的同学没有看齐而已，教官你为何没看清楚就直接就朝我扔过来？我感到非常无辜。

过了一会儿，教官有事离开了，班主任不知道从哪里走了过来，对我们说："刚才没做好的同学请站起来。"我知道我是做好了的，所以我不站起来。然后班主任又说："刚才被教官批评的那位同学请站起来。"这一点我不否认，所以我站了起来。"你做10个上下蹲。"班主任对我说。这时我的心里真的是很不愉快，但是我必须服从命令。没办法，我只好做了，我接受惩罚。

我觉得自己非常无奈。可是，当站在我右边的那位同学对我说："对不起，是我没做好，连累了你。"听到这句话，我的心被震了一下。我没听错吧，竟然有人向我道歉，我有一些感动。我连忙说了一句："没事，没关系。"我的心情开始慢慢平静下来。

其实我不应该感到不愉快的，我想明白了。现在这种情况，就好像是集体中有一个人做不好时，那么整个集体都要一起受罚。我们大家是一个团队，所以我受罚也是应该的，我也有错的，因为我没有提醒我旁边的那位同学，所以导致整个集体做不好。<u>想着想着，心中的那点不愉快就慢慢地消失了。</u>（孩子，你真棒！你已经懂得如何自我疏导不良的情绪！）

🧑 万老点评

伟聪，还记得新生报到第一天万老师在那间临时教室召开的即兴班会吗？还记得我曾对你们这帮优秀的但颇为自我的孩子说过的那些话吗？"要想成为人中龙凤——需受得住常人受不住的折磨、忍得住常人忍不了的委屈、经得住常人经不住的挫折"。不论在军营中，还是将来的学习生活中，都要牢记这三句话！

走着瞧吧

广州市第八十九中学2016届高一（1）班　彭婉莹

我要改变

2013年8月20日　星期二　天气：雷阵雨　军训第二天

急促的哨声打破了清晨的宁静，仍是睡意朦胧的我们早早地集中在操场，迎接军训的开始。天气虽凉快，但我，却是满身的冷汗。

在吃早餐前，我们会站一会儿军姿。也不知我吃了什么，才站了一会儿，肚子的不适让我脸色十分苍白。当教官罚我们做蹲起时，我一直忍着疼痛，直冒冷汗，有时趁着教官离开了会儿就立刻放松、擦汗，勉强坚持着。回到宿舍，同学都说我不舒服就不该继续。我那时认为自己能坚持那么久，已经很不错了。

在下午的休息时间，万老师告诉我们，她上一届有一个女生，不小心摔伤了腿，当时军训教官严厉，天气极热，地上如火烧般的滚烫，自然伤得更严重。老师已经劝她了，可是她却依旧坚持和同学跑完步才肯停歇。仔细一想，和她相比，我早上的疼痛根本算不了什么。我有什么理由不坚持呢？我很敬佩那个女生，她的坚强和意志，让我觉得自己还不及她十分之一。

今日这小小的困难，让我知道自己还很弱小。高中三年要想过好，屹立不倒，我就必须要让自己强大起来。首先是要学会坚强。坚强的意义在于坚持，而且要毫无怨言地坚持，不论何时都不能松懈。坚强的前提就是学会吃苦。军训在增强我们体质的同时，磨炼着我们的意志，如今要趁着军训这个机会，我应当珍惜，刻苦训练，变得更坚强，意志更坚定。

接下来这几天，甚至这几年会很苦很累。不过只要我坚持，不断地磨炼。我相信，我终会蜕变！

走着瞧

2013年8月23日　星期五　天气：阴　军训第五天

今天是会操的前一天，我们一如既往地重复着前几日的训练，认真练习着那些机械的动作。那一刻，我第一次感到如此的不服和愤怒。

今天下午，突如其来地会操演练让我们措手不及，我们是一班，自然第一个上场。当我们知道带领我们会操的是一个陌生的教官时，内心更是惶恐和担忧。上场后，我们的种种出错都成为其他班的笑柄。那些刺耳的笑声让我感到无比愤怒。尽管如此，我们还是硬着头皮走完全程。那时，我对那位教官憎恨不已。

心情稍稍平息，脑袋清醒后，看着其他班会操，我陷入了沉思。我们的确做得比别人差，其实我们不能怪教官，应该怪自己。如果不是我们不熟练，太紧张，不然怎么会出错。我们该为自己感到惭愧。

到了晚上，所有班都在搞活动。可是，唯独我们班一致坚持要练习。我们找来一个教官训练我们，大家高度集中，从每个眼神中就能看出我们坚定的意志，眼里似乎有一团火，不是怒气，而是昂扬的士气。大家团结一心，步伐整齐，站姿坚挺，教官要求我们休息，大家不愿意浪费一分一秒，继续练习。我们在练习中找出问题所在，认真严肃地请教教官，不断地训练。其他班似乎也被我们感染了，也跟着练了起来。

一个晚上，我们把我们也许要花几天改正的大问题解决得非常好。因此，遇到困难时，我们要及时发现，专注认真地去解决，还要有团结的精神，自信的心，这会激发巨大的力量。同时，一定要用清醒的头脑去看待我们的错误，化悲愤为力量。做任何事都不能放松警惕，不然很容易惨败。看着我们班进步如此之大，我真的感到十分欣喜。

那些嘲笑我们班级的人，明天走着瞧！我们一定会做得最好，让你们目瞪口呆的！〔失败是成功之母。预演的失败，激发了一班孩子的斗志。〕

不，这是考验的开始（是的，军训结束不是苦难的结束，而是考验的开始！）

　　2013年8月24日　星期六　天气：阴转阵雨　军训第六天

终于到了这一天，虽然我们依旧早起，但是大家脸上见不到一丝疲倦。准备好一切，等待着那场激烈的较量。

我们仍是第一个上场。经过这几日的磨炼，大家身上少了一份娇气，多了一份刚毅。锐利的眼神，坚定的信念，一上场便充满"杀"气。我们在会操中尽全力去完美展现出这几日的成果，整齐的步伐，坚挺的站姿，这一切都让人过目难忘。当我们听到我们班获得一等奖时，心情无比激动。我们成功了！我们班以最饱满的精神面貌，完胜全局。

当我们脱下军装，坐在舒服的车上准备回家时，回想起这几天的军训，我更懂得了自律。在没有人监管之下，我们依然能够自觉约束自己，做事认真、专心、严肃，每时每刻都不能松懈。我学会了服从命令，听从指挥。经过这几日的磨炼，我变得更加坚强，我不再依赖家人，更加独立，更能吃苦。我明白了"团结力量大"的含义。吃苦、坚强、自律、团结……这些精神，这些感悟，都是我这几日里收获到无比珍贵的财富。它会在我未来的学习中起重大作用。

这几天我们都过得很苦，很累。今天的考验终于结束了，许多同学也许会松一口气，但未免也太早了。今天，只是考验的篇头曲，我们还要细细品味这悠长的音乐，时而欢乐，时而悲伤，时而低沉，时而高亢。我们还有许许多多的考验，我们应当把在军训中所感悟到的，延续在我们生活、学习等各种考验中。因此，在迎接考验前，我们要在高一起跑线上先人一步，我们要有所改变。例如，不再打游戏、去网吧、到处去玩……也许这有些难，但是，既然军训都熬过来了，这些困难也一定可以解决。

加油，我相信，我们会创造出不一样的时代！（一定！）

苦乐交响曲（好题目）

广州市第八十九中学2016届高一（1）班　赵李琼

乐在其中第一天

2013年8月20日　　星期二　　天气：雷阵雨　军训第二天

今天是军训的第二天了，我见到了许多新面孔和不少老同学。这是我第二次参加军训了，我早已做好了心理准备。可以说，我在愉快中度过了军训的第一天，我并没有感受到"万事开头难"的辛苦，而是乐在其中。

然而经过今天的训练，这感觉又多了一味——苦。（和上文衔接不畅。）

早上令我记忆犹新的是教官的惩罚，我们先是做了一组又一组的蹲起，之后还有像鸭子样的跳跃转身，听着教官一遍又一遍仿佛无止境的哨音，我已记不得做了多少个，只知道这些看似简单的动作让我身心俱疲。这次惩罚是因为有同学乱扔垃圾而导致的，而我并没有做出如此不道德、无素质的行为，却也受罚了，心里自然有些不愉快。可转眼又想到老黑教官说过的一句话："一人生病，集体吃药。"强调的是集体精神，想到这，我的心稍稍平衡了些，逼着自己坚持下去。经过多次地蹲起和跳跃，腿脚早已酸痛不已，手也有些无力。但是，从我们穿上军训服装的那一刻起，我不止一次听到：我们必须无条件服从命令。而且，参加军训就是为了锻炼我们的意志，我必须坚持！

下午的训练，可以说是这两日来最严格的一次，先是站了45分钟的军姿，每个人要一动不动地站着，就算你满头大汗，在未经允许之前，你也只能忍着，任凭汗珠在你脸上肆意爬行。平时，我觉得45分钟是极其短暂的，可是在站军姿时，我却觉得它十分漫长。站军姿，我每时每刻都感受到身体各处传来的疲惫，我觉得腰酸、脚痛、腿麻，脚底像是踩在火上，几乎支持不住上身，我感到从未有过的苦涩和难受，手臂还得用力伸直，这和三年前的军训截然不同。由于中午午休时没休息（一方面太热，另一方面因为我毫无睡意），一直站到我有种昏昏欲睡的感觉，我只能尽量睁大眼睛，逼走睡意，不敢有半点松懈。

晚上的训练整体上轻松很多，大家都是训练一会儿休息一会儿，休息之余大家还唱起了军歌。一天的军训就在这和谐的景象中结束了，仅此一天，就让我受益匪浅，我学到了坚持，体会到军队中严格的制度，更重要的是锻炼了身体。

今天是精彩而又辛苦的一天，明天我会继续努力的！（整体感觉平淡。）

苦中作乐第三天

2013年8月21日　星期三　天气：阵雨　军训第三天

早上准备下床时，我就感到双腿酸痛不已，就像有一个大伤口，一动就疼。我想，这肯定是昨天惩罚时做的训练太多导致的。我无奈地下了床，准备好一切，等着哨音集合。

集合完毕后，照常是站军姿，教官就在上面讲话。我心里在默默地祈祷：不要再被抓到犯错误了，我今天的腿可受不起折腾。可是偏偏我们还是做得不够好，因为某个问题，我们又被罚了。此时，我听见附近不少同学都在抱怨教官，为教官这不通情达理的要求不满，可是大家又只能乖乖地服从。一个，两个，三个……我们又做了数不清的深蹲。在这惩罚中，我找到了一丝安慰，那就是我们万老师。军训这几天早上，老师几乎都在我们站军姿时出现，每次她都会亲切地问我们"昨晚睡得好不好""这几天感觉怎么样"等，老师说话向来轻声细语，在这带着微苦的军训中，更是让我体会到了她的和蔼可亲，让我感到一股力量，给了我战胜困难的决心。（陪伴者安慰天使）

今天，我看见很多教官穿着黑色衣服，上面写着"中国人民解放军"和两个耀眼的"特战"。听同学说，这可是很厉害的。虽然我不了解，但从她发光的双眼中，我看到了满满的羡慕和钦佩，想不到这些教官这么厉害，我还以为只是一群退伍的老兵。现在我可是对他们充满崇拜，尤其是对我们教官，很明显，他的年龄比其他教官要大些，很有领导风范，真希望有一天也能和他们一样出色。（语言依然很孩子气呢。）

前面一些基本的动作我们大致都学会了，现在重点是齐步走和跑步，这可是最难练好的项目。一开始，教官就先让我们练习摆臂的姿势，右臂在前左臂在后。大家这样一动不动地站了一会儿，我心想：教官该让我们换手或者休息了吧？可教官没有这样，他一个劲儿地对我们说："把后臂抬高站直了，手臂往中间靠，坚持5分钟。"然后又开始检查各个横排的人手臂在没在一个高度上，有没有打弯。这时，我的胳膊已经又酸又痛了，累啊！然后我们开始走一遍，结果自然是差强人意的，教官决定一排排训练。轮到我们这排了，我很紧张，所有同学都在看着我们，终于我们开始走了，我用余光瞟了下旁边的同学，发现排面还算整齐，呼，我舒了口气，总算没丢人。

今天虽然比昨天辛苦点，但我觉得军训就该这样。

胜利班师第六天

2013年8月24日　星期六　天气：阴转阵雨　军训第六天

时间过得真快，今天我们就可以回家了。最令我激动的是早上的会操，我们班得了一等奖！真是可喜可贺呀！这几天，教官总是时不时就背着个包走了，可能是临时有什么任务，我们就被晾在了一边，要么站军姿，要么去和十一班练习。

第一次和十一班训练时，我惊呆了：教官喊口令时，十一班居然有人随意转动，站得东倒西歪，完全没有纪律。教官向我们班下口令了，我们做得很好，稍息、向右看齐、小碎步都体现了我们一班的严于律己，十一班的同学看后表现得很尴尬，他们好像想到了些什么，在之后的训练中表现异常优秀，有时甚至好过我们。今天，他们的会操又给了我一个惊喜，他们的动作是那么整齐，让大家刮目相看。

想起早上的会操，我为自己感到羞愧，本来我是第二排的，可有位同学去了国旗班，我就补了上去，彩排时，我尽力使自己不紧张，可我还是没做到，脚还是有点抖，但好在没出错。会操马上要开始时，第一排的那位同学赶了回来，我也回到了原来的位置，这时我非常轻松，不用再担心做错，果然做得很流畅。我觉得我胆子还是太小了，以后得好好练一练。

会操时我发现，其实各班做得都不错，都差不多，可为什么还是存在不同的名次，我也认为是班别的问题。可见，达到一定的优秀程度，能助你走得更快、更远。

感悟：

总而言之，军训是苦与乐的交响曲，有苦有乐，苦中有乐，乐中有苦。生活中亦是如此，重要的是要摆正心态，有顽强的意志战胜困难，有向上的精神。

🙂 万老点评

记录详细平实，不失为好日记。但要让自己的日记成为可读性强的文章，具有感染力，需要在真情实感的基础上加大对语言的装饰和打磨。

军训——我的苦与痛

广州市第八十九中学2016届高一（1）班　冯钰娴

新奇与失望

2013年8月19日　星期一　天气：晴　军训第一天

今天，是我们来到黄埔军训基地的第一天。对新事物倍感好奇的我四处观看，好像是在逛博物馆一样，但是很快，我的新奇感就消失得一干二净了，因为这里的环境实在是太差了，午饭和晚饭竟然一点儿肉都没有！素菜不是太咸就是有股怪味道，饭碗油油的，好像根本没有洗干净。我是强逼自己把饭给吃完的（因为没有带零食）。更让我无法忍受的是，我们住的地方原来是男生宿舍，男厕所不但没有门，还不能冲水。大便小便臭得让人直犯恶心，我差点没把晚饭给吐了出来。洗澡的时候没有热水，一大帮人排队排到了楼梯口。这才一天，我就开始想家了，好想家里软软的被窝，好想妈妈做的香喷喷的肉。好想回家……

泪水过后的坚强

2013年8月20日　星期二　天气：雷阵雨　军训第二天

今天对于我来说，无疑是极悲惨的。在操练中，我不小心把腰给扭了。这滋味我虽不是第一次体会，却是难以忍受的。我的腰需要一直僵直着，稍稍一动就疼得厉害。更可怜的是，教官还一直在罚我们做蹲起。训练的疲惫、苦痛和心灵上的郁闷、委屈等负面情绪让我的眼泪再也忍不住了，我竟当众哭了起来。在我的想象中，军训中的我是不会流泪的。毕竟，三年的田径不是白练的。可是，痛到极致再加上百感交集，真的好难受。现在想想，教官和老师肯定会认为我很娇气，真是丢脸呢！唉，我坚强的形象就这样毁于一旦了，郁闷啊！（在乎的是自己的形象，唉，真是稚气未脱的小姑娘！）

训练中教官真的很严厉，有时甚至是不通情达理。但是，我却无法对他们生出一丝怨恨和讨厌之情。因为，在我的心中，士兵都是极伟大的。（好吧，我承认我有恋兵情结。）他们那种流血流汗不流泪、掉皮掉肉不掉队的钢铁般的意志让我无比敬佩。当我们在优越的环境中享受生活时，他们在烈日下、寒风中艰苦地训练着。"站如松，坐如钟，行如风"说的就是他们吧！对于我而言，他们是榜样，是信仰。所以，虽然和其他同学一样对饭菜无比失望的我，仍是把饭菜努力吃完了。在艰难地吞咽中，我在想，此时此刻在军营中，是否有一群士兵也在狼吞虎咽着？在我们站军姿时，他们是否也在烈日下屹立不动？一股自豪之情便在我心底油然而生。是的，我为我能和他们站在一起而骄傲！（好样儿的！）

在军营中，没人稀罕你的眼泪，流泪只会是懦夫的行为。在这6天中，我想磨炼自己，让我变得更坚强。

苦中作乐

2013年8月21日　星期三　天气：阵雨　军训第三天

今晨起床的时候，我艰难地动了动四肢，顿时觉得酸痛无比，好似被一辆火车从身上碾过一般，连下楼都很困难。我小心地爬下床，摸了摸僵硬的腰，突然有些想念家中的软床了。宿舍中的双层床就算是小心翼翼地转个身都会晃上几晃，让我如履薄冰，生怕会打搅其他同学的休息。

做蹲起的时候，周围响起了一连片吸冷气的声音。我不禁感叹，原来腿痛的人不止我一个啊！大家一起同甘共苦，在烈日下接受考验，即使苦也变甜了。这也许就是老师说的"以苦为乐"吧！

团队精神

2013年8月22日　星期四　天气：阵雨　军训第四天

今天我过得十分充实。因为，教官衣服上的"中国特种部队"深深地震撼了我的心。特种部队对我来说太遥远了。他们有着非凡的本领，是神勇之躯。能进特种部队，是一个士兵至高无上的荣誉。所以，我小小的心灵大大地激动了一番，特别是当教官站在我身旁时。

这可是我第一次和特种士兵近距离接触啊！教官们的形象在我心中也更为高大了。

在站军姿时，因为时间太长，我的双腿酸痛无比。汗水顺着我的脊背大滴大滴地流下。在漫长的站立中，我很想放松一下自己。但看见教官挺拔的身姿和胸前的"特种"时，我想要放弃的心霎时间变得坚毅，身体也挺得更直了。我不想拖大家的后腿，更不想丢了一班的脸、教官的脸。我是一班的一员，要做的是为一班争光，而不是做一颗"老鼠屎"，坏了一锅好粥。我绝不能因为自己而使一班蒙羞。今天的我，应该成长了不少，收获了很多。因为我认识到了自己身处集体，就要有团队精神，为集体贡献自己的力量。我为我的进步而感到高兴。

集体荣誉感

2013年8月23日　星期五　天气：阴　军训第五天

今天，我为我身处这样一个优秀的班级而感到高兴。

会操预演时，我们班因为对新教官的口号不熟悉，跟不上节奏，又因为自身注意力不够集中，使得我在全年级同学面前丢了脸。

预演结束时，我们都在自责和反省，并且为明天的会操感到担心。于是有人提出，晚上不休息自己训练。我们都纷纷同意。结果这天晚上，当其他同学都坐在地上唱军歌，或者因为教官的搞笑动作而哈哈大笑时，我们一遍又一遍地在练习齐步走和跑步走。其实，我很羡慕其他班的同学能和教官玩得那么开心。而我们班的教官却时时不见人影，常常有任务要出去，而我们孤独地留在那儿站军姿，或是被扔去十一班晾着。但我并不怪教官，他是领导，是特种兵，因为一个电话就得放下手上的一切接受任务也是常有的事。老师说过，我们要学会自律。所以这晚，即使方玉珠喊到声音沙哑，我们的脚酸得厉害，也没有一个人说要休息。甚至在犯错时，大家都毫不犹豫地接受惩罚做蹲起，我被大家身上高度的集体荣誉感深深地感动了。在这样一个集体中，我对明天的会操有了极大的信心。只要努力，有什么事情不会成功呢？

但是，今晚出现了一个意外。来带领我们的新教官看我们练得辛苦，说要劳逸结合，建议我们歇息15分钟。但大家都拒绝了，还说要再刻苦些。正当我们表示着自己的决心时，政委吹哨了，说让1～6班的同学上楼洗澡。一听这话，我们再也顾不得什么，疯狂冲向宿舍。现在想起，我们似乎把教官晾在那里了。好内疚啊！算了，明天再去找他道歉吧！

最后的遗憾

2013年8月24日　星期六　天气：阴转阵雨　军训第六天

今天，为期6天的军训生活已经结束了。在今天的会操中，我们班拿到了一等奖，这总算是对这6天的艰苦训练有了一个交代。

"军训优秀学员"这个荣誉称号，我觉得我并不能胜任，因为比我做得更好的人有很多。例如，站在我前面的洪亚茹，她从不在教官离开或老师不在时松懈，训练时也极为认真。我认为，我得到这个称号，只是因为我的腰扭伤了还在坚持训练罢了。但对我来说，这并不算什么。三年的田径训练中，拉伤、扭伤是家常便饭，我早已习惯天天带着伤痛去上学。但老师并不了解我的过去。而且，在军训时因为伤痛我有时也做得不好，使得大家得反复训练一个内容，所以我担不起这个称号。

至于我们班的一等奖，我也觉得有些侥幸。这6天来，教官时常不在我们身边。我们练得最多的就是站军姿。其他的内容有很多班级做得比我们好得多。但是因为我们是一班，是国际创新班。这块招牌不能在第一次竞赛上就被蒙尘。所以，评委老师们就把重心放在了我们班上。

老师说得没错，今天的成功我们有很大一部分是沾了一班的光。我们不应为这胜利洋洋自得，我们要做的，就是尽自己最大的努力，维护一班的招牌。我相信，我们能做到！老师说，我们的对手不是同级的同学，而是广东广雅中学、广州市第四十七中学、华附等学校。但我认为，我们最大的对手是我们自己。一个人想要改正自己的缺点、挖掘自己的潜能、战胜自己懦弱的一面，需要极大的努力和毅力。但在万老师的带领下，我相信，我们可以成功！三年后的我们，一定是最棒的！（严格要求自己，不仅在军营中，更是在日常生活的点点滴滴！）

今天会操时，我没有看到昨晚带我们的那位教官。这迟来的道歉还是没能送出去。为此，我感到深深的愧疚。这便是我这6天的军训生活中，最大的遗憾。

对不起！教官，你们辛苦了！

总结——揣着梦想上路

人生的使命，就是为了实现崇高的理想，与困难作殊死抗争。每个人都是在克服困难中努力实现人生的价值，但这并不意味着每个人都因此变得十分坚强。

军训，磨炼的就是我们的意志力，让我们的心更加强大。我们在人生的海洋中航行，坚强便是帆，没有帆，我们的船就会被命运的波涛冲撞到不知何处，甚至会止步不前。所以，我感谢学校能给我们一个这样的机会锻炼自己。

在这6天的军训生活中，我们的精神面貌发生了质的变化。大家身上的娇气都消失了，留下的只是坚毅。

现在，我们要做的，就是高扬坚强的帆，揣着梦想上路。当一朵花有了愿望，它会表达感情；当一只蚌有了愿望，它会产出一颗珍珠；当一块石头有了愿望，它会成为一座神像。当一个人、一颗心有了愿望呢？愿望就是梦想，愿望就是让一个人心灵飞翔起来的翅膀。它使渺小的我们再也不肯在卑微中空耗和压抑本来的生机，而是努力去实现愿望，即使倒下也不曾后悔。

现在，就让我们揣着梦想上路，让我们的未来不再是梦！

万老点评

日志认真，在量上是不输给陈建的。我早就说过，"军训标兵"不仅仅是你们5个，认真训练的都是标兵！所以就不存在对不对得起，谁更合适的问题。

苦难的开始

广州市第八十九中学2016届高一（1）班　方玉珠

担 忧

2013年8月19日　星期一　天气：晴　军训第一天

我怀着激动的心情早早地起来了，看着不应该出现的耀眼的阳光，我为我的军训生活感到担忧。

拿着一堆行李朝着我们班走去，看着熟悉的操场上那些穿着崭新的校服而又陌生的身影，我想起了我初中的小伙伴们。三年前的我们，也是这样的场景，如今物是人非，我们都在向前走着……

上车后，耳边又响起了万老师感性的声音。她一开始便严厉地对早上迟到的人和昨天未完成作业的人进行批评，并表示对我们感到失望以及心痛。看着同学们凝重的表情，我想大家都意识到自己的错误了。

到了宿舍，换上了军服，收拾了一下垃圾，便开始了我们的军训。

第一天是由我们班开始打饭的，一开始我们都有些手忙脚乱，但后来有人给大家进行了分工，大家才在规定的时间内完成了任务，这是我们第一次因为打饭的磨合而找到的集体归属感。

穿着还有汗臭味的衣服，吃着难吃的饭菜，躺着硬邦邦的床，军训就在这不适应中开始了。

五味杂陈的军训生活

2013年8月21日　　星期三　　天气：阵雨　　军训第三天

今天是第三天，仿佛适应了军训的生活，在厕所门碰撞出的"嘣嘣"声中起了床，睡眼惺忪地迎接着新的一天。

要学的动作也学会了，但因为训练强度不够，五套动作并没有我们想象中的好学，教官忙到连修水管等琐碎的事都要做，因此，我们总是像被抛弃的人一样。

站军姿是这几天里最难克服的一项任务，只要站上5分钟，肩膀便不自觉地酸痛起来，两只脚如同被抽筋了一般，互相碰撞的两个膝盖的关节位置也疼痛不已，有好多次我都想偷偷活动一下，但是一想到我若能克服，我能坚持住，我就朝着第一节班会课上的"自律"更近了一步。坚持是很宝贵的品质，德国诗人歌德曾经说过："向着某一天终于要达到的那个终极目标迈步还不够，还要把每一步骤看成是目标，使它作为步骤而起作用。"或许坚持站军姿不算什么，但我把困难一个一个地克服了，那我离我的终极目标也就不远了。

在下午的训练中，我被选入了国旗班。在加入国旗班之前，我在休息的时候就一直说那些人好惨，怎么料到我竟成为那其中一员。在国旗班的训练和在班里的训练简直不能相提并论。手举起并把脚抬起来、绷直、定住如同家常便饭一般每天折磨着我们，我们只有硬着头皮、咬着牙撑住，可总是会有重心不稳的时候，总教官一句话，我们就可能不用吃饭、没得洗澡、没得睡觉。坚持，对于我来说依旧是个神圣而伟大的词。

晚上我对班主任诉苦时，她却说："有什么辛苦的。"这简直就是在伤口上撒盐！不过苦与累也只是一部分，我们也有属于我们的快乐。

夜训是我们的欢乐时光，我们不仅胡乱唱了很多歌，更玩起了非正常人才会玩的"隔山打牛"，更欣赏了刘雨老师激昂的演唱和教官的好身手，伴随着温暖的月光和操场上四处响起的歌声，感受着这一丝惬意，度过了军训的第三天。

见证我们的努力，我们为一班代言

2013年8月23日　星期五　天气：阴　军训第五天

老黑教官在会操表演的前一天依旧"抛弃"了我们，我们在六班教官的带领下站了起来，成了第一批"小白鼠"，带着忐忑不安的心情走了一遍动作。

这一次，可丢足了脸！向左转时好几个人向右转，跑步毫无整齐可言，听着底下那一波波的笑声，感觉就像是一大波进驻的僵尸仿佛要吃了我们，至今想起来仍然感到羞愧和后怕。

在短暂的追究了责任人后，我们班的斗志瞬间被激发起来了，已经没有一个人再想给一班抹黑。在其他班快乐地度过在这里的最后一个晚上时，我们拒绝了教官给予我们的休息时间，毅然决定要继续训练。这一晚，我们班每个人散发出来的气势是我从来没有感觉到的，真想大声说一句"这才是一班，这才是我们该有的态度"！就连教官也说遇到那么好的学生有点紧张了。经过下午的惨痛经历后，我们每个同学都抱着要一鸣惊人的决心在坚持训练着。（不丢一下脸，你们是不知道自己有多差的。所幸有这惨痛的经历！）

我们就在其他班嘻嘻哈哈的时候训练着，在做最后一搏，他们每个人都亲眼见证着一班的努力。坐在一旁的教官竟然问："你们是国旗班的吗？"可见，一个人下定了决心作出的成果有多惊人，可见我们一班绝对不是浪得虚名的。不管明天的结果如何，我们都努力过、付出过，这让我们感到很幸福。不管教官问了我们多少次要不要休息，大家都像打了鸡血一样大声地说出："不用！"多想大声地告诉班主任，告诉所有人这就是一班！我们自己为自己代言，为一班代言！［不用告诉别人。告诉自己就可以了。一班是自己的一班！这是一班本来应该有的样子，你们还差得远！尤其是你，身上"娇骄"二气严重得很！］

👤 万老点评

玉珠，文章不长还啰唆，口语化也很严重。后半部分稍有气势。要时时记住，没有千琢万磨是成不了美玉明珠的！

甘瓜抱苦蒂

广州市第八十九中学2016级高一（1）班　张警城

教官，别走啊

2013年8月20日　星期二　天气：雷阵雨　军训第二天

这正是训练的时候：整个年级都在空地上训练着各式各样的动作。这个班在喊口号，那个班在跺脚。我们班呢，刚转个圈回到原地，就听见教官叫道："听口令——坐下！"他顿了顿，又说，"坐端正一点儿，腰板挺直！……"接着轮到他自己转个圈，走了。

我看着教官越走越远，而其他班的教官与同学进入我的视野，一种"云深不知处"的感觉突然就来了。不理解，全班都不理解了：为什么我们的教官就那么忙？我曾怀疑他是炊事班的老大，饭菜的事情少不了他；我也怀疑过他是否跟那身着暗绿色短袖与黑色西裤的长官一样身居要职——我是说，他似乎整天带大家开小会。在集体分开训练时，一班总是站军姿时间最久的一个班，我不希望他走，但他就是不知道去哪里了。

后面的同学突然出现一阵小骚动。我想大概错不了，是班主任万老师来了。她正拿着一个本子走来，本子并不精致，只是由A4纸钉制而成。也许这是有着非常意义的本子，保存很好的样子。

万老师翻开了本子，里面贴了一张张照片：内容不外乎是一群与我们一样身穿迷彩服的人，他们在空旷的场地下接受太阳暴晒的场景。原来万老师真的带来她所说的上一届学生的军训纪念册了。趁我们教官不在的时间，她好拿来讲。

于是，我觉得我的呼吸中要吐出"幸运"两个字来了。毕竟，现在的天气可不算热，太阳还躲在云里，时不时还有风吹来。按照万老师的说法简直就是不够晒。我记得初一军训的时候，是非常晒的。因此，我整个人被晒黑了一圈，三年后也没有恢复。

这也算我所接受过的一点磨炼，可那级学生的军训远不止这些，如有人受了挺严重的伤依旧坚持训练。听着万老师的讲述，看到纪念册后面那时同学们的语录，我越发佩服他们。正是这种坚强，让他们走自律之路，从而更好地实现自己的理想。

可按照万老师的说法，我们也许没有办法完美地传承前辈们的坚毅精神了，单单天气这一点就足以证明。还有一个更关键的问题：那就是我们的教官整天跑来跑去。若问他现在跑哪里去，我们也只有静默。

如果一班足够优秀，那么一班不会容忍静默。反正，这次教官再也没有"三过家门而不入"了。在他自己去忙的那段时光，我们自己还商量着要不要找人来训练。他数次接近我们，又数次离我们而去。这次他眼珠看着我们，溜了一圈。他说了一句话，为此我们不知所措：

"刚刚练的动作，你们都熟悉了吧？"

"熟悉了！"

"那你们自己找人来练习，我还有事。谁来？"

"……"

"快啊！有谁来？！"

"报告教官，让我来！"一个高瘦的男生举起手来，是李虎潼。我暗自佩服他的大胆，对他更加欣赏。

"行，就你来带，出列。"一个转身，教官又走了。不过李虎潼还是很能喊的，训练效果并不比教官自己带的差。我们的脚步一样有力，动作仍旧迅速。

如果一班没有教官的陪伴，同样能做得出色。我不希望有什么东西改变我的看法。既然来到一班，就热爱她。

不过，教官还是回来吧，我迫切希望学些新东西。

一个"傻子"的晚上

2013年8月21日　星期三　天气：阵雨　军训第三天

我正为此而懊恼：一班也许没有办法保持第一时间拿到卫生间位置的"优良传统"了。该怎么办呢？我们是第二批9：30洗澡的，排队洗澡的概率已是非常大。

7：30到了，一位教官从裤兜里掏出哨子，往里面吹了吹气。于是所有人都安静了，并且立刻站了起来。

"7～12班——上去洗澡！"

教官刚一说完，整齐的方队忽然就散开了。所有人的目的地只有一个：就是卫生间。那场面真像极了壶口瀑布，（比喻新奇贴切！）所有人都挤到了异常狭窄的宿舍门口。我敢确定地说，这速度完全超过了中考时候的速度，比中考更像打仗，样子更像军人。

我只能站着看了，并且猜测着接下来的1.5小时会有什么事做。

教官把我们从东边带到西边，让我们来到篮球场上。

我们坐了下来，教官向我们问道："会唱歌不？什么歌都行，情歌也行，快找首歌。"

这可不行，军训中最带感的部分，必须是红歌。在二班一位同学的影响下，我喜欢上了那首歌。于是我大胆说道："学习雷锋……"

"这首歌行，快来唱！谁会？"教官的目光注意着我，实在对不住，我只记得前四句。教官哪里管那么多，他扔下一句"你们自己找人上来唱"，然后就走了。

太不幸了！我怎么也想不到我是全班记歌词记得最多的人。在众人的强烈要求下，我还是站了起来。如果我能唱好的话，我当然不会如此别扭的，这实在是有原因：

"我唱歌容易跑调——"

"没关系，快唱就是了！"

我就被吓到了，如果大家不介意，我也不管了。

> 学习雷锋好榜样
>
> 忠于革命忠于党
>
> 爱憎分明不忘本——

"停！停！跑调了，重新来一次。"一群女孩子说，假如这是事实的话，那么我确实是一个诚实的人。最后大家一致决定，由于这首歌过于陌生，还是换一首歌吧。

改唱其他歌，也不见得我们有多熟悉了。大声唱了一两句之后，谁也不记得下一句词是什么了。我们唱得最响亮的歌，也只有《义勇军进行曲》之类的歌了。

教会我唱《学习雷锋好榜样》的人，是二班的刘彧。李虎潼准备陪伴我一起去二班找他。我们来到二班所在的地方，发现他们正在和其他班一起休息。

"报告教官，我们找人！"

"你们找谁？！"

"二班的刘彧！"

"刘彧？出来！"

没有人回答，沉寂数秒之后教官又说：

"刘彧是谁？出来！你们找他干什么？"

"找他唱歌！"

"唱歌？那可不行，会唱歌的人我们是不会借的。回去！"

"可是教官……"我可希望二班的教官能多给一次机会。

"向后转！立定！跑步——走！目的地就是你们一班！"

"一二一，一二一……"

我们只能自力更生了。不过我们挺幸运的，不久，万老师和刘雨老师一起来看我们。这个时候有位同学正在唱《好汉歌》：

大河向东流啊

天上的星星参北斗哇——

然后，那同学竟然唱不下去了。这不要紧，我们想让会唱歌的刘老师给我们唱一首，他在听的时候非常享受。为此我们非常努力地喝彩：

"二师兄，来一个！二师兄，来一个！……"

刘老师也不好意思躲在篮球架后面了。他走了出来，准备高歌一曲，而我们为他和声：

说走咱就走啊

你有我有全都有哇

……

路见不平一声吼啊

……

嘿儿呀咿儿呀嘿唉嘿依儿呀

刘老师沉浸在自己的世界中了。他的身体随着节奏摇摆，闭眼高歌，声音洪亮。这歌唱技术，比一个班的人还要好。在他呼吸平稳的那一刻，全场掌声雷动，并纷纷向刘老师问道："老师，你为什么不去参加《中国好声音》？"

刘老师："参加《非诚勿扰》去了。"

歌唱完了，教官也回来了。不过教官愿意看着万老师带着我们一起玩。万老师决定让我们一班其中10个人上演"十个被一个打"的功夫片，招式名就叫"隔山打牛"。我一时兴起，与其他同学上去了。万老师在我们面前三米处轻轻挥动手掌，我们就纷纷倒下。这一切都被摄像机给录下来了。看起来是挺傻气的，但我觉得开心就好。军营里的生活不会是惬意的，我们需要在各种时候学会寻找乐子，以便更好地面对。

当然，我始终不会忘记今晚排队洗澡的经历。我们连续数天第一次拿到卫生间的纪录也到此终止了。

"康复出院"

2013年8月24日　星期六　天气：阴转阵雨　军训第六天

按照我们宿舍的说法，军训结束也可以称之为"康复出院"。

至于为什么叫作"康复出院"，这是我们宿舍中每一个人都心知肚明的。军训在今天终于结束了。6天的训练也终于有了结果，我们班的会演取得了一等奖。尽管一班破天荒地与五六个教官进行接触，习惯他们风格不同的训练方式——这是很容易破坏稳定的——但一班还是完成了应该做的事。我们的第一个教官，也就是老黑教官，那个全年级最忙碌的教官终于回到我们身边，陪着我们出席会演。他并没有像其他教官说的那样"抛弃我们"，他回来了。我很喜欢这位老黑教官，听说他并不介意别人这样称呼他，虽然他忙得团团转，骂人带脏字……但我依旧感激他。

我原本想更多地去了解军人的生活，可惜已经没有机会了。我们一拍完照，他就立刻跑去整理其他事务了。我还没有当着他的面叫他一声"老黑"呢，我更希望走到他面前跟他握个手，说："教官，很高兴认识你！"

我曾与他有过一次短暂的谈话。我问他："教官，你当兵多久了？"他回答得很含糊，我并没有听清楚。然后，我问他第一年当兵感受如何，我必须承认答案让我有些震惊：

"感受啊？"他用手指了指楼顶，"我当时直接就想从上面跳下来，死了多轻松啊！"

"……"我沉默了一阵，"看来不容易啊……那为什么你要当兵呢？"

"为什么？就因为当兵能锻炼人呗！"

就这样一当，不知道他还要当多久。教官说他可以马上写份材料交给领导然后走人，但是教官还是留了下来。

可是我们要走了，要离开503宿舍了。在我们会操表演的时候，将有新一轮的学生入住这栋宿舍楼。在503宿舍，我们15个人一起经历了许多快乐的事：与同学们相互认识、了解、谈天说地。一次又一次在房间里等待教官的哨声响起；坐在床上感受闷热的空气，汗珠不断地往下流；唱各种各样的歌，看杂七杂八的书。现在这种令人又爱又厌的日子终于过去了。在我离开这房间门时，我停了一下，向里面的人大声喊了一句："祝你们早日康复！"这算是我的送别礼吧！

过去的已经过去，虽说这种日子让人留念，不过我可没有长久留在这里的意思。在我们离去的一刻，我们放眼未来：<u>也许三年的高中生活并不轻松，但这种人生经历一定像苦瓜一样苦后回甘，就像军训一样。</u>

如何过好高中生活，建设好我们的班级，这也是一个问题。坐在回家的车上，万老师向我们说出自己的想法：我们能拿一等奖少不了沾了一班这个"国际创新班"的光。所以我们必须要有改变，让一班因为我们更荣耀。

万老点评

警城，你细致地记录了军训的点点滴滴。不急不缓，不枝不蔓。虽不精彩，但还耐读。

点滴汗水在我心

广州市第八十九中学2016届高一（1）班　蔡俊贤

执念生

2013年8月19日　星期一　天气：晴　军训第一天

今天是军训开始的第一天。暑假即将结束，玩了将近两个月的我们在烈日下站一两个小时就已经受不了了，<u>但听了万老师在来时车上严肃的训话后，我心中有一股执念：要在这次军训中做到最好。</u>（"执念"一词好！看来动员有效。）

在我们汗如雨下之时，教官喊我们一班去打饭。我心里瞬间乐开了花，心想：终于能休息一下了。一班的第一次合作有点慢，摆椅子和打饭花了30分钟。打好饭后全年级的同学一起开饭，菜吃进嘴里才发现，原来椰菜是最好吃的！其他什么豆腐、瓜都没椰菜好吃。我不禁为后面漫长的5天军训生活打了个寒战。

吃完饭回到分配好的宿舍，我们宿舍的16个人开始互相了解、认识，很快找到了共同话题，彼此熟悉了。我也为不再像初一时一个人都不认识而兴奋不已。我们坐在床边聊天说笑，直到教官喊我们午休才回到自己的床铺上，就像是忘了在军训一样。

下午3：00，同学把我叫醒，告诉我集合了，我赶紧把鞋子穿好，拿上帽子就往楼梯口跑，生怕迟到了被教官惩罚。就在这时，外面下起了雨，我耳边瞬间响起了同学们的欢呼声……

今天我发现，快乐和幸福都是需要自己去创造和发掘的，只不过我们都没发现来到自己身边的快乐。没有吃过苦，没有过上真正的苦日子，又怎会明白平日的种种快乐？学习上也要这样，学会苦中作乐，在学习中找到属于自己的快乐，才是把"苦难高中"变成"幸福生活"的秘诀！

音量增

2013年8月20日　星期二　天气：雷阵雨　军训第二天

军训的第二天，在漫天迷雾的早晨中开始了。原以为这一天很快就能撑过去，结果被少数迟到的同学打断了我的幻想。早晨的第一个命令就是，全体双手抱头，做立蹲，180°转身蹲跳。不知道教官是故意让我们做体能还是真的惩罚我们，这10分钟不到，运动量比整个暑假的加起来还多，累得我恨不得立刻倒下，教官却一刻也不让我们休息，立刻让各位教官带开训练了。等上午过了小半，我累得腿都在发颤，口干舌燥，教官终于让我们休息了，哪怕只有短短的15分钟。

万老师过来训话，我因为声音小又被罚了。我理解这就是军营，这惩罚没什么可说的，可在脚下伤口的刺激下，眼眶不听话地湿润了。我怕伤口感染，也怕在同学面前出丑，就申请去了校医室。（注：自此之后，我喊口令都特别大声。）把情绪发泄完后，我迅速回到了队伍中。

我明白，只有在自己做事完美得无可挑剔时，才不会留给别人任何惩罚自己的机会。

（中午发现不是我们班打饭，失望了许久。）

谢严师

2013年8月21日　星期三　天气：阵雨　军训第三天

军训的第三天结束了。

今天早上第一次集体站军姿，站了半个小时，脚站得发麻，好像不是自己的了。中途不知道多少次想要动动腿，但最后都坚持了下来，没动过。

到了各班自己训练的时间，教官让我们踏步，我想像前天一样做好，但手脚就是不听指挥，抬不起来。教官就罚我们做立蹲。我心想：这教官真严厉，站了那么久都不让休息一下，还罚我们做立蹲。看着周围的同学都做了，我也慢慢蹲了下去，腿部肌肉酸痛无比。接着，教官喊出了第二次命令，大腿又是一阵酸痛。但到后来，我发现大腿没有那么僵硬了，刚开始的酸痛感也减弱了很多。做了20多个立蹲，手脚可以活动自如了，教官也没再喊口令让我们做立蹲。

很多次这么觉得：对自己好的都是那些表面上凶神恶煞的人。别班的教官带我们从来没罚过我们，也没指出我们有多少错误，但我们进步奇慢。我想，只有自己鞭策自己，才是真正靠得住的吧！

万老点评

俊贤，你用心地拟题了，很棒！但是在行文选材和详略的安排上需要注意。尤其是你脚底受伤老师不知情还批评你这件事，可以用一波三折法好好写写。

种子的心路历程（好题目，赞！）

广州市第八十九中学2016届高一（1）班　黄丹敏

肉体与灵魂接受洗礼的日子终将还是如期而至，尽管它多么地不受欢迎，我多么地不期待，一切还是依旧。与其郁闷，不如积极面对，于是我满腔热血地开始了军训生活。（好开头，赞！）

播 种

2013年8月19日　星期一　天气：晴　军训第一天

无奈军训的第一天，就晴天霹雳，雨水浇灭了我的激情。当训练下蹲与起立时，教官好像故意和我作对似的，明明是我旁边的女同学蹲得不稳，他竟然无缘无故地瞪了我，那眼神中充满了斥责、挑剔，就像有人当场扇了我一个耳光，怒火噌噌地往上冒，火辣辣的，我愤怒了，是委屈地愤怒了。真的好憎恨那个教官啊——不分青红皂白，我不服，但是又能如何呢？我便消极地把一切动作草草了事，没有了热情，只是机械地动着，以此来报复教官。

我是一颗饱满的种子，本来以为我会理所当然地在肥沃的土壤里生根发芽，但是粗心的农夫把我弄丢了，我被播种到了贫瘠的土地里。我不情愿，我充满了委屈，于是我消极地打算了此残生。

扎 根

2013年8月23日　星期五　天气：阴　军训第五天

但是消极并没有消除我的不快，反而使我更加郁闷了。因为我们是一班，我们天生被赋予了高的期望，但是我们班却由于各种原因，会演彩排时一团糟，而且我接连出了好多错误，大家都在笑话我们，我们成了搬石头砸自己脚的笨蛋。彩排完后，我们班的同学并没有一蹶不振，反而更加满腔热血，积极地商讨着计策，商讨着我们应该如何逆袭。我被震撼到了。晚上，当其他班在娱乐放松时，我们班强烈要求教官训练我们，同学们热情高涨。那股力量深深地感染了我，让我有了为荣誉而战的目标，也让我从只为个人成长为懂得为他人。

一样遭遇的种子并不只有我，但是却只有我在消极而已。看着他们拼命地扎根，拼尽全力地汲取养分，我决心扭转命运。我改变了，我也有模有样地学着，自豪地在这片土地开创属于自己的天地。

绽 放

2013年8月24日　星期六　天气：阴转阵雨　军训第六天

多日的辛苦只为了今日的绽放。真正的会演井然有序地拉开了帷幕，我们既自信满满又忐忑不安，总是害怕因为紧张而搞砸了会演。空气凝固，气氛紧

114

张得吓人，但是我们还是互相加油鼓励，互相鼓舞士气，紧紧地团结着。会演时，我们都用尽全部力气，使尽所学，力求最好，心中只有一个信念——用实力证明自己，证明我们这个班。宣布奖项时，我们屏住呼吸，心跳加速。"欧耶，我们班是第一！"，掌声响彻云霄！作为种子的我们凭着自己的努力终于钻出了土壤，冒出了可爱的小芽，最后为这片土地绘出了美丽的风景画。

军训给了我看得更高、望得更远的舞台，让我不再被动，不再目光短浅，让我学会了主动跨越困难，体会了团结的意义，感受到了正能量的魅力，军训给了我重生，向军训致敬！

万老点评

丹敏，切入点小容易写好文章，但如何在小的切入点里往深处挖掘，是你行文时要思考的。

军训总结

军训点滴之悟

广州市第八十九中学2016届高一（1）班　刘宏虎

　　开始前觉得无比漫长的军训，竟然眨眼间就过去了，回首这短短几天的军训，才发现里面的点点滴滴都有它自身的意义。（对军训的总结言简意赅。）

　　回来之后的第一个悟，是对教官惩罚的悟。我们都曾抱怨过教官罚得太狠，即使我们全身酸痛也还要继续惩罚。到军训结束后再回想，其实教官的惩罚都是有理由的，每一次的惩罚都是有人没有做好，教官的惩罚只是让那些人为自己犯下的错误承担自己的责任。至于教官因为一个人的错误却去惩罚集体，这其实也是为了让我们明白集体与个人是分不开的。从某种意义上说，集体就是我们每个人，我们每个人又都代表着集体，一个集体只有真正团结一心，就像教官说的"一人感冒，集体吃药"一样，才能真正明白集体与个人其实是分不开的。（悟得到位！）

　　第二个悟是对训练的悟。我在军训之前会想，军训到底有什么意义呢？平白无故让我们去吃苦真的有必要吗？等到军训完后我才醒悟，这些看似无用却又苦又累的训练，其实是在锻炼我们的服从意识和吃苦耐劳的能力。在之后的三年内，肯定少不了许许多多的命令与批评，并不是每一句话都是我们爱听的，不是每一件事都是我们想做的。但是在军训中，我们学到的就是对长辈的服从还有吃苦的精神。之后的三年内，我们要一直延续这种精神，把这种精神融入我们的学习中去，不再喊苦喊累，尽情地享受这三年。

　　军训中，被教官惩罚时我也领悟到了一个道理：为什么我们被罚了一次以后还会被再罚一次？在我看来，这其中是有原因的，每次我们被罚都是因为我们在某些事情上没有做好，在刚被惩罚过后，我们都会更加在意这件事情，想把这件事情做好，可是随着时间的推移，我们变得不再在意这些事情以至于再次受到惩罚。经过几次反复后,我发现,我们其实陷入了一个恶性循环。那为什么不从中走出来,让这个循环继续下去的根本原因是因为我们不重视,<u>那么,只要我们重视起来,不再随意松懈,是不是就可以免于惩罚呢?</u>其实这个道理也可以在我们的生活和学习中运用,当我们陷入某些不好的事情并一次又一次地重复时,我们就应该去寻找其中到底是哪一环出了问题,去改变,我们就可以走出这个循环。

军训完了,纵使心中有万千感慨,但还是感到一阵放松,只有亲自去体验过,才知道自己的生活原来是那么轻松。虽然生活不再那么紧张,也不再会有人催促,但是军训学到的精神还是要一直保持下去。要坚持,坚持,再坚持,一刻都不松懈才能不被他人赶上,才有机会去超越别人。

万老点评

宏虎,你的文字洗练干净,不拖泥带水。你是标准的智慧理科男啊!紧紧围绕军训之悟逐层展开,结合实例析理。或许你不一定是军训中最能吃苦的那个,也不一定是军训动作最到位的一个;但你一定是对军训的意义领悟最深、最透的孩子。期待这些感悟在你成长的路上时时提醒你,以发挥巨大的作用!

五味军训

广州市第八十九中学2016届高一(1)班 李虎潼

开学的前奏——军训已经开始,军训中充满了酸甜苦辣咸的各种滋味,这各式各样的滋味陪我度过了充实、疲劳而又意义非凡的6天。

甜

第三天的晚上,窝在宿舍的我们几个没有电脑、没有手机,无聊透顶的我们只好玩起了最初的游戏——猜拳。宿舍的龙兄更是为这个游戏增添了一项十分刺激的赌注:输的人要把一条内裤给赢的人。这项激情的游戏博得了全宿舍人的赞同,在之后的5分钟里,住我对面的陈健已经把内裤全部输给了我,引得大家一阵欢笑。自此,"wifi哥"已升级成了"内裤哥"。这大概是整个军训期间我们唯一的娱乐活动了。这种与同伴一起开心地笑着、闹着的感觉一点点流

入心里，真甜。

咸、苦

第一天军训的下午，我们带着午睡被吵醒的极度不满，在楼下集合了。（近三个小时的午休还不满足？深思！）想不到我们的老黑教官一开始就给我们来了个下马威。站30分钟的军姿，这让我们这些在家里闲了一个暑假的人情何以堪呐！才坚持不到10分钟，我的脚掌就已开始酸疼不已，头顶的烈日也十分不给面子地直接暴晒在我们身上，酷热难耐。感觉浑身都僵住了一样，酸疼和无力充斥着我的整个身体，想动却又不敢动。豆大的汗珠从头顶滑落，渗进我的嘴里，那味道，咸咸的，苦苦的。

辣

军训期间，少不了老师对我们的精神指导，而在万老师的指导中，她强调最多的就是军营中最需要培养的精神——绝对服从和坚定的信念。而这两种品格恰恰是我身上最欠缺的！

有一次，我齐步走时没有与队伍看齐，被万老师叫出去训斥了一顿，可我还不服气，非要说是其他人走错了，万老师为此还罚我做了20个俯卧撑。不过，这也使我深刻体会到了所谓军人的天职就是服从，不会服从的兵不是好兵。如果我们没有在军训中学会服从，那么，将来高中三年的学习将很难展开。而坚毅的眼神和信念则是我一直欠缺的东西。记得有无数老师曾经对我说过：你要是真正想做一件事并坚持做下去的话，没什么是做不到的。可是，我就是缺少那种坚定的信念，也没有持之以恒的毅力。至于那坚毅的眼神就更不用说了，平时我总是一副吊儿郎当的样子，与坚毅完全靠不上边。所以，每次老师说到这些的时候，我总感觉她好像是针对我在说的，每当她向我这边看来的时候，那目光刺在我身上，感觉火辣辣的。

酸

就在我毛遂自荐进入国旗班后的第二天，教官无情地将我从班里踢了出去，在那一刻，我的脑海里回想起了昨天训练的一幕：教官毫不留情地让我们一排人把脚抬得高高的，自己却跑去和别人聊天了，我们这个动作要坚持5分钟，当教官回来时，我们已是筋疲力尽，当他说出休息的一瞬间，我们一个个就瘫倒在地上，大家都轻轻敲着自己的大腿，好让肌肉放松一下。但好景不长，我们只休息了几分钟，那魔鬼般的教官又让半死不活的我们踢起了正步。用同学的话来说：那就不是人过的日子。吃饭的时候，不少国旗班的女生都坚持不住哭了起来，而我却默默承受着由左腿传来的阵阵尖锐的刺痛。这一切，只是为了会操时能走在队伍的最前方。而第二天，教官却只是因为我个子太高就把我踢了出去，将我昨天的努力全盘否定，这叫我怎能不伤心！心中阵阵的委屈感，让我不住地心酸，这酸酸的滋味真不好受。

为期6天的军训已经结束，在这期间，我经历了与新同学一同打闹的欢乐；经历了站军姿的辛苦；经历了老师谆谆的教诲；也经历了被人否定的委屈。在短短的6天内，我经历了人生的多种滋味，也学会了服从，拥有了坚定的信念，以及那不怕苦不怕累的精神。这6天的经历会像老师说的那样让我受益匪浅，也会成为我珍贵的回忆，伴随我度过高中三年。

万老点评

虎潼，你的聪明已经不需要证明，但你的优秀却要证明。正如文中自己认识到的最缺乏的两种品格——集体中的服从和个性中的坚毅，需要你在三年的时间里去砥砺打磨。

浴火重生

广州市第八十九中学2016届高一（1）班　范世维

在这时而阴雨绵绵，时而烈日炎炎的几天，我们经历了高中生活的第一课——军训。这6天，我们感到既漫长又短暂，充满了艰辛和快乐。现在，6天已经过去，我忽然发现，我感受更多的是留恋与不舍。

是的，军训是很辛苦的，苦在为齐步走举得酸痛的手臂，苦在站军姿时累酸的腰间，军训如此的苦，我当然也有想退缩的时候，但我坚持了下来。军训是一个过程，一个考验自我、磨炼自我的过程，半途而废是耻辱，何况我们是一班，坚强不屈、不言放弃是我们应有的精神。说实话，我的初中三年可以说是在浑浑噩噩中度过的，不像班中柴非凡那样一心只读圣贤书，也不像帅东般勤奋苦读，可能是那时候我还没有真正地认识到我该做什么，不该做什么。但是经过这次军训，我知道了我以前纯粹就是浪费生命，毫无作为。（说话行文不可太绝对！）

军训的意义不仅是学会站军姿、齐步走、排队形，而是在磨炼我们树立一种意识，一种吃苦的意识，一种坚持的意识，一种团结的意识，一种遵守纪律的意识！有人说：无法言语的感觉才最美妙！的确，对于军训，有些感觉是只可意会不可言传的，那是一种浓浓的苦涩中带着缕缕清香，如一杯浓浓的苦茶，只有亲口去品尝的人才能体会到其中的甘甜，才能体会到其中的韵味，而没有亲口去试的人，只会闻到苦中带苦，皱眉远去。我相信，每个尝过军训这杯苦茶的人，都能体会到其中的韵味，别有一番滋味在心头。依我看，军训就是人生中一次宝贵的经历，已经成为人生不可欠缺的部分，成为一种鼓舞我在高中三年知难而进的力量，一种支撑着动摇的心灵的支持力。

记得万老师说，我们要吃得苦中苦，高中三年肯定是苦的，要以苦为乐，在军训中不能只记得苦，要学习怎么去服从，怎么去做事，要有团队意识，服从集体。在军训中，我学得最多的就是服从，就是团队意识。还记得有一天早训时，有人迟到了，尽管不是我，但教官罚我们做50个深蹲，开始我们都是一阵嘘声，懒洋洋地蹲下去再起来，等我们艰难地完成后，已经上气不接下气了，而教官那具有威严的命令又来了，还是50个，我们顿时泄气了，怨声四起。但没想到的是做完这50个后还有40个，这次我们彻底没有了脾气，只能照做了，泄了气的皮球又被迫鼓起来，埋怨声变成了怒吼声，我们化悲愤为力量，艰难地学会了服从。一个人迟到，就是集体受罚，在一个集体里要的是集体主义，不是个人主义也不是单打独斗的英雄。以后在一班这个集体中，我们也会牢牢记得我们就是一个集体，不能脱离集体行动。其实，军训让我收获太多了，让我整个人焕然一新，好比浴火重生的火凤凰！

但当我们通过集体的努力，获得了会操表演第一名时，万老师又及时给我们泼了凉水，她说道："我们的第一名是有水分的，因为我们的表现并不能完全配得上这第一名，有的班比我们更好，为什么我们能拿到第一名呢？没错，有人说出来了，因为我们是一班，我们沾得是一班这个'国际创新班'的光。"这句话对我来说是很震撼的，这句话是说得非常对的，这点成绩，是不值得我们高兴的，以后我们要面对更多的困难。如果这就以为我们成功了，那就大错特错了，说实话，我们现在还需要充分认识到我们的不足。"我们以后要做的是擦亮一班这个招牌，而不是借着这个招牌的光混日子"老师的这番话说到了根本上！但我相信，我们这个新集体从不畏惧挑战，能在困难中前行，一步一个脚印，走出属于自己的艰辛路程！

记得在《谁动了我的奶酪》中看过这样一句话："如果我无所畏惧，我会怎么做？"（适时引用，增添说服力，赞！）

这也是我在这几天中脑海里出现最多的话，既然我已经来到这里，接受挑战，那我就要勇敢面对；如果我是勇敢的，我就无所畏惧！回想以前，懦弱的时候太多了，简直不堪回首，但一个人不能总懦弱，也可以潇洒一回。坚持下去，坚持到底。没有日晒雨淋，没有狂风暴雨，怎会有属于自己的雨后彩虹？怎会有属于自己的精彩天地？

万老点评

世维，你以严谨、认真的态度赢得老师的信任，也为同学们做了榜样。相信在今后三年的学习中，你会继续发扬这一精神，让自己更优秀！

感悟成长

广州市第八十九中学2016届高一（1）班　沙玮琪

时隔三年，军训又一次来临了。大包小包的东西，颜色各异的水桶，无不暗示着我们的身份。作为高一新生，在军营的这几天里我们做着似曾相识的动作，吃着类似的饭菜，过着相差无几的生活，心境却与三年前大不相同。

今天吃饭时，我偶然间听见隔壁初一的"小朋友"向他们的班主任吐槽饭菜不好吃，我就想起我初一的时候也是和他们一样抱怨这抱怨那的，饭菜不好吃时就整碗地倒掉，饿了就回宿舍吃泡面。而现在的我望着桌上廉价且是全素的饭菜，还会和同学们将它们吃得精光，连我自己都感到惊讶。三年后，我懂得了珍惜粮食。（这就是成长！赞！）

爬上了六楼的宿舍，映入眼帘的便是洗澡间。我不禁想起了这几天我们为能够先洗澡而挤破头的情景。初一是每个宿舍都有独立的洗手间，所以根本没有担心过洗澡的问题。而现在，如果不跑快争先排队，就得在排队长龙末尾漫长地等待。三年后，我明白了万老师说的"快一步，步步快"的争先意识。

军营中生活条件并不好。洗澡间和洗手间经常停水，很是麻烦；衣服经常多得没地方晾，有时候晚上洗了到早上还干不了；三餐中没有水果、青菜和肉，有点不太习惯；第一天将席子擦了一遍，我身上还是过敏了。要是以前，我早就叫苦连天了，可是万老师说过"军训就是来吃苦的"，所以我选择硬着头皮慢慢适应，遇到问题想办法解决，竟然也就这样撑了下来。三年后，我做到了随遇而安。

教官在楼下吹哨，我们下楼集合。第一项就是站军姿。这是公认的最累也最无聊的动作。初一时我还因为乱动被骂。现在尽管站的时间比以前长了许多，最长的一次足足站了45分钟；尽管我的鼻尖沁出了汗珠，眼镜顺着鼻梁滑下，眼看就要掉了；尽管腿由于绷直而酸痛，脚掌累得发麻，肩膀都动不了；尽管汗水顺着皮肤滑下，身上发痒；尽管过一分钟就像一个世纪那样漫长，尽管这些都有让我动摇的理由，但我既然是来军训的，就一定要做好，不能随随便便放弃。意志力最终战胜了一切。三年后，我学会了咬牙坚持。

这次军训中，我自己感觉到的改变，出乎意料却又在情理之中。三年的时光，又经过了中考的洗礼，不仅是我，大家都渐渐褪去了幼稚，洗去了浮躁，收获了成长。也许成长就是这样，在不知不觉间降临，为我们带来惊喜。对比起三年前那个稚气未脱的我，现在的我遇事没那么慌乱了，能经得起考验了。我现在倒是十分期待，三年后我又成长成什么样呢？是不是成为卓越的人了呢？那就要靠我的努力了，相信我一定能行！（用对比的手法写出了你的变化，很棒！）

🎤 万老点评

莎莎，你很周全地记录了军训。前面那部分最精彩！看得出，你是个倔强的、有志气的姑娘，相信你在三年的高中生活中能如你在军训般坚韧！

军中三学会

广州市第八十九中学2016届高一（1）班　张荣龙

自律、自爱、自理和自强。

——题记

学会负责

天穹还是灰蒙蒙的一片，我挣扎着从床上爬起来，望望窗外，欲想躺下，可无奈的是，一天的军训生活又要开始了。

"立正！把军姿都站好了！"老黑教官向队形松散的我们咆哮着，半睡半醒的我被吓得打起精神。不到20分钟，每个人都已是满头大汗，汗珠从我脸上滑下来，痒痒的，我实在是受不了了，手也不自觉地准备擦汗。"不许擦汗！"老黑在台上对我们大吼着，我准备抬起来的手又自觉地贴紧大腿。也难怪老黑今天这么生气，昨天晚上我们五楼男生宿舍在洗澡的时候，有同学乱扔垃圾，垃圾顺着水流堵塞了下水道，导致我们五楼的楼道浸满了水，还涌进宿舍里。

"双手抱头，蹲下！"为此，老黑罚我们做100个立蹲和深蹲跳，途中不少同学相继因体力不支而倒地。望着我们痛苦的样子，万老师丝毫不同情，严肃地说："你们应该学会去为自己所犯的错误负责！"我也意识到这是我自找的，咬咬牙，忍着痛，硬撑了下去。

晚上回到宿舍，双腿已是酸痛不止，连爬上床也是一种挑战。坐在床上，揉揉双腿，回想一下，我们确实是犯了错。因此，我们应该为自己的行为负责，是我们太自私，没有以集体利益为重，才导致今天的结果。这便是我在军训中学到的第一课——学会负责。这是我们必须具备的！高中三年我也将面临许多选择，我就应该对自己的选择负责。相信这一课，我会牢记！

学会忍受

"哗——"集合的哨声又准时响起，又是一个充实而又忙碌的早晨。

早晨的阳光不算毒辣，但长达30分钟的站军姿可不好受。我的双腿早已在抽痛，脚掌微微发麻，汗珠滴滴滑下。虽然我知道，一句"报告"可以换来休息，但我也知道，一句"报告"的同时也意味着向自己低头。可越是在逆境中就越不能向自己低头，低头就表示你在向困难屈服。因此，我要坚持，不能让自己倒下，因为后面还有不知道多少数不清的困难在等着我，我脚下的路还很长，所以我要学会忍受，才能超越自己，继续走下去。现在，我要做的很简单，只是忍受，仅此而已。有时候，忍受并不代表屈服。学会忍受，这也是我军训中尤为关键的一课。

学会服从

"快收拾一下床上的杂物！"宿舍长叫嚷着。我们每个人都在忙碌地整理自己床上的衣物用品，因为教官说今天要检查内务。原本我们男生宿舍就已经是杂乱无章了，现在要我们保持一个整洁的环境，无疑是天方夜谭！可是，我们身处军营中，万老师说过：在军营里就要遵守军队的规矩。没错，俗话说，"没有规矩，无以成方圆"，我们身处军营中，就要有军人的样子。军人的天职就是服从命令，因此，学会服从，又是我们军训中宝贵的一课。

相信在军训中学到的可以让我们有一个圆满的高中生活，会让我们走好人生的每一步！

万老点评

荣龙，你选准了三个点来记录军训生活，选得很准！

"千刀万剐"后的微笑（好题目）

广州市第八十九中学2016届高一（1）班　吴舒洁

豁然开朗甘受罚

时间总是在我们不经意间悄然流逝，我傻乎乎地踏入了高中的学习殿堂。一切显得那么新鲜但又让人有些不知所措，军训的哨音就在我这种懵懵懂懂中吹响了，吹紧了我心中那根松弛的弦。（好开头！）

我们在艰苦的条件下开展了为期6天的军营生活。其实军训无非就是站军姿、齐步走和跑步这些老掉牙的项目罢了，以前我一直不理解为什么学校总要组织军训，让我们做那些我们早已烂熟于心的动作。但是这次我却有了改观。我们一起在细雨中站军姿，在烈日下行进，在夜空下游戏……虽然条件不好，但当我们以积极的心态去完成每一个动作时，却让我真切地感受到了以苦为乐的甘甜。

那天早上，太阳挂得高高的，因为有同学从窗户往外扔垃圾，所以我们集体被罚蹲下转圈。做的时候我一直很不甘心，凭什么那一小部分的人犯下的错要让我们大部分的人来陪他们一起受罚，但是迫于教官的威严，我们只好无奈而气愤地乖乖服从。豆大的汗珠顺着我的额头流下，我的身体也越来越疲惫，心中不甘的感觉也越来越强烈了。这时，班主任的声音悠悠地传来："你们不要不服气，你们犯了错就要受罚，要为自己的行为负责。坚持住，这是对你们意志的磨炼！"意志的磨炼！我在心里默默地重复了一遍。不知道为什么，听完万老师的话以后，我心中的不甘顿时消失殆尽。我好像顿时明白了教官这样做的用意。他想告诉我们，我们是一个集体；他想告诉我们，要为自己犯过的错承担责任；他想告诉我们，要去挑战自己的意志，让自己变得坚毅……顿时，我豁然开朗。（好样的，舒洁！）

吃得苦中苦，方为人上人

顽石经历了千刀万剐后才成为人人膜拜的神像，若只是简单地打磨，那它只配做人人踩于脚底的石阶，永远不会受到尊敬。这千刀万剐是对意志的磨炼，从来都只有经受住苦难的人才有资格笑到最后，让人羡慕，受人敬仰。我们每个人接受的幸福与苦难都是成正比的，我们都一样会享福也会吃苦，只是我们选择了不同的顺序，先甜后苦，或先苦后甜。我会选择后者。当我吃苦时，我不会去羡慕别人，因为我深知，只有经受住苦难，别人有的我都会有的。苦难是生活对一个人的眷顾，你若不理解，只是一味埋怨，那么你终将碌碌无为，平庸而终；你若理解，并默默承受，终有一天，成功一定会降临。我同样选择后者。

军训只是我们每个人人生路上千刀万剐中或轻或重的一刀，我们承受住了，每个人就都有自己的收获。而我也做好准备接受以后曲折盘桓的人生旅途中的苦难。"宝剑锋从磨砺出，梅香香自苦寒来。"我相信，当我经历了千刀万剐后，终有一天我会抬头、挺胸、微笑，成为那个让自己骄傲的人。

万老点评

通篇议论，语言干脆有力。前半部分有据可依，故而读来令人信服，后半部分底气不足，失去军营中细节生活的具体支撑后，议论略显空洞。

自我纠错训练营

广州市第八十九中学2016届高一（1）班　周杰

端正心态

早早地来到了学校，就是为了等待军训的开始。当我坐上去往军训场地的大巴时，我就明白：这辆车的出发，就是我们中考后长假的结束，同样也是我们新的三年高中生活的开始。

也许大部分同学的心中充满了对军训的抱怨。自然，（武断了些，你如何知道大部分同学心中充满抱怨？）我亦是这样——同样在担忧、害怕军训的劳苦。但是，既然去军训是必然的事情，为什么我们不怀抱着热情的态度去迎接军训呢？只要我们仔细地思考一下，就不难得出：军训的好处还是很多的。

首先，军训可以整顿我们在经历一个长假后的松散的纪律。无规矩不成方圆，如果我们没有一定的纪律性，就会使集体乱套，通过这次军训，我相信我们每个人心中都会有很强的纪律性。另外，新的高中生活也让我们迎接了很多陌生的新同学。恰好，军训可以让我们认识新同学，更重要的是，军训可以培养我们这个新集体的团队精神，让我们在今后的学习中可以互相帮助，令我们团结向上，充满正能量。

军训不是受苦，而是去学习进步；军训不可怕，可怕的是我们内心的恐惧心理。我们需要克服这种心理，用热情去迎接军训，在军训里寻找属于自己的乐趣。

团　队

跑步，应该是军训所有项目中最难的一个了。要想练好跑步，更是难上加难。

在第一次训练跑步时，"噼里啪啦"的脚步声，传进了我们的耳中，极度不和谐的踏步声，立定后东倒西歪不成样子的队列刺激着我的双眼。看到这番场景，我不由得怀疑起我们班的团结性。教官似乎看出了我们着急的心情，给予我们指导："在跑步途中不能只顾着自己的节奏，团队的节奏才是整齐的最主要原因，在行进过程中观察两边同学的步伐动作，适时调整自己的步伐才能使团队整齐划一。"经受过失败教训的我们很乐意地听从了，教官也十分耐心地进行了拆分练习——让我们一行一行分别练习。

第一遍，大家的步伐仍然不能整齐，每一步都迈出了不同的长度。我们排在后排较矮的同学便向前排同学提出意见：高个子同学步伐迈小一些，这样才能让我们跟上。第二遍，大家都有了明显的进步，高个子同学步子收敛了，矮个子同学尽量跟上高个子同学的步伐，走起路来已经整齐多了。但是收脚的四步仍然有点混乱。第三遍，我们专门强化了收脚的练习。第四遍，第五遍……经过这样多次练习与磨合。我们的团队协调性已经得到了大幅提升，跑起步来也整齐多了。

后三排的同学组合在一起跑步，我们意外地发现：即使我们是分开进行训练，但是似乎默契已经连接了起来，即使是第一次的团队跑步，我们也跑出了截然不同的样子。这就是团队，我们在分开训练跑步中关心别人、调整自己，到了团队中，我们依然保持着这个好习惯，即使人数变多，我们的团队协调性仍然很好。团队，是一个大集体，成员之间需要互相关心。这样才能使团队显得更加团结一致。

从自己身上寻找问题

今天下午，为了迎接24日到来的军训会操，我们特地举行了一场会演练习。但是这次演习的结果，让我们一班不敢直视。

由于我们教官事务繁忙，在演习时不能来指挥我们。于是六班的教官便临时接手了我们班。因为我们对六班教官的不熟悉，在演习时我们的表现十分差劲。在演习中的第一项整理着装中，由于六班教官与我们班教官的程序不同，我们班的全体同学都傻傻地僵在了那里，台下其他班同学的阵阵嗤笑声，顿时令我们感到颜面无存。后来转体练习，六班教官喊得是左转，但我们教官平时是先喊向右转。结果有部分同学习惯性地就向右转，队列中瞬间出现了混乱。在跑步与齐步走中，我们也在不同程度上出现了失误。

当我们羞愧地走下台时，大部分同学都在抱怨着教官的种种不好。当然，因为对教官的陌生，不习惯是常有的，但是，一味地把责任推卸给他人，却不从自己身上寻找错误，这样是不行的。所以我们必然也有不对的地方。军人，服从命令是首要的，是应该服从命令成自然而不是习惯成自然。当我们听到"向左转"的指令时，部分同学仍然向右转就是因为习惯，军人要服从命令！

所以，我们也应该服从命令，而不是因习惯而犯错，为什么我们不能细心、谨慎一点儿呢？再说，让教官去习惯我们是不可能的，只可能是我们去习惯教官。我们现在为什么不抓紧时间思考我们与教官之间的配合问题呢？这个问题，同学们都意识到了，也都开始讨论解决的方法。

晚上，第二次的会操演习，同样是六班教官带队，我们的表现与下午完全不同，我们展现了一个截然不同的一班。

总　结

军训是一次很好的锻炼，它让我学到了很多平日里学不到的东西。它让我明白：心态，往往能影响一个人做事的心情和效率，端正心态，可以让自己事半功倍，让自己在愉悦的心情中做事。

同时，军训也加强了我们卓越班的团队意识，也让我们意识到了团队的重要意义。最重要的是，军训让我学习到了能从自己身上发现问题的重要性。从前，遇到问题我总是推卸责任，责怪他人，很少好好反省自己。经过这次军训，我意识到，发现自己的问题然后进行纠正也是一种很有乐趣的事，既能帮助自己，也能帮助他人。何乐而不为？

👤 万老点评

此次写作与上次比，差了一截。是用力不足，还是感受不深？我以为是选点不准，你说呢？期待下一次的精彩！

心的淬炼（好题目）

广州市第八十九中学2016届高一（1）　班王霖

心怀感恩，珍惜眼前的一切；学会聆听，感受最真切的教诲；学会自律，做最棒的自己。

——题记（好题记）

"感恩的心，感谢有你，伴我一生，让我有勇气做我自己……"每每想起《感恩的心》这首歌，我的心中总有股暖流淌过，而这几天的军训更让我有所体会。

军训的日子在辛苦间走过。我们每天五点多便起来刷牙、洗脸，准备早晨的训练；白天，我们顶着骄阳，在训练场上反反复复地练习军训动作，一遍又一遍，直到动作完全合格；晚上，我们在训练完以后，拖着疲惫的身子，排着队去洗澡。在这里，没有人可以一觉睡到天亮；在这里，也没有冰凉爽口的冷饮；在这里，更不会有父母为你准备的大餐和他们那真切的唠叨声，有的只是教官们的指挥声和我们绝对地服从，还有统一的就餐和休息时间。

这一切，让我想起了我的生活，想起了我的父亲。每天一大早，他总是独自起床，默默地为我做好早餐，然后叫我起床。在千叮咛万嘱咐要我注意路面安全后才去上班。他每天都在为了我们辛苦的工作，而我却总是冷冷地回答了事。短暂的分离使我深深地体会到了他们的爱！我为我以前的态度感到后悔。

过惯了整天无忧无虑、自由自在的生活，军营生活虽说让我感到不适应，但是我却学会了感恩，感恩父母深深的爱与无私。

生活总是很精彩的，军训生活也不例外。它让我懂得感恩，也让我明白许多道理。

良药苦口利于病，忠言逆耳利于行。我们的教官有点凶，喜欢骂人，但是他的每一句话都是在指出我们的错误，都是在教导我们。他说过的一句话让我现在仍然记忆犹新："你们不要害怕困难，不然遭遇了失败，以后再遇到困难就很难克服它们。"以后的事我们谁也不知道，但是前方的路一定有坎坷，如果我们现在就害怕失败，一旦有一次失败，我们便会失去自信，变得自卑，很难再爬起来，甚至会失去明天，失去未来。如果我们不畏惧挫折，不害怕失败，敢于面对挑战，即使失败了，我们也要用乐观的心态去面对，不气馁。所以，我们要勇于面对学习中遇到的困难与挑战，有困难的路才会更精彩。

军训的第三天，我受到了惩罚。因为一个细节错误——手没有放到膝盖上。虽然说这只是一个细节性错误，但在有些方面，一个细节性的错误可能就会造成难以估量的后果。例如，如果卫星发射算错了一个数字，那么整个卫星及里面的人就都会有危险；修大坝如果一个螺丝没钉牢，那么，造成的灾害可能是无法估计的。所以那日的惩罚我心服口服。在以后的学习生活中，我一定会用心去做事，尽量避免犯错误。

教官的教诲让我明白了许多，那真切的教诲，渐渐走入我的内心。

虽是短短几日，虽是几言几语，却让我懂得感恩，让我学会聆听他人的教诲。我们在这强化了体质，淬炼了灵魂。

用心体会未来的感恩之心吧！

用心去聆听世界吧！

万老点评

整篇日记虎头蛇尾，标题和题记如此精彩，后文却未能紧紧扣住题记来写。

回味

广州市第八十九中学2016届高一（1）班　柴非凡

回味着，回味着，突然感觉苦中有情而甜，情中有苦而美。

军训的第一天，也是让我倍感辛苦的一天。从早上背起自己行李的那一刻，就感觉到肩上的压力真的很重，但依旧要坚持住，不能放下。那一刻，我非常不情愿，因为以前像这样重的物件都是父母来提，而这仅仅是我迈出独立的第一步，就已经让人觉得力不从心。班上的男同学帮我把行李提到了车上，看到他们还要提着自己的行李，那一刻，我心中有些不忍，还有感动。到了军训基地，换上了军装，全年级同学都坐在烈日下聆听校长讲话。感觉到四周的热空气把自己包得严严实实，刺眼的阳光放肆地在我身上肆虐，汗珠就这样一滴滴地落在地上。邹校长的讲话，归结起来就是军训不是目的，是为了激励大家在以后三年能够感受到学习中的幸福。不过此时，我确实感觉到读书与这比起来真的会轻松很多很多。走进军队真是太不容易了，处处都要按照命令来办。站在那里要一动不动，在我们看来十分微小的错误，却会受到十分严厉的处罚。吃饭时，没有命令不能开饭，哪怕是吃饭时间也是十分短暂的。此时，我感受到了制度的权威性，"服从命令是军人天职"，这句简简单单的话做起来却是如此复杂。要按耐住自己张扬的个性，要除去自己自我的意识，要挑战自己身体和意志承受的极限，似乎这也只是军人最基本的要求。到了晚上，还会有夜训。没有了阳光，本以为一切都会变得轻松。哪知一直都在站军姿中度过，两肩又酸又痛，似乎都要断掉了，看样子，哪怕是最简单的动作一直做也是一种挑战啊！同学们都用乐观、开朗的心情面对，即使苦累，他们总能用幽默的话语感染着全班同学。

因为这一天的辛苦，也让我发现自己的独立能力有待加强，一味地养尊处优，只能让自己在生活方面愈加堕落。如今，不仅智慧要在学习之中不断成熟，体能上也要在实践中不断完善。因为军训，让我看到了我们班的凝聚力。军训的之苦，因为大家的鼓舞而变淡；友情之花，却因军训变得更加沁人心脾。

万老点评

很遗憾你的身体和你开了个玩笑，让你缺失了高中阶段完整的军训，中途的离去，让青春最浓墨重彩的一页成为断章……

军训的日子

广州市第八十九中学2016届高一（1）班　罗佳丽

军训是培养人意志与精神的活动，在今年的8月，一个阴雨连连的8月，我去体验了6天的军训生活。

在军训中，我有非常多的感受，也有非常多记忆犹新的事情。我们吃过苦，流过汗，曾被人羡慕过，也被人讥笑过，我们有过第一个吃饭，也有为洗澡放下淑女身份像个女汉子一样和别班的人争个你死我活、头破血流；还有被教官抛弃，一个班默默站军姿的日子，甚至在排练中出丑，被别班嘲笑的时候。不过，令我最难忘的，还是在最后一天，会操争第一的时候。

那时，我们前一天还在排练中出了大丑，脸都丢尽了，士气也一下子跌入谷底，我非常为我们班的会操担心，没有自信，一直紧张极了，况且我们班还是第一个出场，内心更加紧张。我在心中为自己打气，告诉自己：一定可以的，我们是一班，超强一班。我挺起胸膛，抬起头，准备进入会场，老黑在一旁喊道："齐步走。"开始进入会场了，"一二一，一二一"，我在心中默念着口号，两眼用余光扫着两边，与两边同学有默契地、整齐地走着，"立定"响亮整齐的跺脚声，我的内心似乎有底了，接下来的所有动作我们也很好地完成了。离开会场时，听着下面同学们的掌声，我认为，我们一定能得第一。接下来的会操时间非常漫长，终于到了宣布名次的时候了，听到我们班获得了第一名，我的心几乎跳到我的嗓子眼了，内心不是一般的激动，那时很想大声呐喊。

那是成功的喜悦，感觉如此美好！所以以后，我也希望自己能在高考中成功。

军训这6天，我的习惯也改变了很多，我变得肯吃苦了，我可以站军姿站很久，受处罚不抱怨，饭堂的饭菜也吃完的，上下楼梯不会抱怨累。我要把这个品质带到我的生活中去，未来三年，我一定会碰上非常多的困难，我必须全部跨过去，在高中这个大熔炉中磨炼，脱胎换骨，成为一个全新的自己。努力努力再努力，吃得苦中苦，方为人上人，我会为自己努力的，成为人上人。在军训中，我可以忍受身体上的痛苦与疲惫，认真做好每一个动作，而在高中生活中，为什么不能呢？我想要的，不是简简单单的重本线，而是名牌大学，为了达到我的目标，我得吃更多的苦。我要让吃苦成为一种习惯，成为一种快乐。这样，高中三年，就不再是乏味的，吃苦都是快乐的，那高中有什么好痛苦的呢？高中，我将会好好地过，努力成为人上人。以后，我会回味这6天的军训，回味这6天的感受。

万老点评

佳丽，你自己读读自己的文字，也让语感好的非凡同学帮你读读，发现有什么问题没？当务之急，是要让病句减少哦，加油！你要开始阅读并抄写背诵一些经典美文，加强语感！

蜕变（好题目）

广州市第八十九中学2016届高一（1）班　包奕凯

时间总在不停地流逝，时间的洗礼会让人成长、会让人蜕变。军训的几天，正像那轻灵的雨，洗涤了整片天空，洗尽污浊，带来彩虹，给大地送来一股股甘流。哪怕雷声轰隆，哪怕狂风嘶吼，我挺直腰板，细心感受着那雨的微凉，慢慢地蜕变。（好文采！）

暑假过得很快，小学、初中，身处时似万年，回眸间只分秒，（准确且有哲理！）一切就如在昨日，伤感没有预兆涌上心头。高中忽然就在面前，我抬起脚想走进去，心中有无奈、有厌倦、有伤感，感觉像走进了一座监狱，套上枷锁，这便是心中对高中这一旋律前奏——军训的一切感想。

看着老师、教官那严肃的面孔，实在是让人难受。让我服从？开什么玩笑！军训刚刚开始，便弥漫着一股让人浑身不舒服的气氛，日子像龟速般爬行着，我在这炼狱中不断煎熬着。

夜姗姗来迟，只不过是半天，我却感觉快要疯了，好想回到初中啊，回到初中，我就可以……可以做什么呢？只不过是回到噩梦的起点，那时我的确无忧无虑，可那只是黑暗中的点点亮光，我肆意地展示自己有多么聪明，无时无刻地叫喊："这么努力有什么用？真是愚蠢啊！真以为笨鸟可以先飞？你早已不是三岁孩子了！"（心理描写逼真。）

成绩出来了，曾经被嘲笑的人没有嘲笑我，"真蠢啊！"声音仍在回荡！那么蠢的我应该偷乐着，乐我以往如此"风光"，挫败、悔恨、悲伤涌上心头。我便用游戏来麻痹自己，在玩游戏时心里那惨淡的声音——"看呀，对面被我玩得团团转，我是最厉害的呀！"突然震醒了我，那个他在夜色中眼神迷茫，在他眼中我看到了他的内心，一股无边的黑暗把他淹没，他艰难地挣扎，那黑暗让他窒息……

仅仅几秒，他眼中仿佛已过十载，一点儿光芒自他眼中迸发，一<u>丝</u>，一束，一片，最终如大火燎原，老师、教官曾经的话语，更是如那一把把干柴，让光焰冲天。我的拳头渐渐握紧。太阳还在睡懒觉时，我便摸黑爬起来，洗漱完毕后，立刻把妈妈硬塞给我的英语单词纸如宝贝似的紧紧攥在手中，借助那电筒微弱的光，全神贯注地背诵单词，不断拭去眼睛因劳累而流下的泪水……烈日当空时，汗水在身体上肆意游走，猛烈的阳光灼烧着我的肌肤，酸痛到极点的四肢与身体摇摇欲坠，我却仍屹立不倒。<u>心里洋溢着自豪，因为我在教官的眼中看到惊讶，在教师的眼中看到欣慰，昨日的那个"他"早已离去，现在的我，是全新的我，这就是蜕变，心灵的蜕变。</u>（好样儿的！）

军训在我的内心早已不是曾经的模样，有喜悦、有激动、有感谢。6天的军训转瞬即逝，彩虹在暴雨后绚烂，我在阴影中蜕变，变成一个健壮的、黝黑的少年，一个阳光的、认真的少年。

仰望蓝天，我仿佛看见我踏进了校园，口中喃喃道："你好，高中！"

👤 万老点评

如果不是因为你交的第一稿充满不和格式的网络语让我误以为你是下载的文章，这篇就排到前面去了。很真实而感人的成长蜕变记录！也是给你一个教训——细节决定成败！

起始月班级日志

经历了军训初期的班级组建，学生基本形成了比较好的行为习惯，具有严格的规则意识、坚强的意志、强烈的集体精神，班风整体积极向上。在开学之初需要做一系列引导，让学生把这些优良的品德和刚刚形成的良好班风加以巩固，才算得上是良好的开端。指导学生写班级日志，把班级每天的大小事记录下来，教学生如何理性思考日常的学习生活，是万博老师组建新班级的又一有效"法宝"。下面选取七则班级日志，看看原生态的带班记录。

班级日志七日谈

第一则　自由谈

2013年8月31日　天气：晴　值日班长：方玉珠

今天是高一第一学期学生报到的日子，牵着从前小伙伴的手，踏进了这熟悉的校园，开玩笑地喊了一句："好开心啊，来到了新的校园。"瞬间令我的小伙伴们受到了惊吓。不过，这的确是个说陌生不陌生、说熟悉不熟悉的地方，进入高中，很多东西都发生了改变，看着曾经我们的同学们都去到了各个班，竟不知用怎样的词语去形容这奇怪的感觉。

带着满心的期待走到了我们那特别的教室，看着凌乱不堪的普通课桌，我十分想大吼一句：说好的电脑呢？说好的特别定做的电脑桌呢？那种欢喜落空的感觉可真不好受！我们只好背起行囊另换场地，前往那华丽的翔宇报告厅。

在万妈问到明天住龙洞附近的同学可有愿意回来打扫卫生的时候，彭婉莹、黄丹敏、余寅实等都自愿地举起了手，然后又让陈建、王麟、余寅实、蔡俊贤他们帮忙搬行李和电脑，正好可以锻炼一下他们瘦弱的身体。后来，万妈开始点评我们的军训日记，接着又讲起了那个我们不愿意接受的事实——我们军训会演拿的一等奖是存有水分的！虽说我们没有吃到太多的苦，但我们都付出过努力，光是那一晚自动请求训练的时间，想起来让人有种幸福的感觉，而且万妈不知是不是读到了一个同学的日记中提到我当晚喊口令喊到喉咙都哑了，这让我小小地窃喜了一下，或许这就是所谓的在痛苦中寻找快乐吧！万妈提到了一个同学的例子，说是跟万妈诉苦的时候，却被万妈说这点苦算得了什么？（我会告诉你这个人是我吗？）万妈说，要想成为人中之龙，人中之凤就要承受得住委屈。若只是一点点无伤大雅的委屈那就不必极力求解释。就像她打的比方——捡起一片纸的三种不同的行为一样。所以我们必须要让自己的心强大起来，就像凤凰涅槃一样，这三年会遇到比以前更多的挫折、更多的委屈。但我相信，只要我们这个卓越一班手挽手，坚定自己的心，再大的困难我们照样能闯过去，也会在庆功宴上展示我们令人惊叹的成果！而且作为一名语文老师，万妈肯定会教给我们一些写作方法，如离题是写作文的一个大忌，写作文要文质兼美，多阅读、多积累。万妈讲完话后，丹敏、舒洁和我都跟着她上去打扫卫生，大部分男生都被指派去搬书了，在这里向搬书的你们表示崇高的敬意！

快结束的时候，丹敏向我们展现了她卓越的领导能力，有序地把繁多的课本发下去，洪亚茹小朋友作为传递者也是挺辛苦的，看着每个人都在为班级服务着，一种集体荣誉感油然而生。

杂记：作为第一篇班级日志的开启人，我感觉自己很有压力。一开始我是无从下手的，万妈说：你按照自己的想法写，明天再立规矩。这让我感觉更是一份荣耀。我相信，以后的值班班长会比我写得更好，下一次我也会写得更好！

包奕凯、陈耿东、刘宏虎、余寅实、张警城、罗佳丽、沙玮琪、唐珑毓没有按时加进QQ群，钟润钦、李东霖、陈建、王霖、李虎潼没有改群名片。

第二则　立规矩

2013年9月3日　天气：晴　值日班长：洪亚茹

万老师点评昨日方玉珠的日志，表扬她写得鲜活真切，也提出了班级日志的规矩。它不同于个人日记，是班级的青春回忆录；不是流水账的记录，是高质量的干货留存。尤其是对语文课的记录，必须详细突出。更提出三个三原则"三有三要三明"，即有真情、有栏目、有重点；要认真、要及时、要坚持；明是非、明主次、明奖惩。

今日新闻：英德市华海幼儿园一个5岁男童放学路上拾获装有3.7万巨款的钱包，第二天上学时如数交给所在幼儿园园长，通过园方找到了失主。男童拾金不昧的行为，传递着正能量，让人鼓舞，但失主竟连句感谢的话都不说，让人觉得遗憾和心寒。

各科趣事：今天语文课上，万老师批评我们不懂得如何鉴赏文章，练习册上的问答题没有经过自己的思考去完成，甚至有人都没有完成。万老师语重心长地跟我们说，我们要学会朝着抵抗力最大的路径走，要有探究精神。同时也要细心核对参考答案，发现错误要及时改正。万老师的一席话，我相信点醒了不少人，我们今后要学会独立地思考和探讨问题。随后，万老师让我们讨论《静女》和《氓》中的女主人公最后的命运。同学们纷纷展开了激烈的讨论。同学们从两篇文章中男、女主人公的性格来仔细分析。最终，同学们的意见趋向于两种，一是《静女》和《氓》中女主人公最后的命运相同，另外一种则是她们的命运完全不一致。公说公有理，婆说婆有理，最后我们也没有达成一致的意见。最终，万老师对两位女子的命运做了点评，她认为这两位女子最终的命运或许会重合一致。毕竟在当时社会男权至上的状况下，女子的地位是很卑微的。特别是当岁月流逝，女子的容貌渐渐老去。这节课上，我们不光讨论了两篇文章女主人公之后的命运，更和万老师一起深入讨论了爱情观。这是在之前的课堂上前所未有的，颇有新鲜感。同时，我们也学到不少回答问题的方法，如回答问题不蔓不枝、如何多角度地去分析问题、如何去思考、如何充分挑战自己的极限等。

奖惩记录：今天由于众多同学没有按时完成语文作业被老师惩罚，同时惩罚的还有我和另外一位科代表。因为我们没有及时把作业的信息反馈给同学，因此我们也要承担一部分责任。通过这件事我学会了明确自己的责任，要尽到自己应尽的责任。

周五总结：今天的总结大会上，我们讨论了很多事情。

1. 校运会的报名。许多同学都踊跃报名，有些同学还自告奋勇地报名1500米长跑，如李帅东、冯钰娴、罗佳丽等。还有同学争先报名了好几个项目。由于同学们的积极参与，使得报名工作很快就完成了。

2. 万老师让学习委员统计同学们一周完成作业所需时间，以及一周以来同学们的上课情况。同学们普遍反映：数学太难，老师讲得太快，跟不上老师的节奏；英语老师几乎全英文教学有点令人吃不消。希望下一周的组长能督促组员完成作业，及时检查组员作业并反馈给各科课代表。

3. 万老师批评我们做操懒散，完全凸显不出属于青少年的阳光活力。我们应该每做一件事就要做到最好，而不是这样随便马虎应对。这不是我们一班应有的姿态。

为了增强我们的体质，万老师特别要求我们从下周开始跑步。万老师要求住宿生每天早上6：00起床，6：30开始跑步；非住宿生则下午放学留下来跑步。

4. 万老师通知我们下周各项特色课程即将开课。周一的班会课改成雅思的实验课，而星期三的雅思课就改为班会课。

5. 万老师让方玉珠、郑榕雁、李东霖、吴舒洁来整理之前收集的班规，然后柴非凡负责斟酌字句、提供建议。万老师拟采用清华大学的校训作为我们班的班训："天行健，君子以自强不息；地势坤，君子以厚德载物。"希望我们能延续上一届一班的风采和精神。

6. 万老师布置罗佳丽设计班旗，包奕凯负责设计班徽。

今天一天感触不少。不光是学习上的，更是心灵上的。我很感谢万老师能跟我们一起探讨"爱情"这个敏感的话题，成为我们最知心的朋友和最亲密的老师，与我们共同进步，共同欢笑。

第三则　高标准，严要求
2013年9月6日　天气：晴　值日班长：柴非凡

国内新闻：国家主席习近平出席二十国集团（G20）领导人第八次峰会在俄罗斯圣彼得堡举行。

班级新闻：今天的语文课让我感受到了什么叫作高标准的要求。当语文课一开始，万老师严厉地批评了我们班的蔡俊贤同学。因为昨日，小蔡一开始的班级日志做得十分敷衍了事，而且在发送邮件时没有考虑到多种因素的影响。万老师说这就是做事对自己没有要求、不严谨的表现。而这些，不但会降低自己的水准，更会给他人带来很多麻烦。此后，万老师又查出有5名在群中至今没有改网名的同学，他们被老师罚做了50个俯卧撑。在我看来，这些微乎其微的小错误，却给他们带来了如此严重的后果，似乎真的有些让人出乎意料。但是仔细想想，其实万老师是想告诉大家做事要有条理和规划。不要一件小小的事情就一拖再拖，这样只会渐渐使自己养成丢三落四的习惯。而且，要有一种一次就能落实任务的决心和勇气。万老师再次强调，要让优秀成为习惯，要以高标准严格要求自己。既然我们身在一班，就一定要让这个班真正成为一个与众不同的班级。但是，她却在二班和三班的班级日志上感受到了他们的雄心壮志，二班和三班的同学要让自己班成为一派学霸的学风。她说，别看班上那么多八十九中升学上来的同学，如果不加把劲，可能将比不上外面考来的同学的潜力大。我听到后，感到压力很大，看来不只我们八十九中高一级，乃至广州市甚至广东省的高一级，他们都有着一种高中要努力拼搏的决心。这样的局势我们是绝对不可忽视的。万老师的话一针见血，让我们觉得压力倍增。但是，我们必须要直面现实。万老师说，上一届高一一班的同学第一次班会的主题是"生命的十字架"，这让人感受到一种"视死如归"的霸气。听到此处，我觉得老师其实以如此之高的要求来约束我们，是希望我们能够成为一个有责任心、有出息的人。

万老师说，让我们每人都写下一条班规，班规要以"修身立德，勤学立志"为主题来制订，要针对自己学习上的不足，勇于撕开自己、解剖自己，别人才会给予自己监督与帮助，才能真正看到自身的不足，取得进步。她说，上一届高一一班之所以可以创造出一个奇迹，就是因为同学们在一个钢铁般的班级中克服自身的弱点。我们班同样要创建一个钢铁般一班。

接着，万老师点评了我们班这次"全新的我"的演讲。陈建同学总结出的21天成就一个好习惯是十分值得赞赏的，他从对自己无约束再到能整理自己的内务，在空调屋里僵硬地睡了一晚。这对自己的挑战是十分大的。从中也看到陈建同学决心改变的坚定意志。刘宏虎同学做的事也是相当有挑战性的，并且十分有自己的创意。沙玮琪同学动手做了眼罩，但是与军训的关系不大，而且缝纫的艰难过程不够细腻，没有一个后续的计划。这些都是演讲不够精彩的原因。方玉珠同学做的事也能够表现出挑战性，但是口头语过多，同时她得出了"不要给自己贴标签"的结论。范世维同学"抬起头挺胸走路"则是对自我挑战不够，选材过于简单。盛德华同学选择了承担弟弟的功课，作为表率，在语言的组织上要加强。吴舒洁同学虽说选材比较简单，但是她十分有演讲天分，讲起话来落落大方。陈耿东同学为老人、小孩让座，挑战自我的力度不够。王霖同学选择看《简·爱》，但是看不下去，那么就应该找一些男孩子爱看的，适合自己阅读的名著去看。而我在这次演讲中则是开头过长，导致详略未分。

万老师说原来有一位同学，每天回家时用20分钟背单词，这样就既有条理，又节约了时间。在这次演讲比赛中，获得前五名的有李东霖、刘宏虎、吴舒洁、冯钰娴和我。当我在领奖时，我的内心感慨万千，其实与班上其他同学相比，我真的觉得自己做得并不好。同学们给了我如此高的分数，让我觉得有些惭愧。但是，这是同学们给我的鼓励，我也一定会继续做好自己，不辜负同学们的期望。

在今天的生物课上，同学们的想象力十分丰富。例如，陈建同学，当生物老师说到人体的染色体不能有任何不正常时，他就立刻想到："能不能把染色体进行人工改变。"生物老师说："人体那么多细胞怎么改。"他立刻说："在人还是受精卵时不就可以改吗？老师，如果改变人的第23对染色体，人会变成什么样？"班上同学立刻哄堂大笑，生物老师也忍不住笑了。又如，英语课上，英语老师说："如果你遇到像文中作者一样，因为和异性同学在一起学习被别人议论，你会怎么样？是和那位男同学不再交流吗？"当时我们班所有人都是选择继续和异性同学保持纯真友谊。陈建同学看到班上少了一些趣味性，于是他俏皮笑着地说："要是我，就不和女生交往了。"老师也笑着问他为什么，他用十分不流畅的英语回答道："Because we will hurt each other."班上同学再次哄堂大笑，连英语老师都笑得合不拢嘴了。我觉得陈建同学的思维是相当敏捷的，他的想象力也是十分让我佩服的。想象力就是科学发展的源泉。因为他，我们班增添了不少乐趣，他就是我们班的开心果！

中午，班上还召开了一个班服制选会议。大家积极发言，虽说到最后也没有下定论，不过大家都踊跃发言，十分精彩，班上也是笑声不断。下午，我们的万老师来到班上，再次告诫同学们"业精于勤荒于嬉，行成于思毁于随"。

这一天，万老师给我们提出了很多的批评和意见，我也真切地感受到万老师对我们的高度的负责与严格要求，同学们的热情可爱与敢于创新。让我对我们这个班充满了信心，我们都要向更高的目标发出挑战。

高一一班，加油！

第四则　管理好你的第二张脸

2013年9月10日　天气晴　值日班长：范世维

今天我学会的第一件事，就是怎样写字。也就是万老师所说的"管理好你的第二张脸"。从一开始接触万老师这个广东省名班主任开始，我就认为，如果我进入了她的这个班，肯定受益匪浅，万老师的优秀用只言片语是说不清的，从她对我们严格要求的程度来看就可以知道。万老师不仅仅想让我们获得优异的成绩，在生活细节上也要做到严谨对待。

记得以前自认为我的字不算好，但也不会差到哪里去，现在才知道，文字的奥妙如同浩瀚的宇宙，我学到的只不过是冰山一角而已！万老师讲道："文字的艺术讲究对称美，要结构匀称，笔画到位，收放有节。"我听后茅塞顿开，原来写字就好比做人做事，何为"结构均匀"？即做事要讲究完美。何为"笔画到位"？即做事要负责到底，不能半途而废。何为"收放有节"？即做事要有度，懂得该收就收，该放就放。按我的想法来说，这和练字有关。练字要求持之以恒不泄气！就是告诉我们要养成一个习惯也许只需要21天，但要改变一个习惯可能要一个月、半年，甚至足足365天也不奇怪，就看你能不能持之以恒了。改掉一个习惯真的非常难，好比戒烟一样，并不是说戒就戒。所以我们要做的就是持之以恒不言弃，不能让习惯主宰你的生活，而是你主宰习惯！

这就是万老师在教师节这个属于自己的节日中教给我的又一个人生哲理，但我不知道在教师节这天我做得够不够好！今天看着万老师在课堂上对我们既细心又严格的教导，让我想起了初中三年对我也是十分关心、耐心地教导我的各科老师们，真是百般滋味在心头。想起以前对老师的种种不理解、种种不服气；经常在老师背后说坏话，埋怨老师太过严格。这些现在在我看来就是我心智不成熟、十分幼稚的行为。我愿意在这个老师的节日里，将我心中的懊悔、心中的感恩、心中想要对老师说的千言万语，都寄予这篇班级日志中，表示对我的所有老师的感谢。

其实，我也明白，过去的终将成为过去，过去是不能改变的，但我可以把握未来。那么，把握未来靠什么？靠的是现在开始脚踏实地的学，持之以恒的练。

第五则 有趣的化学课堂

2013年9月11日 天气：晴朗 值日班长：陈耿东

一、语文课见闻

今天照常进行第二篇古文《氓》的学习。在学习之前，我们进行《氓》的小测。万老师叫吴舒洁和余寅实同学上讲台将答案写在黑板上。因为我们之中有大部分人没能很好地完成万老师的任务，认真看光碟，结果小测的结果令万老师很失望。万老师语重心长地说："学习是要靠自觉的，做任何事都要认真。如果你们把自己可以学会的知识掌握了，我在课堂上就不用浪费时间再去教简单的内容，这样就有更多的时间拓展丰富的课外知识了。"万老师毕竟是

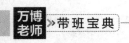

万老师，剖析问题如此彻底。我们需要自省。

二、化学课趣事

化学老师讲解卷子上的题目。吴老师教授我们做题的习惯：做题时，一看到题就尽量翻译成化学语言，对化学方程式或化学式，要见一个掌握一个，如碳酸钠同学、氯化钠同学……我们都笑了。

"倒吸现象"从字面上看是比较抽象的，但在吴老师生动地讲解下，使倒吸的概念注入我们的脑海：药物分子从试管注入装有反应液体的烧杯，如果你的视力好的话就可以看得见。药物分子还未和反应液体接触时，液体自己就去找药物分子了，结果药物分子供应不及，液体就往上去找药物分子了，这就是"倒吸"。

（汽油如果沾在了身上，不要着急，不要点火……）

三、奖惩记录

语文课上，李虎潼同学被抽检到背书，但他却不会背，被万老师罚抄书三遍。和李虎潼同学情况一样的还有包奕凯同学。

四、今日提点

1. 读古文不能拖泥带水，不要像念经一样，要加快语速。

2. 每个同学都要有一本语文积累本，积累更多的知识。（今天万老师让我们查找"载"的多音字。）

国际大事：2013年9月9日，俄罗斯提出"以化武换和平"倡议，叙利亚化武危机峰回路转。

第六则　感恩启蒙
2013年9月12日　天气：晴　值日班长：冯钰娴

一、每日大事

中国政府承诺降低中国东部地区的总体煤炭使用量，并表示要在全国范围内减少对煤炭的依赖。目前，中国领导人正在尽力缓解公众因空气污染不断上升的担忧。

二、每科趣事

英语课我们学唱了 *Just once last dance*。李东霖小组的PPT格外引人发笑。

三、语文课感想

有一位母亲，在吃鱼的时候，总喜欢把鱼肉让给儿子吃，而自己吃没有多少肉的鱼头。儿子问她："妈妈，你怎么不吃肉呢？"母亲说："儿子，你吃吧，妈只喜欢吃鱼头。"于是，儿子长大后，和女朋友请母亲吃饭，他点了一条鱼，第一件事就是把鱼头夹给母亲："妈，这是你爱吃的鱼头。"

母亲哭了，因为儿子不懂她。

听到万老师讲的这个故事，我差点掉眼泪，我为文中可怜的母亲而落泪。当初为了不让儿子内疚而撒谎，而如今儿子却把这善意的谎言当了真，儿子是真的单纯还是没心没肺？

我忽然想起我的妈妈，她也总不吃肉。因为我们家有三个小孩，所以肉一上桌就遭到疯抢。把好吃的都抢光了，妈妈则吃我们剩下的。有一次，弟弟一边往嘴里塞着肉，一边含糊地说："妈妈不爱吃肉，只爱吃骨头。"妈妈听了，也笑着说："是啊，妈妈不爱吃肉。"弟弟不懂，但是，比上文中的母亲幸运的是，我懂。可是，每当我打算"收敛"时，妈妈却不乐意了："多吃点，把身体长壮了，读好书，长大了再报答妈妈也不迟。"

母亲总是这样，无论做什么都为儿女着想，而忽略了自己。但很多人长大后，忘记了父母对自己的呵护，开始嫌他们落伍、老土，怕他们丢自己的脸。可怜的父母面对儿女的排斥，只能以一句"住不惯"独自生活，孤独终老。父母的悲哀，无异于曾经以自己为依靠的儿女在能够独自飞翔的时候，却不愿给年迈的他们一丝庇护。

当下的我们，要深思的是，如何回馈爱。

面对复杂的社会，我们害怕别人看出自己内心的脆弱，所以在不知不觉中就变得冷漠，认为别人对自己的爱都是应该的，父母对自己的爱都是理所当然的。渐渐地，我们不懂得关心他人。老师生病了，我们却没有一个人想到打个电话去问候一下她，这就是冷漠的表现。（对不起，老师！）感谢您，万老师，是您给我们上了这重要的人生启蒙课，让我们学会感恩，学会付出。

四、奖惩记录

王霖、陈耿东、李佳军做操不规范，做20个俯卧撑；李虎潼因患小病（轻微闹肚子）就请假不来上学，做50个俯卧撑，病好后再做。（我们是轻伤不下火线，离开的是逃兵，是懦夫。）

第七则　脑洞大开的语文课

2013年9月17日　天气：晴　值日班长：黄丹敏

人生没有彩排，每天都是现场直播！作为今天总制片人的我，光荣地肩负着使命。为了电影更精彩，为了电影更完美，我决定让不可能变为可能，让现场直播开始重播，让精彩重现！

"忙碌并快乐着的一天"。以前的我曾为了老师拖堂而哀声四起，以前的我曾为了逃课而沾沾自喜；但现在却完全是截然不同的感受，现在的我欣然接受了老师慷慨给予的课堂，现在的我十分乐意争分夺秒地学习。也许是因为自身的成长，也许是因为氛围的渲染，但是更多的是课堂的蜕变——它已不再是普普通通的老师讲学生听，而是充满趣味的、饱含魔力的、散发青春的课堂。

Mr Zhong的课堂真的是国际范十足：老师让我们每个人自我介绍，然后同为表演者的我们兼职评委，投出自己宝贵的一票（虽然大多是友情投票）。一提起友情票，我就不由得想起了周润钦，当唐珑毓报分数时，其他同学个个不是20票就是25票，只有他仅得了8票。我们当时就笑惨了。可见人缘是多么的重要，而周润钦的RP是多么的没节操。（哈哈哈，Mr Zhou你是时候该居安思危了，好好思考一下该如何提高RP指数，免得孤独终老啊！）

还有数学课，让我真正认识到我们班的同学原来是一群没见过世面的"乡巴佬"。今天学的是函数，老师特意使用了一个高级软件——几何画板。函数式一输入，函数图像就显现出来，还可以任意调动，使之。当老师拉动图像时，"啊，怎么是这样？""哇，还可以变。""老师，再重弄一遍。""老师，把它调到原点。"……各种声音不绝于耳。其实我们透露的不仅是土里土气，还有对知识的渴望，对优秀的执着！

拥有趣味课堂，也不乏思考的天堂。语文课上，万老师看似天马行空的教学却时常让我们脑洞大开。万老师从不拘泥于书本的内容，总在不经意间完成从《魂断蓝桥》到《洗澡》，从《史记》到《九歌》，从《悲惨世界》到《图兰朵》的自然转换……音乐、绘画、电影、歌剧、小说似乎都装在她的脑子里像个百宝箱，可以随时打开，激发了我们对阅读的憧憬和好奇心！神奇的是，不管神游多远，万老师都能神速地返回课堂，这样的语文课堂，教我们如何不爱呢？

"人生不被财富所左右，才能算得上真富有。"这是我今天积累的名言警句，我觉得用此来结尾恰到好处。至于剩下的思考我觉得应该留给大家，留给时间，留给生活！

第四章　励志帖　思辨窗

　　是非曲直的判定，是为人处世的重要能力。拥有判断是非之心，是做一个好人的首要前提。明辨是非、辩证思考、自我克制才是最好的安身立命之法。万博老师在带班过程中非常重视对学生思辨能力的培养，总能紧抓当下的热点话题或新闻让学生参与讨论，进行分析，在实践中提升自身的是非判断能力。

　　以下只是万老师带领学生进行的一次又一次针对时事、热帖、热点问题等进行思辨性讨论的一个案例。

　　励志与思辨——读《在哈佛读书的习明泽》热帖后的感悟

　　缘起：网上一份热帖，官二代、世界一流名校、励志……契合各种热点和思辨点。

　　布置任务：查资料、写评论，结合自身情况、社会现象进行深入思考，发表观点。

　　老师总结：

　　这是一个在网上流传很久的帖子，很是激励人心。尤其是正在求学却因压力大、学业繁重而牢骚满腹的孩子，看后大多会有所感触。同时这也是一篇有漏洞和瑕疵的帖子。个别内容明眼人一看就会觉得失真，故而也很适合检验孩子的辨识能力。看完孩子们的读后感，我很是欣慰。透过这篇帖子，我们看到孩子们挖掘出了潜伏在个体身上很强的惰性并竭力改之；更看到孩子们的思辨能力很强，懂得理性分析和认知事物，虽然语言稚拙甚至有些偏激，但是无论如何，这是值得高兴的。要想成为真正卓越的人，就需要付出巨大的、超乎常人的努力和坚持。期待你们能充实而有意义地度过每一天。当我们回首往事的时候，决不因碌碌无为而懊悔！

追寻之路——梦的终极

广州市第八十九中学2016届高一（1）班　李帅东

　　能让我感到绝望的必然也能使我充满希望，能让我看清现实的必然是尘封的幻梦，而能让我明白短暂生命的意义的，就必然是那无尽的追寻之路，真实而有意义的生活，到哪里去寻觅？梦的终极。

　　哈佛，离我确实遥远，以我从前的理解，它只存在于我的幻想中，憧憬之后，往往是遗憾和不屑。我甚至不去想，哈佛是什么？顶尖学府又算什么？仅仅是一个招牌么？然而，这篇文章却改变了我的看法，同时也几乎颠覆了我以往对"勤奋"的理解，凌晨4：00哈佛的图书馆灯火通明，寂静的餐厅书香弥漫，忙碌的课堂紧张激烈……这些景象不得不令我震惊，同时让我感到自己的努力是多么渺小，就算是囊萤映雪的车胤孙康，悬梁刺股的苏秦，在这里也会自愧不如吧！哈佛——不是名号，也不是荣耀，更不是招牌，它就是"勤奋"的代名词，在这里，"勤"是习俗，"苦"是风格，而夜以继日学习的哈佛学生则是在以一种踏实、深刻的态度诠释最宝贵的青春。

　　在看到生活在哈佛里那些学生的压力与痛苦，我心底除了惊诧外，更多的是一种喜悦与振奋，毕竟世上有这样一群人在用我曾经的设想实践着他们的人生，并且获得了成功。我曾经为自己的目标感到绝望，而在这一刻，这绝望却在继续升华，但并不是希望，在那一刻，我想感到绝望也挺好，感到绝望说明我并没有放弃，并且我还能在绝望里挣扎一番！看到他们的理念，我立刻觉察到我的思想、我的理念的残损，一些简单却嵌合我的生活的道理仍使我迷茫，这也就是为什么我总在为一些诸如"该不该努力，要不要成功"之类的问题而犹豫彷徨。另外，它在压力下产生了一股让人求之不得的力量——毅力。我们中考时面临的压力，除了化为成绩单上好看的数字之外便没什么了——至多是一种惨淡的经历而已。我深知这股力量在我的高中学习中是必须有的，而且不仅为了高考，还为了后面的那个梦。否则三年后我就什么也拿不出来，之后的追寻之路也会举步维艰。

　　给我以醍醐灌顶的感受还是这一段文字："让哈佛学子以苦为乐的是他们对所学领域的强烈的兴趣，还有就是哈佛学生心中燃烧的要在未来承担重要责任的使命感。"的确，只有不带功利的读书目标，才能在学海中游得畅快而久远，以苦为乐既不是口号，也不是境界，只是不带"功利"读书时的喜悦的状态。今后，我也必然要感受它并使之成为习惯。

　　看到了哈佛学子的学习状态和精神的冰山一角之后，我也开始思考我的梦，去联系这些品质背后的主导力量。是考上大学找个好工作？不，高考还不仅是我们的桎梏，我想起易中天说过："我们中国人，几千年来做了三个梦：天下梦、国家梦和个人梦。天下梦就是大同梦，国家梦就是强国梦，个人梦就是幸福梦。这些梦互为前提，彼此成全。"看完哈佛，我觉得只有"强国梦"是我能做而且有望实现的。因为我深知，只有个人理想与祖国命运联系在一起时，我才能获得更强大的力量。

打开奇迹之门

广州市第八十九中学2016届高一（1）班　柴非凡

当奇迹般地打开了属于自己的成功之门时，殊不知，此时的自己已成了一个奇迹。

——题记

　　曾经在中考的前几日，总是孤灯一盏，清风为伴；星星垂落，冷雨相随，因为这些，认为自己为了学业似乎已经吃尽了治学之苦，受尽了学习之累。可是，今日面对这些哈佛学生，我自愧不如。我所付出的与他们相比就是"寄蜉蝣于天地，渺沧海之一粟"。他们不分昼夜地学习，哪怕在我们看来吃饭这些琐碎的时间，他们也绝不放过，他们注重的是精神食粮。深夜的宁静，带来的不是睡意，是哈佛学生在书中全身心地沉浸。他们随处皆可读，在他们看来处处都是图书馆，而他们，也成了一座"图书馆"。栖身之所，便是他们此时的读书之地。他们真正做到了学得忘我的境界。

　　这也是为何哈佛培养出了33位诺贝尔奖获得者，以及7位美国总统。正如孟子所说："天将降大任于斯人也，必将苦其心志，劳其筋骨，饿其体肤，空乏其身，行拂乱其所为，所以动心忍性，增益其所不能。"首先，凡成就大事者，必拥有坚韧不拔之志，受人所不能受之苦，对理想锲而不舍的追逐。其次，要有一颗平静的心，不骄不躁，不要带有急功近利的心去面对学习，学习会成就你的人生，但追名逐利绝不是学习的真谛。哪怕此刻脚踏荆棘之路，亦是心如止水，稳如泰山。最后，要有乐业的精神，兴趣是最好的老师，怀着一种兴趣去学，就会达到一个忘我的层次，唯有忘我，才能忘掉杂念。

　　哈佛学生的身上还流露出朴素的美。在哈佛校园里，从不见华贵服饰，不见LV包，不见穿着名牌的教授、学生，不见豪车接美女，不见晃里晃荡……只有匆匆的脚步，坚实地写下人生的起步。而我们的周围，哪怕中学又有多少同学以追求名牌为自己的"光荣使命"。其实，美的定义就如文章一样，一目了然的文章绝不至于流传千古，有内涵、有深度才可在青史上永垂不朽。同样，一个人真正能吸引他人的，不是他华丽的外表，而是那由内而外散发出来的人格魅力。

我们常常推崇知足者常乐，而在学习上，我们要提倡"贪"。贪学，做到存于此岸而心无岸。若是只学下了一点点就已经满足，又如何能看到那浩瀚无垠的学海，也就永远无法在神圣的知识殿堂之中求得真经。终究只不过是一只井底之蛙而已。不知足于所学，才会如饥似渴地探索。只有那些研究者不知足于如今的科技现状，才会开辟新的里程碑。稳定的发展，一定离不开"贪"的理念。不能做到与时俱进就会被时代淘汰。而我们要做到与时俱进唯一的方法就是学习，学习，再学习。切莫认为考试就是学习的尽头，它只是促进学习的一种手段。我们可以将考试视为目标，但绝对不是终极目的。我们所说的终身学习不是口号，知识不会因为一个人生命的消失而消失，可一个人的生命却可以因为知识而焕发光彩。

然而，如果一个人只是不断地学习，没有创新精神，那么他只能成为学习的奴隶，以至于学了一生也不曾有过成就。"非学无以广才"，"才"的形成，不但要有书中的精髓，还要有自身独到的感悟和对于"学"的实践。哈佛大学每堂课都要提前做好大量准备，课前准备充分，上课时要与人交流，分享个人思想，否则，你就无法融入课堂。每堂课学生都要记录发言成绩，占到总成绩的50%。这样就强制性地让学生发扬这种创新精神。美国对于创新精神从娃娃抓起。就如文章中所说"美国小学是知识的吝啬鬼，严格限制孩子得到知识的数量，一个月只允许孩子得到一个知识，孩子每得到一个知识都需要付出很多汗水和辛苦。在这个过程中，动手、思考和感悟比知识本身更重要，孩子对知识总是有渴望的感觉"。正因为如此，才会让这些孩子明确知识的来之不易，孩子也会更加珍惜获取的每一个知识。无形中也就养成了敢于实践的能力。

其实，我们是否应该借鉴一下美国的教育方式，不要急于灌输给孩子们那么多知识，让他们拥有更多的时间去玩，从玩中学到知识。沉重的书包，高度的近视眼镜，成天钻研永远做不完的试题，也未曾在诺贝尔奖名单中出现他们的名字。学是一定要的，但是要在正确的时期做此时该做的事。童年是美好的，这个时期应该给孩子们灌输一种创新的意识。

打开奇迹之门，则打开劳累、苦涩、孤独之门。读完这篇文章，我不禁觉得，创造奇迹固然伟大，然而创造奇迹的人更值得人膜拜和敬仰。在我的脑海里，想象着这样一幅画面：雨过初凉，夜深人静，轻轻地，似乎有人叩响这奇迹之门。回眸一望，正是我中华民族千千万万的求知学子！

活在学习之外

广州市八十九中学2016届高一（1）班　李虎潼

哈佛，一所培养了33个诺贝尔奖获得者、7个总统的大学。正如无数资料里形容的那样，这是一所不眠的大学，它的每一处都会是教室、图书馆。许多人因此觉得只要我一直在学习，每天学习22个小时，我就能像哈佛的人一样走向成功的道路。但是我们却忽略了一个重要的东西——兴趣。

你不可能对你所做的所有事感兴趣，但如果你对某件事感兴趣，则一定会做得很好。无数老师也说过：你们想做什么，跟我们让你做什么的效果是完全不一样的。

再看看哈佛的学生，他们每天通宵不眠、挑灯夜战，不仅仅是因为学习压力大，更因为他们对学习的热情和兴趣，而这种精神在中国历史上也曾出现，苏秦悬梁刺股、车胤孙康囊萤映雪，都是凭借着对学习的兴趣支撑下来的。而这种精神在中国已是少之又少，试问班上的同学：有人能为了学习通宵不眠吗？恐怕没有吧！但我总是会看到某某同学在凌晨两点转了几条微博、发了某条微信……这说明熬夜大家都没问题，但为什么没有人去为了学习而熬夜呢？无非就是对学习没兴趣！但很少有人想过，为什么我们对学习没有兴趣？

说实话，我觉得现在的我们就只是为了高考、为了考上大学而活着。这样的我们就好像深陷在名为学习的泥沼里，无法自拔。高中三年，难道除了学习就没有其他东西了吗？哈佛的学生则正好相反，他们比我们还要艰苦得多，他们是在名为知识的海洋中畅游，随心所欲。如果说，泥沼与大海中的水是知识的话，我们是在临死前被迫灌进去的，而他们是为了品尝大自然的智慧结晶而自愿喝下去的。这样的我们如何去发现学习的乐趣？而哈佛的学生们则早已站在学习之外，细心观摩着学习带给的幸福感，只有了解这种幸福感，我们才会真正对学习感兴趣。

　　哈佛图书馆的墙上有一句话：学习只是生活的一部分，要是你连这一部分都征服不了，你要怎样征服生活？要征服学习，我们便不能被学习中的荆棘缠住脚步，要在一点一滴中发现学习的魅力，这样才能活在学习之外。

日成一事

广州市第八十九中学2016届高一（1）班　彭婉莹

　　"有志者事竟成。"哈佛每日都把这个"事"完成到极致，所以才会有如此多的精英产生。"事"不是让我们去做大事，而是每日的小事都完成得井井有条，没有疏漏。

　　在哈佛的每一天，都会让人无法感到停息。每个人书不离手，不论是吃饭还是生病，他们都能废寝忘食、夜以继日地阅读。深夜，图书馆依旧是灯火通明。每日都非常苦，非常累、睡觉的时间只有1～2小时，可他们每天坚持阅读，日积月累，阅读量大得令常人无法想象。他们的知识面不断扩大，各方面的能力都不断提升。假以时日，一个个精英便诞生了。阅读，便是他们的每日一事。

　　在我们还荒废时间的时候，回头一看，人家已经把我们甩得远远的了。我们虽然不是大学生，但是仔细思考，我们何尝不是这样呢？我们做的每一件事是否都是认认真真地把它做到最好，做事是否都会严格要求自己。在未来的高中三年，每一日都是非常忙碌，我们更加不能浪费时间。我们要学习哈佛学生，不一定要以自己的健康为代价，我们只要把每日该做的事情完美地完成，坚持日成一事。学习，就要学明白，不要不会的就跳过；做事，不要疏忽细节，要慎行，处事从容淡定。我们要学会合理安排好时间，自主管理，速度和质量相应提高，以完美为标准。久而久之，会发现自己的潜能和变化，是无法想象的。

　　有人可能会说，如果天天对自己都是高要求，太苛刻、太辛苦了，偷懒一下都不行。是的，学习的确是很辛苦的，可是若这一点苦都坚持不了，何成大事。要知道，安逸和痛苦不可得兼，现在的痛苦是暂时的，未来却是美好的。愚公移山、精卫填海，古人的事例告诉我们，所有的成功都是一点一滴积累和磨炼出来的，积累需要每天的努力和坚持。比尔·盖茨、李嘉诚的成功，正是最好的证明，因此没有哪个人的成功是一蹴而就的。即使我们与哈佛的学生相比相差甚远。我要想成为一个精英，就必须开始日成一事。虽然比较晚才悟到，不过经过坚持，每日自我提醒，以在军训学到的精神践行，我相信终有一日，我也能成功！

日成一事，使我们养成好的习惯，让我们在积累中不断飞跃。在奔跑的路上，回头再看，自己早已把别人甩得远远了。

哈佛予我之启

广州市第八十九中学2016届高一（1）班　蔡俊贤

看了一篇写哈佛学生的学习状态的文章不下3遍，心中多多少少有些想法。

哈佛的图书馆每天不论什么时候都是座无虚席，凌晨4：00都还灯火通明；在餐厅、在医院里，没有一个人不是在看书学习的，哈佛的餐厅只不过是一个可以吃东西的图书馆。我即使没有亲眼见到，也能想象出哈佛大学里学习氛围的浓厚。是什么支持着哈佛的学生不分昼夜地学习呢？我想，是他们对学习的兴趣驱使着他们去阅读、记录、汲取知识。一个人如果有强烈的愿望去做一件事的时候是不会感到困的，我曾经为了观看英仙座流星雨，一个晚上没睡觉，体会过那种激情，也许正是这种激情支持着哈佛的学生。

有的学生在上课时想睡觉，有的老师会说是自己讲课不够精彩，但主要原因是学生对这个学科的学习兴趣不够，没有"只要有新知识，不论如何都要学到"的激情。兴趣是最好的老师。我认为每个学科都有吸引自己的一点，把握住这一点，学起来自然就轻松多了。

哈佛的学生不只对学习有浓厚的兴趣，还有为之付出的努力。世界上没有多少天才，而成功人士却多得很。要在成功之路上行走，免不了要付出多于常人的努力。

成功的路上除了兴趣和不懈的努力外，还需要一些压力。哈佛学生的压力源于自己，还有来自学校的淘汰制度。我们不会因为考试不及格而被休学，那么我们就要自己给自己一点儿压力。排名、分数、理想，都是压力的来源。优秀的人才应该知道如何疏导这些压力。

哈佛图书馆的墙上有这样一句话：谁也不能随随便便成功，它来自彻底的自我管理和毅力。开学前万老师强调过一个词：自律。对我来说，高考之后并不是终点，因此，高中的三年更应付出更多，积蓄能量，为理想奋斗！

让实力榨干水分

广州市第八十九中学2016届高一（1）班　吴舒洁

　　我刚刚读了关于哈佛人在校刻苦读书的帖子，有些惊叹，有些讶异，有些振奋，百感交集。

　　哈佛图书馆的训言写道：谁也不能随随便便成功，它来自彻底的自我管理和毅力。它告诫我们：我们应该成为自律的人。哈佛学生在心中燃烧起要在未来承担重要责任的使命感，这正是使他们自律、为之奋斗的无限动力。我觉得我们也要燃烧起这样的斗志。从小的方面来说，我们现在所有的奋斗，都是为了自己未来通往成功的积淀。从大的方面来讲，就像万老师说的那样，我们这些人一定要成为八十九中学改变历史的一届。这样的责任，不管是来自于主动还是被动，既然放在我们肩上，我们就应该努力地去承担、去完成。再往大的说，我们这一代人的身上，还肩负着中华民族伟大复兴的历史重任。这说起来好像有点抽象，其实也就是要求我们每个人在各自的领域有所作为、有所贡献，为祖国的建设与发展竭尽所能。而这一切的一切，需要的正是现在的我们燃烧起斗志，更加自律，从一点一滴做起，刻苦奋斗，严于律己，一步一个脚印，从而走向通往成功的道路。这样的使命感听起来似乎是一种重重的压力，但是没有压力就没有动力，不是吗？

　　我们燃烧起这样的使命感便是成功的一半，然而这是不够的。有了想法，还要实践。我们要想变得强大就要努力学习。唯有知识是填充我们每个人精神世界的丰富养料。它培养我们的气质，丰富我们的内涵，教会我们做人，指引成功的方向。知识填充我们的实力。现在我们班的同学在年级里多多少少会让某些同学不服气，这是我们大家都不可否认的现实。然而进了这个班，自然就要做好面对这些压力的准备。现在的我们确实不够好。万老师说：水分要用实力榨干。我很赞同这句话。所以，为了擦亮我们"国际创新班"的招牌，我想做得更好。经得起多大的赞美，就能受得住多大的不满。当我们变得更好，那些异议自然会就会消失。所以，我们要抓紧时间学得更多，增强自己的实力，让自己变得更加强大。

然而，学习的过程既是孤独的，也是痛苦的。哈佛的另类图书馆让我想起了暑假我们在北京大学（以下简称"北大"）参观时，学姐介绍北大图书馆时说：每天早上8：00以前图书馆的座位就会被学生们占满，他们会在里面学习一整天。当时我便不由得惊叹，北大学生的学习压力可真大啊！这样紧张的学习氛围，学生应该会很痛苦吧！而今看来，相较于哈佛的学生来说，这简直是小巫见大巫！看了文章以后，也就不觉得这些在学习的学生会很痛苦了。因为我突然明白，每件事情都有它的两面性，在有些人眼里，哈佛学生那种没日没夜的学习，是一种痛苦。但在哈佛人眼里，他们在自己感兴趣的领域里求知、探索，填充着自己对知识的无限欲望，这自然是他们的快乐之源，这便是他们在学习里以苦为乐的吃苦精神啊！这也正是我们需要学习的。

现在我们要做的就是，燃烧起改变历史的使命感，努力学习，让自己变得更强大，以苦为乐，感受学习旅途中的快乐！努力学习，成为更加强大的我们，用实力说话，让实力榨干水分！

学习苦？乐！

广州市第八十九中学2016届高一（1）班　周杰

也许现在很多学生都觉得学习生活很苦。说到苦，也可以这么说，学生上学总是起得比大部分人早，放学也是伴着下班的高峰，而且学生还总是要面临考试带来的压力。但是，在我今天读过了哈佛学生的学习经历后，我对苦的理解彻底改变了。

哈佛的图书馆在凌晨4：00依旧灯火通明，里面坐满了安安静静看书的学生，难道是有什么人在逼他们吗？当然不是，是哈佛学生对知识的渴望。

中国的大部分家长向来都是灌输一种错误的思想：只要考上大学就轻松了。所以大多数中国的孩子过了高考就像过了九九八十一难一样。这也就表明，我们中国的孩子是在被迫中学习的，他们都想早点得到解放。于是上到大学，呈现的景象不尽如人意。为什么我就不能去追寻知识，去渴望知识，去将学习知识作为一种乐趣呢？古人说的好：学海无涯苦作舟。学习的海洋是无止境的，我们应该在这片大海中以学习为乐。哈佛里面有句话说得好：学习时的痛苦是暂时的，未学到的痛苦是终生的。为何我们不能忍受现在的痛苦，以换取未来的快乐呢？

知识对我们有益无害，我们应该要以乐观的心态去学习知识，去主动学习知识。风雨之后见彩虹，不在风雨中取乐，如何去迎接彩虹后更炫丽的阳光？

要有经营一座不夜城的决心

广州市八十九中学2016届高一（1）班　郑榕雁

　　总是听人提及哈佛大学，我当下心里蹦出来的第一个印象便是"世界上排名第一的大学"，但是我对哈佛大学的认知也就仅限于此，并未真正了解过在哈佛大学学习的生活。最近看过这样一篇文章，我才知道在哈佛大学读书的学子一个个都学出了很高的境界，他们的学习量是中国大学生学习量的很多倍，这样一个令人咋舌的学习量，我感觉他们应该是很淡然地说出来的，只因他们有着以苦为乐、肯吃苦的精神。文章中提到的谢娟说"哈佛大学是一个不夜城"。此不夜城非彼不夜城，此不夜城是建立在学习生活中的，是哈佛大学学子们天天挑灯共同经营着的这样一座"不夜城"，他们并没有全校通知统一一起经营，而是下意识地去学习，这样一个不是事先约定好的"学习会"足以证实哈佛学子对知识的热烈渴望和不约而同地追求知识的目的。

　　我很崇尚哈佛学子们所拥有的以苦为乐、肯吃苦的精神，这样的一种精神无论是在学习上，还是在生活中都是极其被需要的。他们把这样一种精神以刻苦学习的行为真真切切地寄托在学习上，说大话传言能够做到这种精神的人很多，但是真正去实践的人却很少。因此我要监督自己在未来三年的学习过程中，发扬刻苦学习的精神。

　　想到未来三年，我将要和同在"国际创新班"的同学们共同坐在一个课室里，开始新一轮的求学旅程。"国际创新班"，顾名思义，在这个班的其他同学一定也是学习上的佼佼者，他们一定也有着对知识的渴望，他们一定也希望能够在学业上取得成功，他们一定在心中也已下定决心要努力考上很棒的大学以获得更多的知识。这些也许跟哈佛大学学子的目的相似，所以在学习上，我们也应该有着随时经营起一座学习中的"不夜城"的决心。哈佛大学的"不夜城"是整个哈佛大学的许多学子构筑成的，但是我们的"不夜城"却只能是30来人构筑成的小型"不夜城"，这却也是属于我们的"不夜城"。想到未来三年我将和同学们一起在灯光下或阳光下经营着这样一座城市，我的内心不禁开始兴奋起来，同时，我的内心也构想起属于我们一班的学习上的"不夜城"。我也很希望在一班的同学能够一起努力学习，我还暗暗下定决心，一定要随时带着以苦为乐、肯吃苦的精神来经营一座"不夜城"的准备和决心。

为什么不回来读书

广州市八十九中学2016届高一（1）班　张警城

国外的好学府，一定有什么吸引人的地方，虽然我也许没有机会亲自去看一看哈佛大学的真容，但网上对其学风有着描述：凌晨时候的图书馆灯火通明，那是学生们在孜孜不倦地看书；餐厅也是用来看书的地方，除了听到咀嚼声之外，还有翻书声。

这似乎与我国"国情"不合。小时候，老师、家长们总要告诫我们，初中是重要的，高中是重要的，等到了大学你才能玩开一点。因此，看得到大多数人来到大学只为拿一个毕业证。可以说这是一种悲哀。

我们上学所学习的东西，不完全只是用来应付考试的，而是来满足人类天生的求知欲——探索发现这个世界，探索发现我们自身，并且尽可能运用到生活实际当中的。大学生正是要步入社会的人，按理来说，他们应该更多去学习创造而不是荒废时光。在考大学前拼死拼活，考大学后随心所欲的生活是不可取的。

但是，我们并不一定非得等到能享受到哈佛大学的那一刻。这所学校里面的学生如此刻苦，单单这一点，我们就应该清楚学习不仅仅是为了应付中考、高考之类的考试，而是20岁、30岁之后仍然要保持的一种习惯。

我想，能一整天都坐在图书馆里的人一定很幸福，为自己的理想而奋斗的感觉是最充实的。我们需要摒弃当下社会的浮躁风气，静下心来去看书、去实践。这里插一个故事：

一个富翁看到一个贫穷的渔者在钓鱼，问他："你为什么不去做点事情赚钱？"渔者回答道："为什么要赚钱？"富翁说："为了追求理想的生活！"

只见渔者答道："钓鱼正是我理想的生活！"

这其实是不对的，渔者的幸福生活完全没有牢靠的经济基础，这种生活随

162

时可能结束。但是富翁就毫无顾忌，因为他通过自己的努力使自己的生活真正有保障。对于学习，我们也应该持有像富翁一样的态度。不管我们的教育环境如何，我们刻苦去学习不是因为我们傻，而是为了以后能够很好地应对各种危机。

"可怕"背后的汗水

广州市第八十九中学2016届高一（1）班　唐珑毓

在万老师推荐这篇文章之前，我就已经在一本杂志上阅读过。记得它的原名是《可怕的哈佛，可敬的哈佛》。让人感到"可怕"的是，能考上哈佛这所名校的人一定是万里挑一、天资过人，但他们甚至比其他普通大学的人还要努力。那么，大学毕业后的他们与普通大学毕业生的差距就更大了。

这篇文章揭露了一个残酷的事实，这让我有了危机感。当别人在彻夜读书时，我们在温暖的被窝里呼呼大睡；当别人手捧书本在吃饭时，我们却在嫌弃饭菜不好吃，在闲聊无用的事情；当别人即使一天只能睡两个小时却依然以苦为乐时，我们因稍微布置多了的作业在抱怨，甚至抄袭他人的作业。哈佛的学生也是凡人，他们不是神。哈佛里也有一些天资一般，靠后天的努力考上的学生。他们如今的成就也是通过自己的努力得来的。我们明明知道这一点，却把哈佛的学生归于学霸、天才一类。徒有羡慕他们的想法却不像他们一样努力。哈佛的学生有理想、有追求且不懈努力，最后成为各个领域的佼佼者。而我们却庸庸碌碌地混日子。人与人之间的差距，最小的是智商，最大的是毅力。

惊讶下的敬佩，敬佩外的羞愧

广州市第八十九中学2016届高一（1）班　洪亚茹

今天读了万老师推荐的一篇文章，这是一篇关于描述哈佛大学学生废寝忘食的学习状态的文章。在细细浏览全文后，我不禁觉得讶异，惊讶之余也对哈佛学生充满了敬佩，同时也心生羞愧。

首先，令我惊讶的是哈佛校内浓浓的学习氛围。哈佛学子们无时无刻不在抓紧机会学习，不管是在吃饭时，抑或是候诊时，无一人不在阅读或记录。哈佛学子的学习是不分昼夜的，他们争分夺秒地汲取知识、充实自己。他们在学习上可以说是达到了一种忘我的境界，他们是用全身心投入到学习中。在读这篇文章以前，我是完全不知道也不相信哈佛大学的学生竟是如此刻苦好学。我一直以为哈佛学子是极其悠闲的。他们都有着聪明的头脑，可以不费吹灰之力完成学业，大部分时间都做自己喜爱的事，毕竟哈佛大学可是世界一流的高等学府，想必学生也是极其聪明的。

读了这篇文章后，我才知道我完全错了！直到今天，我才知道，原来哈佛学子并不是虚度光阴，他们远比我们要勤奋刻苦得多。他们没有因为名牌大学生的身份而沾沾自喜，对他们来说，哈佛或许只是一种象征，更是一种证明，证明自己的意志力、毅力、抱负的一种途径。他们用大学时光充实自己，积蓄自己的力量，这就是为什么美国的科技人才居于世界前列。哈佛学子这种忘我的求学态度令我敬佩不已，值得我去深思，去学习。但除了敬佩外，更多的是羞愧。老实说，我恰恰缺乏这种忘我的学习精神，学习时偶有分心、开小差。而且我也远不如他们这么绞尽脑汁地去学习，虽然我自认还算比较勤奋，但和他们比起来真是小巫见大巫，相形见绌。我自觉自己没有过人的天赋，只是一介凡人，只能通过努力来达到我所追求的目标。今天看了这篇文章才发现，真正的精英不一定都是天才，但一定是付出了更多努力的人。哈佛学子就是活生生的例子，他们比我要有天赋，却远比我要勤奋、认真，我真是自愧不如！

美国的教育则令我佩服、赞叹。美国的教育注重对思维的培养，注重学生对知识的实际运用能力。虽然教得不多，但学生们悟出了不少，所以最终学到的不比中国学生少。正是两国教育体制的差异，造就了中美两国学生在创造力、社交能力及其他一些方面的差异。

我也从这篇文章中学到：今天的工作不要扔到明天再做。正如哈佛图书馆墙上的训言："勿将今日之事拖到明日"。也就是古话所说的"今日事今日毕"。"觉得为时已晚的时候，恰恰是最早的时候"，这句训言对我的用处是极深的。我经常觉得为时已晚，便放弃了原有的计划。还有"谁也不能随随便便成功，它来自彻底的自我管理和毅力"，这句话对我的自律是极大的勉励。给我最大冲击的便是哈佛学子以苦为乐的精神。我也要学会乐观面对困难，学会在困难中成长。

今天才真正了解到自己是那么的狭隘，自己离优秀还很远。作为精英的哈佛学子没有以玩乐度日，而是利用一切机会充实自己。作为中国的学生，我们更应该抓紧时间，不要在回忆往事时，因虚度光阴而悔恨，因碌碌无为而羞愧。为祖国争一口气，也为自己争一口气！

此"天才"非彼"天才"

广州市第八十九中学2016届高一（1）班 张荣龙

真正的精英并不是天才，而是要付出更多努力的人。

——题记

　　餐厅里，几乎听不到说话的声音，每个学生端着比萨、可乐坐下后，边吃边看书或是边做笔记；医院里，同样宁静，不管有多少在候诊的人也无一人说话，无一人不在阅读或记录。这样的情景我在以前根本无法想象，但在我阅读过《在哈佛读书的习明泽》这篇帖子后，我才知道，在哈佛的校园中，这是再寻常不过的情景了。

　　正如文中所述，一直以来，我都认为大学生活是比较自在的，但哈佛的大学生活把我拖回了现实，在哈佛的校园里，学生的学习是不分白天和黑夜的，每一个场所都有人在学习。当中国的大学生在干自己喜欢的事的时候，美国的学生们都在努力地汲取知识，这或许是我国科技与美国相差60年的原因之一吧！就好比在人生的道路上，你在原地休息，可别人却在拼命向前走，或许在你休息的时候他还在你身后，但你继续前进的时候，他早已走在你的前方。因此，我们不能原地踏步，我们的目标并不只是高考，高考只是我们人生中的一道关卡而已，我们要做的也只是跨过它，然后继续前进。中国有一句古话："活到老，学到老。"哈佛的学生就印证了这句古话。

　　有不少人说哈佛的学生大多是天才，没错，我认为他们的确是天才！但并非是他们天生就比别人聪明，他们是努力的"天才"。爱迪生说过："天才是1%的灵感，99%的汗水。"只要我们肯努力，人人都有可能是精英。不过，现实是往往很少人能做到。哈佛的学生爱学习，是因为他们懂得书是天才留给人类的遗产，他们有着如同三岁小朋友一般强烈的求知欲，他们在看书上花了许多时间。

　　哈佛的学生改变了我对学习的想法，我不再是只为了高考而学习，而是为了自己的成长在学习。也许是人生观的不同，我并不完全赞同哈佛学生的做法，他们可以用整个大学生活去看书，可我不能。因为我有梦想，我有许多等待我去完成的其他的事，人生是丰富多彩的，我的人生绝对不只是学习！

苦茶·人生

广州市第八十九中学2013届高一（1）班　沙玮琪

人生就像一杯茶，不会苦一辈子，但总会苦一阵子。

——题记

　　我一直以为大学生活很轻松，但那仅限于中国的大学。哈佛学子的生活真是颠覆了我对大学生活的看法——在哈佛，学生的学习是不分白天和黑夜的。在美国，在哈佛这样的名校，学生的压力是很大的。他们习惯一边啃面包一边看书做笔记，餐厅不过是一个可以吃东西的图书馆；而图书馆更是在凌晨4：00仍灯火通明、座无虚席，校园内随处可见累得倒头就睡的人。和中国的大学生活相比起来，哈佛的生活如同炼狱。

　　最值得我们学习的是哈佛人的精神——为梦想努力拼搏、不浪费一分一秒的执着的精神，怕被别人赶超、步步争先的意识，以苦为乐、乐在其中的心态。有句话说："伟人所达到并保持的高度，并不是一飞就到的。而是他们在同伴们都睡着的时候，一步步艰辛地向上攀爬的"。这句话就是哈佛人的写照。他们可以凌晨4：00还待在图书馆，也可以为了选修的哪门课一天只睡两小时，他们所要付出的苦是我们常人想象不到的。在哈佛，"征服学习"是每个人的口号。"时间就像一张网，你撒在哪里，你的收获就在哪里"，要想变得强大就需要学习得更多，为此，哈佛的课程安排多而且紧张。哈佛一周的阅读量是北大一年的阅读量，哈佛的博士生可能每3天要啃下一本大书，每本几百页，还要提交阅读报告。在校园内所有人都是步履匆匆，没有闲庭散步的人。这里的一切都在向世人证明着：真正的精英并不是天才，都是要付出更多努力的人。

　　有舍才有得，哈佛人舍弃了安逸悠闲的生活，获得了成就。哈佛产生的诺贝尔奖得主有33位，美国总统有7位。所以，国内才会有许多人想考到国外，尽管学习强度大，尽管睡眠很少，尽管更辛苦。但不可否认的是，哈佛人真的很优秀。

我们班是卓越一班。我们要获得卓越的成就，就必须吃苦。像这几天，还没开学，万老师就布置了好几篇作文，这难道不是对我们的历练？其实，看到哈佛学子的生活，我才知道我们这根本不算什么，真正的磨炼还没开始呢！我要学习哈佛人的精神，要学会以苦为乐，坚持下去，一定会有收获的。

人生不就像茶一样吗？刚喝下时是苦的，但忍耐一会儿，舌尖就会尝到淡淡的甘甜。

请享受无法回避的痛苦

广州市第八十九中学2016届高一（1）班　　冯钰娴

世人都赞叹珍珠的光芒和美丽，但有谁想到一只蚌在孕育珍珠的过程中会承受着怎样的痛苦呢？

一颗沙砾，粗糙坚硬，平淡无奇，毫不起眼，可能永远都不会被人注意，可是这颗沙砾，凑巧掉进了张开的蚌壳中，从此开始了不一般的命运。

蚌肉的柔软，是无与伦比的，因为有了肉质，它比水更柔情。

因为这颗沙砾，蚌的生命也有了新的、不同寻常的意义。闯入蚌壳的坚硬粗糙的沙砾像一把不规则的刀，突然给这个柔软安宁的世界带去新鲜的、尖锐的痛楚，划破了一个完整的世界。

这个在蚌壳之内却又在肉体之外的沙砾，身处这个天堂般的陌生的世界，它已没有了自己的命运，它被包裹着，被滋润着，它的坚硬和粗糙展现着一种隔绝外界的力量。

这只包裹着一颗沙砾的蚌，外表和别的蚌没有什么差别，但是只有它自己知道，它已经不再和别人一样。痛苦已经在体内，永远无法摆脱。

命运的不可抗拒，还有谁比它更懂。

忍受别无选择，痛苦无处逃避。

时间因此而显得格外漫长，命运似乎永远不能改变。

一切似乎都已定格成永恒！

一只含着沙砾的蚌的漫长痛苦在永恒的时间面前是微不足道的。时间被物质隔成了无数段，在这段时间的尽头里，一名渔夫在打开蚌壳的时候发现，当年坚硬且粗糙的沙砾在它折磨着的蚌的身体里已经变成了圆润而又闪烁着光泽的洁白的珍珠！

在此之前，谁会想到一只平淡无奇的蚌的体内，会有如此至宝？如果那只蚌在最初沙砾进入体内时就忍受不了痛苦而自暴自弃，恐怕它永远都只能是平淡无奇的了。我们就好似一只只蚌，总会有一颗"沙砾"闯进我们平静的生活中，有人承受不住苦难而放弃努力，从此平凡的生活；有人享受苦难而使自己的人生开启了不平凡的旅程。

人生充满坎坷。成就事业的人，都是能够经得起磨难与考验的人，都是敢于面对自己苦难的人。

"宝剑锋从磨砺出，梅花香自苦寒来"。我想，哈佛学子就很好地为我们印证了这个道理。在哈佛，学生的学习是不分白天和黑夜的。随处可以看到睡觉的人，甚至在食堂的长椅上也有人在睡觉。他们废寝忘食地学习，即使在深夜，整个校园都是灯火通明的。这让我十分震惊。《龟兔赛跑》的故事大家耳熟能详，大家都取笑兔子的骄傲自大，但在不知不觉中，我们已经成了那只兔子，在放松自己了以后，才发现别人已经遥遥领先，再追赶已经来不及了。

哈佛图书馆墙壁上的训言中，有这样一句话："请享受无法回避的痛苦。"没错，哈佛的学生的确是辛苦的。但他们是因为兴趣而读书。因为痛苦，他们的人生如珍珠般饱满；因为痛苦，他们像雏鹰折翅后，飞向更加遥远广阔的天空。而那些平庸的鸟，面对雄鹰投下的阴影，只有仰叹的份。

或许，是因为中国应试教育的压迫使得学生对学习产生了恐惧。我们无法改变这种大环境，但我们可以改变自己的态度。把被迫转为兴趣，把考试当作人生的考验。要知道，我们这些雏鹰，也可以忍受折翼的痛苦，未来的天空，也会出现我们翱翔的身影！

成功与安逸不可兼得，选择了其中一个，就必定要放弃另一个。"不经一番寒彻骨，哪得梅花扑鼻香"。娇艳的花，人们只惊羡它现时的明艳，然而当初的芽儿却浸透了奋斗的泪泉，洒遍了牺牲的血雨。

为了成功，请享受无法回避的痛苦吧！

痛苦或者安逸

广州市第八十九中学2016届高一（1）班　范世维

记得我的补习老师对我说过大学也未必会轻松，当时我很是不解。她解释说，上大学如果你想随便点的话，天天打游戏固然轻松，但你要是想学到本领，那大学就绝对不是像别人所说的那样轻松。今天，我再次明白了这个道理。

记得这篇关于哈佛大学的文章中提到，在哈佛大学，到了晚上仍旧灯火通明，图书馆中座无虚席。他们凭的就是对学习的热爱，对所学科目的兴趣，他们的心中不会像我们一样，有太多杂念，如放学后一起去买点什么、星期六游戏中有什么活动之类的。他们对于知识的渴望掩盖了他们对其他物质或精神上的追求，这就是所谓的"一心只读圣贤书"吧！

外国学生的学习方式其实未必适合我们，因为我国的教育制度是由多种因素导致的，如国情之类的。但是他们的学习态度值得我们借鉴，以苦为乐、废寝忘食的精神是值得我们学习的。只有把这种精神真正寄托到学习上，才配做精英。老师也曾经说过，努力学习肯定会很苦，但是现在安逸、一生痛苦和现在痛苦、一生安逸肯定选后者，所以我们一班的精神我觉得就是以苦为乐，无论在高中生活中有多少苦难，有多辛苦，只要我们团结一心，以苦为乐来经营一班这个"不夜之城"，我们就会离成功越来越近！

梦的方程式

广州市第八十九中学2016届高一（1）班　黄丹敏

读完关于哈佛大学的这个帖子，我的心情是激动的、是无奈的、是复杂的……哈佛瞬间成了我向往的大学，不为别的，只为那里令人惊叹的学习氛围。我渴望体验、渴望尝试、渴望激发自己的潜力！我如狼似虎，我无法抑制心中的亢奋，就这样激动着！

无奈"理想很丰满，现实很骨感"。看着中美教育的差距，看着我们与他们的不一样，我又瞬间石化了，感觉前路茫茫，没有方向。其实，原本我幻想的大学生活也是很轻松的，很自由的，很享受的。好不容易挨过了高考，是时候该犒劳犒劳自己了，想玩就玩，想逃就逃。现在，我的这种观念被彻底颠覆了。

"打盹时，你将做梦；此刻学习，你将圆梦"。哈佛学生超负荷的学习，强度大，睡眠少，他们是在学习、在积蓄能量、在圆梦。但是我想说的是：做梦、忙碌的生活会让人没了打盹做梦的时间，又谈何圆梦呢？所以，我觉得我们不能一味地盲从，一味地推崇那种生活，毕竟我们接受的教育不一样。在做梦与圆梦之间，我们自己需要去思考，需要自己去衡量。但是一旦做梦了，就要行动起来，为了圆梦而奋斗，为了圆梦而坚强。在这个过程中，投入大量的兴趣，投入大量的精力，并且适当地制造压力，有压力才有动力，然后才能进军成功。

那成功之后呢？在QQ群上，有同学说"成功不一定幸福"，我觉得这是片面的。我相信无论是谁，当他实现梦想的那一刻，他就是幸福的！我觉得我们还必须学会衡量幸福与成功，学会一直保持圆梦时的初心。

解一解梦的方程式：做梦是为了有梦，追梦是为了圆梦，圆梦是为了成功，但最终目的是为了获得幸福。所以我们在解题时，需要在心中树立一个属于自己的天平，时刻保持平衡，杜绝发生"一边倒"的现象。

高中了，请享受"痛苦"吧

广州市第八十九中学2016届高一（1）班　林国钰

这应该算是来自微信上面的一篇报道吧，讲述了哈佛学生们地狱式的学习情况。

刚看完这篇文章的前几段，我就已经被吓到了：哈佛的学生们吃饭也在学习，去医院看病也在学习，不管到那里都抱着一本书、拿着笔记本，随时准备做好笔记。哈佛的校园晚上是灯火通明的，学生们晚上依然刻苦地学习，哈佛的图书馆到凌晨4：00都座无虚席。这么丧心病狂的学习实在让我感到是恐惧，死读书，学傻了，劳逸结合等的想法在我脑海中浮现。

不过，后面的文章让我改变了想法，在哈佛学习的压力是十分大的，他们必须这么学习才行，但是他们也是真的因为热爱学习才去学的，虽然很苦，但是他们以苦为乐。这不禁让我想起老师告诉我们高中的学习将会很苦，我们要学会吃苦，在苦中体会乐趣。我觉得，哈佛图书馆中的一句话能很好地说明我们在高中需要做到的："请享受无法回避的痛苦。"首先，我感到惭愧，对于老师给我们布置的这篇感想，这就是一个不可回避的"痛苦"，但是我并没有享受其中，我抱怨声连连，还有点愤怒。看完这篇文章，我感觉我的这个"痛苦"连鸡毛上的那根丝都不算，又有什么好抱怨的！其次，这句话让我对高中将要面临的痛苦不再畏惧，缓解了我对高中生活烦躁的心情。高中的学习将会有很多无法回避的"痛苦"，我要学会改变自己的心态来面对这些"痛苦"，来享受这种痛苦，并体会其中的快乐。这句话将会是我高中的座右铭，同时也是我高中的目标。

"行胜于言"，以苦为乐或许很难做到，但是我会努力去做到，好好地去享受这高中3年的"痛苦"。

你我要追求的人生

广州市第八十九中学2016届高一（1）班　方玉珠

看过《在哈佛读书的习明泽》这篇帖子后，很想问问自己，我要追求的是何种人生？

在西方，人们一直追求着安逸享乐的生活；而我们中国人，却总在为房子、车、功名、贷款等四处奔波。

他们那种时刻都在学习，累到可以在路上便睡着，一学期甚至要选修4门课程这样让人感觉无法超越的学习，让我这样贪图享乐的人是无法理解的。但帖子中也告诉了我缘由，因为他们对所学领域的强烈兴趣，还有就是哈佛学生心中燃烧的要在未来承担重要责任的使命感。俗话说："兴趣是最好的老师。"正因为他们对所学领域的强烈兴趣，才让他们可以为学习而彻夜不眠，甚至战胜了身体的疲惫；而他们心中燃烧的那份使命感，或许也是他们勤奋学习的原因。美国历史上有7位总统都出自哈佛大学，为什么要提美国总统呢？因为他们或许在哈佛便有着那份要在未来承担重要责任的使命感，而在哈佛学习的过程中便被无限激发出来了。哈佛，到底是一个怎样神圣的地方，才能够培养出社会上如此多的精英？作为"国际创新班"的我们，都想通过自己的努力，以后也能成为真正优秀的人。

美国从小学开始便注重"悟"，他们懂得先让孩子去感悟、去思考，然后才能得到知识，这个时候知识就变成了智慧。智慧才是我们应该拥有的东西，而中式教育却只是一味地向学生灌输知识，也就是帖子中提到的"填鸭式"教育，这便让我们产生了依赖，只会接受，却不会总结经验。我们是这个时代的引领者，我们应该成为中式教育的创新者。

哈佛告诉它的学生：学习时的痛苦是暂时的，未学到的痛苦是终生的。为了不让以后的自己后悔，体会终生的痛苦，我们应该把握时机，珍惜有限的时间，发挥无限的潜力。那样，哈佛，便不再是梦了！

成功没有捷径

广州市第八十九中学2016届高一（1）班　赵李琼

　　哈佛的学子总能引起人的关注，不是因为他们在世界一流大学学习，而是因为他们本身的优秀——努力与勤奋。

　　凌晨4：00，在别人熟睡的时候，哈佛的校园灯火通明，哈佛学子们还在埋头学习；餐厅里，学生在用餐时不忘阅读；医院内，无一人不是在做记录阅读……阅读似乎已成了他们生活中必不可少的部分，到处充满浓重的学习氛围，他们的学习是不分昼夜的，随处都可见倒头大睡的人，他们实在累得不行了。

　　读到这些信息，我惊呆了。众所周知，学生都会受到各种压力，我只是想不到哈佛的学生压力会这么大，我们平常所谓的压力根本不值一提。他们只要稍稍停下阅读的脚步，在课堂上就会跟不上，参与不了讨论，随时有被淘汰出哈佛的可能。一位北大的学生说，在哈佛一天的阅读量相当于她在北大一年的阅读量了。

　　成功向来没有捷径，只有勤奋，努力钻研。邓亚萍凭着她的勤奋刻苦，获得了乒乓球世界冠军，梅兰芳刚学戏时，用了很长时间都背不下该背的，因此被老师骂，到他以勤补拙苦练，终于过了台词这关，他还勤于练基本功，使他后来在舞台上大放光彩。一分耕耘，一分收获，没有经过努力哪能成功，只有努力，一切皆有可能。

　　真正的精英并不是天才，他们都是要付出更多努力的人。在我的身上，欠缺的是吃苦、勤奋的精神，成功与安逸是不可兼得的，我选择成功，尽管前路布满荆棘。

圆 梦

广州市第八十九中学2016届高一（1）班　罗佳丽

This moment will nap，you will have a dream；but this moment study，you will interpret a dream.

（此刻打盹，你将做梦；此刻学习，你将圆梦。）

这是哈佛图书馆墙上的一句训话，警示着在哈佛的每一个学生。

因此，哈佛图书馆半夜两点，灯火通明；凌晨4：00，座无虚席；安静的图书馆中，人人在翻阅书籍，争分夺秒地学习，与时间赛跑。

不能停步，只能向前，不断超越，敌人在追赶着你。他们时时刻刻都在警示自己，不能放松。他们的内心，好似燃烧着一团烈火，把我们这些凡人都燃烧殆尽。

"好可怕的学习氛围。"我心中所想的第一句，就是这个。当周围的人每一秒就与你的距离隔开10米的时候，想没有人会无动于衷，拼命的时候巨大的潜力就这样被激发出来了。当每一秒都是你的资本的时候，没有人会不用尽全力去抓住它们。他们的行动证明了这句话"真正的精英并不是天才，都是要付出更多努力的人"。知识便是他们未来的资本、未来的积蓄。要想得到知识，就必须学习；要想变强大就需学习更多，所以，征服学习必将是他们未来道路中要完成的事情。

每天休息两小时，无时无刻都要学习。在严酷的环境中，哈佛的学生居然能够乐在其中，是他们对所学领域的强烈兴趣让他们在这种生活中感到快乐。如果我们也可以享受学习，那我们也会克服学习中的种种困难。

为了我的梦，珍惜每一分每一秒去征服学习。

念念不忘，必有回响。在万老师的教书生涯里，有太多感人至深的教育故事。尤其是在城乡接合部的五类生源学校里任教，万老师与同事们并肩勠力，带出一届又一届的好成绩，委实不易。

读到万老师曾经的学生所写的高三回忆录，和万老师的学生写给她的信件，我们知道了好的教育是什么样子，也理解了"做孩子们生命里的重要他人"的意义。而那些听过万老师讲座深受感悟和启发的老师们的留言，以及万老师身边同事写下的情真意切的文章，更是令人叹服！

第五章　毕业班的回望

　　老师好不好，教育好不好，最有发言权的是学生。三年的日夜相伴，一千多个日夜的心心相印，班主任早已与年轻的心灵紧密联系在一起。离开高中的那扇大门，尽管可以奔向更加广阔的天地，但是对于有哺育之恩的老师总是会依依不舍，对于或温馨或艰辛的高中生活总是念念不忘。从学生的毕业感言中，我们看到了学生眼中那个温柔似水、睿智如哲、严厉如父的万博老师。

幸福走在大路上

——2009届高三毕业班工作总结

广州市第八十九中学2009届高三（1）班高考总结　万博

　　这是广州市天河区一个城乡接合部当年生源为五类的学校，我所带的班级在全体老师、同学、家长的共同努力下取得令人感动的成绩，含着热泪，我写下了高三总结。这也是我来这所学校后第一届非中途接班，从军训到高三完整带完的一届。

　　高考的硝烟已经远去，战斗的胜负已见分晓，在全年级大获全胜的形势下，我所带的文科重点班在学校领导的高度重视和关心下（彭校长亲自参加我班市一模后的主题班会鼓舞斗志，龚书记写信鼓励我班孩子，王校长时常过问文科班情况并经常表扬我班学长），在紧跟学校年级的统筹安排下，在全体任课教师的共同努力下，我班学生不负众望，收获颇丰：重点7人，本科35人，专科42人；610分以上3人；谭雯婷同学以646分的高分夺取天河区总分状元（地理选修生），为校争光，实现了我校高考总分状元的零突破！

这是我来八十九中后首次从高一起始一直带到高三毕业的一届。带了三年的孩子，一个也不少地全部送到了高校！欣慰之余，回顾高中三年来走过的艰辛历程，不禁感慨万千！不知从何总结，倒是看孩子们写得情真意切的高中三年感悟，湿润的眼眸里闪现出曾经一起走过的点点滴滴……

浮光掠影说三年

三年来，我和孩子之间有很多故事。无论是军训时的拉歌、"走进苏轼"读书活动的开展，还是我外出一周回来同学们交的满分流动红旗；无论是我累晕倒后缺席的全校主题班会（"腹有诗书气自华"），还是高三市一模后那次令家长和师生泪如雨下的班会（"幸福一班我的家　青春无悔谱芳华"）；无论是2008年初，那场大风雪中我们课内读《论语》、课外躬身践行给贵州慈善机构邮去的暖衣，还是5.12大地震后同心协力的捐物捐款活动；无论是不离不弃一个也不少的理念支撑着我三年来对浩霖同学的"软磨硬缠"直到送他到本科，还是高考前一天的周日都在医院探望住院的海璇，直到海璇高考成绩上本科才松了口气……这些故事都镌刻在记忆中，我永远不能忘记。

虽然可能因为我的严格，起初"开罪"了散漫的孩子，也许因为我的"苛求"让许多孩子一开始不敢亲近我，但是严明的纪律营造了严明的班风，不懈的扶持转化了后进；丰厚的班级文化凝聚了心灵，和谐幸福的氛围调剂了心理；当我的身体状况走着下坡路时，班上的学风却昂扬上进；当一次次考试成绩稳步提升直至高考大捷，孩子们眼睛里感激的目光，都让我觉得无怨无悔。三年来活动无数，只能撷取一个片段，一个延续了三年，一个让一班每个孩子无法忘记的片段，来说说一班的魂是怎样凝聚成的……

风雨彩虹伴成长

（下面的故事真实，撷取自运动会，展现着我和孩子一路走来的风雨彩虹历程……如果你肯耐心读完这个故事，你就会坚信团结的、阳光的、奋进的班级是必定会取得胜利的！）

激动人心的校运会拉下了帷幕。黄昏的猎猎风中，高三（1）班的孩子久久不肯离去。他们挥舞着班旗，高举着班徽，眼中闪烁着泪水，额上凝聚着汗珠，脸上写满了胜利——只有7个男生的文科班，在历来文科班被视为体育弱势班级的运动会上，创造了属于我们的奇迹！10个集体项目我们班拿了5个第一！而且是在许多项目因男生不够无法参加的情况下，居然拿了分量最重的奖项第一——竞赛总分第一！简直是不可思议的奇迹！

当体育委员钟宁在领奖台上骄傲地挥舞班旗的时候，泪水在我和孩子们的眼眶中打转。模糊的泪光中，耳畔响起了两年前的声音："老师，不要哭，我们会拿更多的第一的！"……今天我一定不让泪水流下来，而两年前泪如雨下的场景还历历在目。

高一的校运会上。

班级男女混合接力赛。（这是整个运动会最炫目的时刻！全校师生最瞩目的时刻！）

骄阳炙烤着大地。

赛前，我一遍又一遍奔走在我班的跑道上，把碎石块挑出来捡走——因为我班好几个孩子习惯赤脚奔跑。为了获得比赛的胜利，中午全校师生都休息时，我班的孩子们还在训练接棒呢，不能让他们在比赛中因石块受影响！一切准备就绪，啦啦队排列整齐，摄像的同学调好了焦距，运动员蓄势待发。一声枪响，运动员们如离弦的箭发射出去，啦啦队喊声震天、群情激昂。我全然不顾平日优雅的姿态和淑女的风度，开始狂喊加油！激动时更在一旁陪同奔跑！（我想，没有什么比老师亲身的投入更能给孩子示范了。目的就是告诉他们，我在乎，在乎集体的荣誉，在乎竞赛中的拼搏！所以我班的孩子们也极其投入！）当翁丹玲将最后一棒传给钟宁后，钟宁就如狂奔突起的狮子，咆哮着，以不可遏止的气势压境而来！最先冲过了终点！我们抱成一团欢呼起来！

可是就在等待颁奖前的时刻，我班记分员焦急地赶来，说我班接力赛犯规，取消了第一名的成绩！……然后是眼泪，是争辩，是调出摄像去证明……一切都无效。总裁说，即使是误判，也必须维持原判！

颁奖台旁，我无声地流泪；操场上，孩子们哭成一片。

在第二名上台领奖时，我班一个男孩（谭锦池，高二分班去了理科班）和别班领奖的男孩一起上来，那个男孩去主席台领奖，锦池来到主席台旁，抱着我的肩说，"老师，不哭，我们会拿更多的第一的！"

……

今天，孩子实现了他们的诺言！他们无愧NO.1的称号！（我从高一开始就不停地给学生灌输一个理念：我们班的编号是1，意味着我们要争当第一，才无愧于这个编号。无论是考场上还是赛场上，无论我们起点有多低——分班时全年级90名以前的学生，我班只有27人啊———一切都要向前看！）

奇迹又是怎样产生的呢？只需看运动会就可窥一斑了。

"机会只会降临在准备好了的人身上"，这是我常挂在嘴边的一句话！

赛场上，赛的是速度，赛的是力量，赛的更是智慧！

20人集体握竿仰卧起坐比赛前，我们排兵布阵——竹竿首尾中三人安排最强人员，我们巧改口号"加油，加油……"为"一！二！一！二！……"，且节奏铿锵。我的嗓门大就担任领喊人，压腿的同学伴声。所以，我们的竹竿没有像别班弯曲得如蛇龙逶迤，而是整齐一致，极为标准。

袋鼠跳前，我们抓紧训练，一个个过关，哪个同学跳高了，哪个同学没夹紧，哪个同学性子太急……一一点评改进。

"水到渠成"前，我们按个头高矮排队，便于接龙。技术要点，先琢磨一遍：什么接手的竹筒一律在下；什么后面过来的同学如果没球快，持球的同学就要迅速抬高出口以免球落地……安排得滴水不漏！

……

就这样，我们赢了一场又一场的比赛！而最艰辛的是，男女混合20人接力赛！

我们只有7个男生，还有一个受伤的！怎么办？裁判说，男生不够可以到别的班借，可以重复跑，可以用女生代替男生（但是男生不能替代女生）。我班一致决定不需要外援，于是6个男生中有3人跑了两次，再让女生最快的选手翁丹玲跑两次代替男生。在反复求证不违规的情况下，我们开始了艰难的角逐。就这样，我们依然取得了胜利！可是不明真相的别班同学在我们胜利后居然喝倒彩、说风凉话，说我们班作弊。同学们急得要掉眼泪，有些情绪激动的还差点儿和别班的同学发生口角。他们拼命说，"老师，你去解释啊！"我笑了，说，"那么多人怎么解释啊？况且根本不用解释，实力就是明证！误会的云烟终会消散的！"

最让我欣慰的不仅仅是胜利的荣光，而是孩子懂得要想取得胜利，就要每个人都拼尽全力（阳光下，班长练晓瑜一次又一次地召集着集体项目的队伍，清点着人数，每个孩子都积极地响应着每次的召集，旁边还有随时候补的同学——决不闲着）；懂得对待每一个努力过的同伴，哪怕失败了也是值得尊重的（陈柳同学在运轮胎比赛中求胜心切，摔伤了自己，也让稳拿名次的我班丢了名次，面对在我怀里哭成泪人的她，没有一个人对她有责怪之意，都尽力安慰着她。男生中罗俊谦动作不够灵活，呼啦圈总是过不去，于是女生配合他一遍又一遍地练习）；懂得为了集体的荣誉，个人的付出是应该的，而且是值得的（马婷婷同学在仰卧起坐的比赛中，被竹竿打得眼冒金星也毫无怨言；陈明玲腿抽筋了也忍痛坚持上场；7个男生被最大限度地利用起来，即使筋疲力尽也兴高采烈）。

…………

周一的班会课上，我让每个孩子在小纸条上写出最能表达校运会心情感受的一句话或一个词。"团结""感动""骄傲""谁说女子不如男""巾帼也能胜须眉""我们是最棒的"……每张纸条上都跳动着一颗年轻活力的心。纸条全被贴在教室后面张贴奖状的那面墙上，继续激励着孩子在人生的另外一个赛场上拼搏。

这就是集体活动的魅力：只有在集体活动中，才能更好地让孩子充分享受互助友爱之情；只有在集体活动中，才能更直观、更热切地感受集体荣誉；只有在集体活动中，班级的凝聚力和向心力才得以最大限度地彰显！

正如在教师调查问卷中一位同学说的那样："万老师，感谢您一路伴我们前进，无论道路多么艰辛，您都一直在我们身旁！"是的，我没有做什么，只是一路陪伴孩子们成长！

（附：就在运动会前的高三拉练活动中，正是我关节炎发作的那天，也是事先请好了假，做好了安排不上山，临到了山脚，想到拉练的意义，硬是拖着隐隐作痛的腿爬完了全程。那天同行的还有我班的历史选修老师徐奕霞，她也是感冒很重，嗓子沙哑，和我搀扶着走完了全程。我们可以很骄傲地说，孩子，我们会一路陪你们成长！）

45条短信定军心

平时，我不是最早到校的人，可是在高考送考的那几天，几乎每个早上、每个中午都是最早到的人。因为想要及时关注每个考生的心态，让班上每个经过的孩子得到我的祝福和鼓励。今年文科数学题目很难，从考生走出考场的那个瞬间我就发现了，不能多问，不能多说。怎么办？焦急的我迅速搜集各方信息，及时发了45条短信给每个孩子或孩子的家长，"别怕，数学的确难，连名牌高中的考生都考哭了，你们一个也没哭，好样的！沉着冷静地考好后面的科目！胜利一定属于坚持到最后的你！"美术生刘洋的父母非常焦急，担心孩子数学考不好影响后面科目的发挥，我在考完数学的第二天早上不到7：00就来到校门口，专门对刘洋进行考前的心理辅导，看着孩子脸上又露出了自信的笑容，我放心了。后来，刘洋的综合考出了123分的好成绩。虽不敢说45条短信有什么巨大的作用，但可以肯定的是，孩子的心定了下来，能在后期考试中正常发挥，没有辜负英语老师、综合老师倾力的教导，英语、综合在高考中都取得近几次大考的最好成绩！

"人气王"并不是我

虽然我是一班的班主任，可我从来不是人气王。因为我班的任课老师都极具人格魅力。语、数、英老师个个年轻有为，政、史、地老师个个独领风骚。我就像个黏合剂，把一班的各个环节紧密地联系在一起。

虽然开玩笑说文科班女生多，男老师多受欢迎，但心里还是由衷地对数学老师袁伟林表示佩服，他不仅聪明还爱生如子。在他精心的指点和辅导下，我班学生数学成绩稳步上升。尤其是谭雯婷同学，其优异的成绩汇聚了袁老师最多的心血。英语老师刘芳被我班同学称为"气质美女"，她不仅人美，更敬业乐业。高三接班后，几乎全身心地扑在我班的英语教学工作上。有这样的老师搭班，幸甚至哉！有"教主"美称的历史选修老师徐奕霞、有"靓姐"美誉的政治选修老师曹湘丽，以及"状元爸爸"地理选修老师雷江田在各自的选修生心中受欢迎的程度都超过了我，所以说，"人气王"绝对不是我。任教我们综合科的吴采、孟昭君、欧红梅、雷晓艳、樊嗣鸿等老师，都各有粉丝。就是在这样和谐的师生关系中，在这样和谐的同事关系中，我们共同努力，取得了好成绩！

三年风雨兼程，终于告一个段落，真的是幸福走在大路上啊！

2009届一班的青春回望

青春记忆

2009届高三（1）班　谭文青

高考完了，我们抛开了沉重的书包，一起向轻松奔去。

然而回望高三，这是漫长又短暂的一年。

还记得入住宿舍那天是8月1日，大家都大包小包地拿进宿舍，那天晚上在宿舍几乎没睡。第二天拖着疲惫的身体上了高三第一天的课。

我们每天都重复着同样的事情，但我并不觉得枯燥，因为我觉得每天都有不同的精彩，有没完成作业躲避老师检查的惊险，有宿舍里每天开小吃会的热闹，有酸甜苦辣的友情，也有无厘头的笑话和打闹……

很快就到了校运会，尘埃漫天飞，我们班老友记们的身影至今还历历在目：有高大的洲哥，猛壮的钟宁，结实的包包……7个男生，7个好汉！35个女生，35朵花！我们跳，我们跑，我们高喊"加油"，我们互相搀扶，我们对彼此微笑，我们越来越像一家人。

高三这一年，发生了许多事。我觉得我读了12年书所学的东西都不及高三这一年学的多。静言思之，这一年的风风雨雨，一次又一次的挫折，我以为它们会把我摧毁在高考这个刑场上。然而，我却更坚强地熬了过来。

高考只是一场考试，你拿着一支笔在试卷上哗哗地写，仅此而已！但这场考试的筹备期却让人成长了不少。自信被无情地打击，希望被轻易地扼杀，也许有一个人能救你——阿Q。你要麻木乐观，狂妄自信，永不放弃，永不言败。到了二模、三模我已经炼成金刚不败之身，就算再失败100遍我也无所谓——我已麻木了。现在回味起来，我竟喜欢上了那种麻木的感觉，犹如四大皆空。

高考真是很神奇，就我们班而言，高考竟能让45个孩子不约而同地追逐着同一个梦想，我们身不由己踏上高考这条路。我很想反驳那些高三又苦又累的说法。高三只是累，并不苦，相反，它是甘甜的，高三的欢笑是人生最美的调味剂。

我在宿舍床上的小桌子贴了些纸条，"不要和别人说话，不要……"这些是我和舍友闹了些小矛盾发脾气时写的，现在想想，高三的我还真是孩子气。

还记得万妈妈说我是个多愁善感的孩子，我相信和我相似的人也不少，就连万妈妈也是吧！我用我的真心去对待朋友，而万妈妈就用她的真心去对待她的孩子。我忽然想起浩霖，最初我替浩霖可怜，老被万妈妈"纠缠"，其实浩霖得到的爱比谁都要多一些，我想他以后会明白的，因为我后来也明白了老师的话："做人感性，更需要理性。一味地感性不理性，就会患得患失。"（万妈妈看我一次又一次为友谊伤怀时所言。）

万妈妈一直把学生当自己的孩子，大爱无疆！三年来，我都认为万老师就像一个青春无敌（一个长不大）的美少女！现在才明白，其实这就是她与众不同的地方！一模前两个多星期，我无意翻开我的札记本，没想到她竟改了我前面的日记。之前拉练一事彼此发生摩擦，我把我最真实的想法写在了上面，我以为她永远看不到，意料之外，上面还用红笔批改：呵，看来你的误会颇深，别多想，老师总是最宽和的人，安心读书。我终于知道为什么期中考试后她会找我聊天，那天晚上风好大，我们聊了一个多小时。第二天她病了。也许她的心是一个湖吧，误会扔下去，湖面会泛起圈圈涟漪，但她总是用包容之心，让它们沉入湖底，销声匿迹。

不仅万妈妈有爱心，还有徐妈妈、芳芳老师都是耐性好得惊人；光头袁老师，把悲伤与失望化作一脸微笑；还有靓姐、采采……我觉得影响学生最多的是老师的品格，而不是他们拥有多少知识，35个本科生正是他们人格魅力下的结晶。

高三，再见了！永远想你！那些人，那些事，再见了！

临表涕零，不知所言，唯有感谢八十九中，感谢高三（1）班的所有老师和同学。这些可爱的人永远驻留我心房。

2009年7月2日

纸飞机

2009届高三（1）班　曾海璇

起　飞

进入高中的第一件事情就是军训。烈日当下，全身的毛孔都张开以散发热量。汗，一滴滴地流下。军姿、跨步、齐步走、原地踏步……我们一丝不苟地练习，一遍又一遍。有一种冲动，想大叫：好累啊！

繁星点缀。我们对月放声大唱军歌。在教官及班主任的领导下，与其他班来了场比试。在歌声中我们释放白天的劳累，但更多的是对高中生活的期望……究竟什么在等待着我们？我们又将在哪里降落呢？

冲　击

快乐的时光总是短暂的。进入高三，可谓是不一样的天地。罗马的假日就此与我们分离，决定命运的关键时刻到了。

日子可以用"昏天暗地"来形容：抬头听老师讲述解题的方法和技巧；埋头做堆积如山的练习和变换着花样的小测；偶尔低头偷吃零食补充脑细胞的能量；偏头发呆，感觉未来一片朦胧。最痛苦的时候就是被老师叫到背诵"之乎者也"，一紧张什么都忘了。最无奈的时候就是被老师留堂，导致了我的字典没有午餐的概念，只有下午茶。有时候还自吹"赶时髦"了，试想：有多少人可以享用"下午茶"呢？作为历史选修生，最痛苦的莫过于默书。"教主"把白纸发到你面前，教室里就开始发出沙沙的声音。40分钟在脑子里死抓一把，想到什么就写什么，因此也练就了我的狂草。从来没有如此高强度地训练过自己，招架不住了。以前就算没有认真学，成绩也足以搪塞父母。然而眼看自己的排名宛如开口向下的二次函数，经历了开学时的短暂上升后，接着就是一路下降，后来居上的人把我远远抛在后面。我，进入了灰色天空。

每天，航线只有一条，教室和宿舍之间来往。在十字路口，我迷失了方向。

指明灯

每次大考后，这时期的人总是敏感的。万老师发觉同学们的异样，开始寻找同学讲话、谈心，很荣幸，我成为其中一员。

在走廊上，万老师微笑着问道："最近怎么样？""嗯……，还好。"万老师疑惑地问："最近你的状态不好哦，怎么了？发生了什么事？说出来，我看能不能帮上忙？"她的态度那样亲切，让我放松了连日紧张的心情。"最近考试不断，喘不过气来，而且对未来感到迷茫，奋斗的目标是什么也不知道。"

万老师随手拿起一张白纸，折成纸飞机，向前飞去。"人生如白纸，这时我们就是绘画师。在我们人生的白纸上，绘画出属于自己的梦想的色彩。然后我们把它折成纸飞机，放飞它。这时，我们成了驾驶员。我们驾驶着纸飞机，朝着彼岸出发，为的是去实现梦想。偶尔会颠簸曲折，偶尔会遭遇风雨，偶尔会迷失方向，甚至是倒退。可是你如果坚定你的梦想，那么它便会如指南针般为你指明方向。你，明白了吗？"

万老师再次微笑着递给我一张白纸，我也笑着接过。"老师，你有句话漏掉了。路途中，我们还会遇到指明灯为我们指明方向。而老师，你就是我们的指明灯。"我把飞机放飞了，我也要朝着梦想出发。

再次起航

徐徐杨柳风，澜澜湖面水。我们以完美的状态迎接高考。
那是真正的纸飞机，承载着我们的梦想！
那是真正的飞扬的心情！

高中百感

2009届高三（1）班　樊家健

精彩绝伦的高中，张弛有序的高中，多难多情的高中……缺乏高中的人生，是不完整的人生。高中的岁月，是日后充满问号的人生中完美的一笔。

酸甜苦辣

三年的高中生活，每时每刻的竞争，每次的大考与分班，无论是考得好的还是考得不好的，都能看到的是同学们的不懈奋斗和辛酸的泪水。一千多个日夜，营造了一班更加团结更加拼搏的氛围，同学们课间的相互帮助，宿舍里的相互关心，我们能感受到的是在这个大家庭中的一份温馨。每天一沓沓的作业，每周一次次的测验，每学期一册册的新书，我们能尝到的是未来踏足社会之前的一点儿辛苦。小测不过关，大测不及格，课间拖堂，课后留堂，我们能体会到的是面对高考，我们必须全力以赴，纵使付出的是涔涔的汗水，与面对的是辛辣的苦痛。

悲欢离合

还记得多灾多难的2008年；还记得亲善的班主任万老师与热情的我们在风雨中为受冰雪灾影响、归家心切的滞留同胞寄送衣物；还记得5·12汶川地震我们与国同殇，纷纷为地震受灾同胞捐款捐物，尽一份绵薄之力；还记得三次校运会精彩纷呈、故事不断；还记得多次外出郊游；还记得参观大学城；还记得去烈士陵园扫墓；还记得高三的拉练，尤其记得师生脸上洋溢的成功与欢乐；还记得学期中段一部分同学因成绩不佳而意外离班，更记得离开前班主任的诺言与鼓励！一学期后，他们如愿归队。不变的，是我们的拼搏上进之心；不变的，是我们胜似亲情的友情。

师情交融

多少次回想，若无班主任万妈妈的谆谆教诲，没有那一次次及时的反思，我在质疑：我能坚持冲到最后吗？若无刘芳老师的喋喋不休，没有那一次次的催交作业，我在质疑：我的英语能不拖后腿吗？若没有雷老师课上对我们的孜孜不倦，没有那一次次的备课、评题，我在质疑：我的选修成绩能一直稳定吗？若没有袁老师的精妙谋划，没有那一次次的严谨评卷，我在质疑：我的数学成绩能不掉下来吗？再若没有各副科老师的兢兢业业，没有那一次次的周二测评，我更质疑：我的综合成绩能成为优势吗？三年的师情浓于水，三年的恩意胜朝晖。

风雨彩虹

铺天盖地的试卷、频频而至的考试，见证了我们高三的300多个冲刺的风雨历程，台风、雷暴、地震、烈日，挡不住的是我们冲刺的脚步。但我们相信，风雨过后，我们会等到彩虹出现的那天。我想起了班歌"不经历风雨，怎么见彩虹，没有人能随随便便成功……"

我的高三生活

2009届高三（1）班 杨汝萍

高中三年的生活，时刻都浮现在我的脑海中。其中的酸甜苦辣更是让人印象深刻。就在这三个不同的年级中，我感触最深的，当数高三。乍看只有短短的一年，对于我来说，恍如三年之久。我除了要拼命备战高考外，与此同时，我还深深地感受到了来自老师、同学、家人的无尽的爱。

班主任万博老师，人如其名，博学多才。她也是最忙碌的人，总有做不完的工作。就在备战高考最忙碌的日子里，临近高考的前几天，在白日已经费尽心思为我们辅导之后，她还在夜深之际不期而至，来到了我们女生宿舍，她的笑声舒缓了我们紧张的心，她的言词鼓舞了我们的斗志，她带来的水果滋润了我们的心田。老师要回去时，我们还顽皮地扮鬼脸吓了她一大跳，看她惊慌后释然的表情，我们都乐翻了。

英语老师刘芳很敬业，无论是在课间、中午时分，还是在下午放学后的6点多钟回到教室，我总能看到她正在耐心地教导或是与同学谈心。她的耐心是我英语成绩稳步上升的最大因素。

数学老师袁伟林，无论我考试成绩有多高，老师最多只是会心一笑，从不多夸一句，因为他怕我会骄傲。可是，当我犯下低级错误时，他却会毫不吝啬言词，当着全班说出我的错误，因为他要让我记住这个耻辱，日后一定不能再犯。但是，当我对数学感到迷茫时，老师则理性帮我分析，并多次表示对我有信心，相信我的能力，让我备受鼓舞！——师恩情难忘！

说实话，我很庆幸自己能够在一班这个温馨的大家庭中学习与生活。我深爱一班的同学们，我们相处时的点滴生活，历历在目！早晨，我们狂奔向教室；晌午，我们仍赶做作业。灯光下，我们为问题争论不休。当我当上班长时，你们为我祝贺；当我主持班会时，你们热心捧场；当我要代表高三年级演讲时，你们陪我训练，助我演练，为我打气；当我被黄蜂蜇了时，你们不辞劳苦地帮我敷蜜糖水，回到班上，你们一个又一个地询问病情，令我很感动；当我在考区二模前找不到身份证，内心很焦急时，你们放下了手中的复习资料，冷静地教我处理方法，让我安心继续参加考试！——同窗情谊长！

班主任万老师常在家长会上说："高考这一仗，除了要有成绩的保障，还要有身体与心理的良好保证。"因此，我的妹妹在我有要求时，隔天就会送上早餐，妈妈则是每隔一天就送上晚餐。即使遇上雷雨天气，被我劝说回去，第二天，妈妈仍是坚持送饭菜，当中的原因，我是深知的。高考那几天，我没让妈妈送饭菜，一是怕她在外面受累，二是不想唠叨的妈妈增加我的考试压力。但是，考完试的第一天，妈妈就冷不防地跑来了。虽然我嘴上说着不满，但其实心中早就乐开了花。带着家人们殷切的关怀，我静下心继续看书，继续我的高考！——家人爱意浓！

我的高三生活就是这样辛苦并快乐着。此刻，我终于明白万老师常说的"没有经历过高考的人生是不完整的人生"这句话的深刻深意了！

属于自己的成长

2009届高三（1）班　陈明玲

在短短的1/12的求学生涯中，后悔过、感激过、祝福过，亲爱的高三（1）班，谢谢你！

高三的日子，万老师成了最动人的护花使者，多少次大小考试的背后，最辛苦、最激动、最忧心的永远是您。还记得，您用最高亢的声音提问时，我们以"沉默是金"来回应，您无奈；还记得，您用最冷酷的话语激将我们的淡定时，我们以无动于衷来表示，您难过；还记得，您小心翼翼地收藏着心中的不愉快情绪，微笑着调节课堂上疲惫的我们的心情时，您心酸……是您有着如愚公移山般永恒的坚守，让懵懂的我们意识到"不放弃、不抛弃"的亮剑精神；是您有着如李阳般疯狂的激情让我们在模式化的生活中有了活力，充满希望！您，用行动告诉我们——挑战自我，无悔青春！学习，为了更好地生活！

高三的日子，家，成了背后最温暖的港湾；母亲，成为我最坚强的后盾。在最紧张的时刻，您为我准时送饭送汤，担心我的睡眠质量，毫无怨言地忍受着我的坏脾气，甚至还要哄我、逗我开心……那一天，我在日记本上暗暗写下：考上理想大学，以成绩回报您。

高三的日子，与同窗好友共度的亲密时光，成了高三无法抹去的记忆。我们真真切切地为了一个共同的目标不懈地努力着，突然间，班里变得是那般亲切，生活是那样充实且有意义。大家相互学习，分享快乐，共同进退。白天，我们在书桌旁奋笔疾书；夜里，我们打着手电筒谈论未来。没有过多的话，一个坚定的眼神，一次轻轻地安抚，一个加油的手势，一个紧紧地拥抱足以让我们抛下一切的不应该，跨过眼前的险阻，满怀信心地冲刺高考。

回首高三，我才明白了什么是付出，什么是珍惜。为了目标，毫无保留，不顾一切地去改变自己的坏习惯，养成平和、坚毅、自信、乐观的性格。天知道，心里挣扎过无数次：是放弃还是坚持？怎样应对出现的问题？怎样才能不再迷茫？怎样才能改变自己急躁的性格，专心投入学习？高考前夕，一种莫名的感觉涌向心头，因为大家都知道高考后就意味着离别！有点儿惋惜，有点儿伤感，有点儿无奈，有点儿期待……

当高考的最后一遍铃声响起，与朝夕相对的老师、真诚相待的同学共同度过的日子结束了，空虚感突袭！

无论结果如何，经历过、拥有过、奋斗过就无悔了！

感谢高三，改变了一个不成熟的我！

感谢高三（1）班，历练了一个坚强的我！

高中三年生活有感

2009届高三（1）班　钟宁

白驹过隙，日月如梭，一眨眼，高中三年又在指缝间流逝了。其中有许多酸甜苦辣，至今仍难以忘怀。

回想起刚进高一时，我仍是一个稚气未改的小子，很多事情都不是很清楚，幸亏有我的班主任——万老师从旁指点，我才可以在最短的时间里适应高中生活。记得在高一军训时，我们在灯光下与别班对歌，万老师像个孩子一样和我们一起高歌，大家畅怀大笑。最难忘的是在高一的运动会上，我们在接力赛上由于犯规，因此与冠军失之交臂，那一次，我看到万老师哭了，为了我们班的荣誉而哭，我终于感受到一个大家庭的温暖了，很感谢一班这个大家庭。

春去春又来，一年很快就过去了，当我还陶醉在高一的快乐生活中时，我已经不知不觉地进入了高二，我面临着水平测试，看到班上的同学都十分认真地学习，我也不敢懈怠，正因为班上的这种氛围才给了我努力的动力。

在高二、高三的运动会上，由于我们班是一个男少女多的班级，所以有许多男生的项目都无法进行，当我们都不抱希望时，万老师说："谁说女子不如男？我们没有男子单项的优势，可是我们有团队合作的优势啊！"我们鼓足了勇气，在团体赛上下足了功夫，最终，我们没有辜负万老师的期望，我们以惊人的团体冠军数量蝉联了高二、高三的年级冠军。当时的滋味简直难以言喻，因为我们完成了似乎不可能完成的任务，捍卫了我们一班的荣誉，我们用实力证明了自己，别小看了我们这个只有7个男子汉的"女儿国"！

时间真的过得很快，如今我以一个高三毕业生的身份来写我高中三年的经历，我在这里很感谢八十九中提供了一个这么好的平台供我展示自己，也很感谢我的老师，正是他们的辛勤工作，不知疲倦的工作精神，才创造出八十九中的辉煌。最后，还要感谢我的同学们，谢谢你们一直陪伴在我的身边！

欢笑与泪水凝聚的成功

——我的高中生活

2009届高三（1）班　谭雯婷

时间在我们上课、做作业、吃饭的时候匆匆流逝了，三年的高中生活转眼间就过去了，在高考最后一科考完的时候，欢喜、激动、惆怅、惋惜纷纷涌入我的心头。回想起三年的高中生活，无论是欢笑还是泪水，都让我不舍。

高中三年，从老师的关爱、同学间的友爱、朋友的关心与陪伴中，我真正体会到了什么才是真正的高中生活，为我的生命增添了色彩斑斓的一笔。

在刚升入高二的时候，由于未能很快适应文理分班后的新学习，第一学期期中考试时，我的排名一下子退步了10多名，我本以为这只是进步前的小退步，也没怎么理会，但在期末考时却退到了二十几名，我心中非常着急却不知所措。就在我如此彷徨之际，班主任万老师留意到了我的状况。她在百忙之中抽出时间多次与我耐心地交谈，了解我学习上的困惑、帮我找出解决的方法，还用她高中时期的学习方法指导我，我心中顿时豁然开朗，如同找到了一盏指路明灯。就是在万老师的帮助下，我的成绩一步步地攀升。

高三是我高中三年中最精彩的一年，不仅仅因为我在这一年中品尝到了与许多人在一起拼搏的滋味，不仅仅因为这一年是三年内最充实的一年，更因为在这一年我切实感受到了友情的力量。

在高三这年的校运会的观众席上，每当执勤的同学离开，我们班的大本营就只剩下最多两三个同学在勤奋地学习，这可与往届"学习大于运动"的高三不一样，我们都到哪儿去了？比赛的比赛，没比赛项目的要么参加集体比赛，要么给运动员们加油，每个同学都加入到了这次最后的校运会中，连我这样不爱运动的人也一刻都没有闲着。尽管我们班只有7位男生，30多位女生，但我们班的成绩可一点儿也不比理科班差，总分全级第一。我们团结一致，用实际力量证明了虽然我们是文科班，但我们不是"瘟"科班。

高三时选择了住宿是我这一生中最明智的选择之一。在住宿条件不是很好的情况下，我仍然觉得在宿舍很快乐。室友们的小打小闹是我苦闷学习的良好调剂，与室友们谈论梦想成为我继续坚持拼搏的动力之一，而室友们对我生活上的照顾使我感受到了如家一般的温暖。

高三本应该是苦和累的，但因为有了老师和同学的陪伴，我觉得这点苦和累都是值得的。

高中生活的感想

2009届高三（1）班　徐丽敏

高中三年，有过欢笑，有过泪水，有过很多美好的回忆。高一时与好友每天打打闹闹，时间过得很快，转眼间一年就过去了，仿佛才过了一天。高二那年时间变得比较紧张，不像高一时那样每天浑水摸鱼了，回想起来在繁忙的学习中过得很充实。高二时我们面临分班，记得当时我很伤心，很多朋友都选择了理科而我却选择了文科，因为当时的我没有勇气去学习理科，害怕自己跟不上，最后选择了文科。回想起刚刚入学时还信誓旦旦地跟朋友说我绝对会选理科，可到最后我还是放弃了，理科对我来讲还是太难了。但进入了高三一班后又认识了一帮新朋友，日子过得很快乐。虽然每天有做不完的卷子，每天都听老师在讲台上讲题，每天都很繁忙，但每天都可以跟同学在吃饭时讨论今天发生的事，每天都可以跟他们在宿舍里谈天说地，每天都可以跟他们为了题目争得面红耳赤，有时还会为一道题目吵架，但一会儿两人又会有说有笑，有时我们都不知为什么会为那一道题目争论不休，就是谁也不想让谁，都觉得自己一定正确，最后的结果是那道题不了了之，过后就会没人记得了，想起来当时的我们很好笑。

学习生活虽然很忙碌，每天都要晚上12：00才睡觉，早上6：00多就起来，却不觉得很累，每周的班会课，经常的课外活动都让我们感到很快乐。记得高一开展的"走进苏轼活动"，同学弄的东坡肉真是别有一番风味。演课本剧时，男同学卖力演出还用绳子在电灯上扮演上吊，当时真是超搞笑，我差点笑破肚皮；女同学更厉害，平时斯斯文文的，但要扮演泼辣的角色二话不说，完全抛弃自己平时建立的形象让人大跌眼镜，当时的他们都演得好卖力啊，就连演路人甲、路人乙的同学都很认真，每个人都尽自己的能力去做。在那么认真努力的班级学习真的很幸福。高一的生活既精彩又好玩，还有篮球、拔河、诗歌朗诵、演讲等比赛。

高二那年学习压力就比较重了，少了很多活动。我记忆较深的是清明去烈士陵园扫墓：那天下着很大的雨，仿佛天都在为烈士们哭泣，我们班顶着风雨在烈士墓碑前庄严宣誓，在那里，留下了我们的足迹。

高三这一年的课外时间更少了，一节体育课就可以让人兴奋不已，虽然有点艰辛，但经历过这段艰辛后总觉得这样的人生才是完整的。当然，高三也有快乐的时候，最后一个运动会、最后一个艺术节等都值得回忆。运动场上同学们挥洒着汗水、卖力呐喊。

高中三年仿佛还在昨天，每件事都历历在目，有过很多珍贵的回忆，拥有了许多的好朋友、好同学，与老师分享了很多东西，他们在这三年里一直陪伴我。三年的时间真的过得很快又很漫长，开心的日子过得很快，繁忙的日子就有点慢，但在这种快乐与繁忙里又过很充实。现在毕业了有点不舍，又有点高兴。终于熬完了三年的高中生活了，人生的一个重要转折点总算熬过来了，经历了高考的人生真的会很不一样。

永难忘怀的记忆

——高中三年生活点滴回忆

2009届高三（1）班 樊晓兰

不知不觉中已和高中生活挥手作别，心中对陪伴我走过人生最宝贵的高中三年时光的一班的老师和同学们充满了不舍。在高中三年艰苦的求学生涯中，我痛并快乐着，因为这三年，我们懂得了只有学会感恩，方能在和谐的环境中共同进退；我们懂得了只有风雨同舟，方能勇往直前；我们更懂得了如何做一个真正的"人"；而八十九中，见证了我们的青春岁月，见证了我们的进步与成长！

从高一的军训，我们拉歌、高喊，斗志昂扬，到高一校运会我们用泪水和坚强，展示了什么叫作团结，那一股凝聚力涌上心头。从那一刻起，我明白：一班就是我的另一个家。

到了高二，我们文理科分班。在不舍与期待中，进入高二紧张的学习。只有7个男生的集体，却屡屡创造佳绩！校运会上，我班女生撑起半边天，谁说天下女子不如男！我们终于用汗水换来了得之不易的第一名。那一刻，我明白：成功就是团结和努力。我们用实力证明只要努力了，没有什么是不可以的！

转眼间，我们进入了高三紧张的学习生活中。住宿，让我真正深入地了解我的同学们；住宿，让我感受到了被同学关心与爱护的温暖！尽管每天学习到深夜，但我不孤独，因为在我奋斗的过程中，有同学们的相随。我们相互讨论，相互帮助。在彼此思想的相互碰撞中，提升自我。

记得拉练活动时，万老师的腿因为风湿发作，走路都疼，但仍坚持陪我们爬到山顶，她的那一份执着与坚持，给了我们信心！其实所有的老师都一样，她们用实际行动告诉我们：贵在坚持！在山顶上，我们放声高歌，虽然我们班只有7个男生，但我们竭尽全力地高唱，用歌声表达对班级的爱！那一次，我明白：因为团结，我们看到了希望！只有团结，才能创造更多的希望！

在忘我地奋斗中，我们学会了从痛苦中寻找快乐。一年的时间，转眼即逝。我们终于迎来了高考！老师们在高考的几天里，对我们不离不弃。每个进考场的同学都得到了站在校门口的老师的祝福！在最后关头，考完数学大家沮丧无比的时候，每个同学都收到了万老师的安慰和鼓励的短信，依旧对我们不放弃！那一刻，我有种说不出的感动！

高中三年，给了我太多。那无法磨灭而快乐的记忆，将陪伴我一生！

谢谢你，一班！谢谢您！我的老师！谢谢你，八十九中，我的母校！

当天使来到人间

2009届高三（1）班　黄远祥

六月下旬的天空中，阳光总是那么刺眼，空气中弥漫着一种味道，却总是无法寻觅其出处。在三年的忙碌过后，心情开始澄澈，阳光透过窗扉已变得不再炽烈，让人心情舒畅。

一个下午，我觉得无聊，突然想去上网。我在网上等了若干分钟，没人回应，我放弃了，心中不免有点寂寞，有种酸涩的感觉，便想起了当初高中时的点点滴滴……

高中三年，有母校的付出，有教师无微不至的照顾，有班集体同学间嘘寒问暖的关怀，这些都丰富了我的成长路程。

母校为了自己的学生，竟然免费让学生参加学校的"晚自习"，并聘请老师留堂辅导。母校的付出让我们这些学子更加努力，坚定了自己的理想，并为之奋斗。

师生之间是一种很微妙的关系，既可深化为朋友关系，也可升华为父母与子女的关系，毕竟在八十九中，所有的学生在老师眼里都是他们的孩子。在这里，老师宁愿带病上课，尤其是高三的老师，不到万不得已，是不会少学生一节课的，他们决不与病魔妥协。他们更珍惜为学生上的每节课。我班杨汝萍同学被蜜蜂蜇伤了，晚上半夜三更不打电话给父母而是打给班主任万老师，万老师电话一来，坚强的她就哭了。处理好伤情后，第二天汝萍想借故休息，可万老师就是不许请假，说："放心，小事一桩，可以上前线了！"万老师关心我们的方式还真是让人哭笑不得——爱如亲子，严如后母，哈哈！这就是我们的万妈妈，最值得我们敬佩的老师！

在八十九中，我们班是一个优秀的集体，是一个团结友爱的集体。因为我们有个好家长！一班的家长万妈妈不怎么爱护自己的身体，口腔溃疡严重还坚持上课，她最关心的是学生的健康：俊杰摔伤了，早上5：00就起来给俊杰熬粥；婷婷咳嗽不好，熬了一周的糖水给她喝……她更关心我们的进步和成长：进步了，比爸爸妈妈还高兴；退步了，比我们还伤心。这就是我们一班的家长，既是严厉又是慈祥的万老师。

我的选修课老师曹老师，有着如大海般宽广的胸怀。三年了，没看见她发过一次火，她总是耐心、细心地教导我们。

老师就如天使一般，带着我们走向幸福的未来。

高中三年，痛，在路上，没有了往日毫无羁绊的笑容，没有了往日欢欣鼓舞的游戏，剩下的只是沉重不已的功课和试卷，但这三年，亦是我人生中最为珍贵的时光之一。我们这些"小皇帝"过惯了温室里的生活，在高中三年，我们看到了温室外的世界，这为我们今后的人生奠定了基础。同学们的互助，更似天使来到人间，只为有朝一日再次破茧而出，羽化成蝶。我们这群天使已在黑黑的茧中潜伏了三年，只等高考捷报，破茧成蝶……

相信大家永远忘记不了毕业时的集体照相和挥手离别吧！相机可以定格大家的友情，却无法定格时间，希望我们这些青春的花朵可以常开不败，珍惜高中生活的点点滴滴。

毕业随想

2009届高三（1）班　徐嘉慧

不知不觉间，高中三年生活匆匆而过。

再回首，三年前，我带着理想踏入了高中校园。当时我就在想：我的理想将会在这里实现。从那时起，我便开始了那美好而又艰苦的高中生活。

高一时，我总在怀念初中生活的点点滴滴，可同时，我又要必须面对学习压力巨大的高中生活。这时的我，已经没有力气去理会其他事情了。幸好有老师的耐心疏导，我才不至于放弃这一条路，我才会一直坚持走下去。如今，我庆幸，庆幸自己走进了这知识的殿堂；庆幸自己遇到了这些尽职尽责、无微不至关心我们的老师；庆幸自己离理想的大学又近了一步。

高二时，我适应了高中的学习生活，同时也增加了一门选修课。起初，我还认为自己不能兼顾这么多的科目。可是，每当看着那知识的海洋，自己又忍不住遨游其中，忍不住从中汲取一点一滴的精华。如今，我感叹，感叹那无尽的知识，让我们有了如饥似渴的求学欲望；感叹那孜孜不倦的老师，耐心地为我们解答问题，让我们有了努力上进的渴望；感叹那静谧的校园，时刻为我们提供一个最佳的学习环境，让我们有了宁静和谐的学习氛围。

高三时，我下定决心要考上大学，决定付出最大的努力实现自己长久以来的梦想。高三这一年，是我会铭记一生的一年。这一年，我跌倒过、失败过，也自卑过，可正因为我的决心，让我一次又一次地站起来，一次又一次地振作。如今，我留恋，留恋那些曾经为我们无怨无悔付出的老师们和可爱可亲的同学们；留恋这生活多年的校园，印有我们成长足迹的土地；留恋这多姿多彩的高中生活，这精彩的人生历程。

高中三年，我学会了怎样去拼搏，学会了怎样为了理想去奋斗，学会了怎样在挫折面前再次站起来。

我曾经一度认为高中毕业是件快事，但，这真的毕业了，却又有点舍不得。天天忙碌的身影，已成回忆。可以说等待分数是一种煎熬，有了分数，等待通知书又是另一种煎熬。虽然有了足够的时间可以随心所欲，但空虚乏味的生活真是有些碌碌无为。虽然高中生活很累，但很充实，我想念紧张而忙碌的高中生活，以及那些朝夕相处的同学们！

六月，我们就这样离别了。但是，我坚信，岁月冲不走往事，流逝的事物不是最美好的。因为最美好的事物会永远铭刻在我们的心里。

今后，我们即将各奔西东。一切都已过去，一切又都还在我的心里。不论我走得多么远，多么累，我都不会忘记这里的一切，我执着热爱过的一切。

毕业，不代表离开；毕业，不代表绝情；毕业，不代表忘记；毕业，不代表失去；毕业，不代表永别。毕业，只是一个崭新的开始！

我还记得！

2009届高三（1）班　涂晓玲

高中三年转眼即逝，往昔的音容笑脸如烟雾缥缈，好友也是各奔东西。俗话说："天下无不散之筵席。"我相信，我们的友情不会变，即使今后天各一方，但终有相聚的一天。

高三的暑假"真长"，只放了一天假，感觉已过了一个世纪。以前总是埋怨读书很辛苦，如今真的要从学校走向社会，还真有点不知所措。回想高中三年与老师、同学经历的一切，本来空虚、寂寞、茫然的我变得踏实且镇定。

还记得2008年年初的雪灾，班主任万老师带领我们高三（1）班全体学生向灾区捐赠衣物的情景。那一天天气很冷，而且还下着雨，我与同班的3个同学打着雨伞踩着冰冷的雨水向龙洞市场走去，购买保暖衣物。雨水打在雨伞上，噼啪作响。雨声中夹杂着我们与老板砍价的声音。当老板知道我们的衣物是要捐给灾区人民时，他也不还价了，而且还免费多送给我们几顶帽子。我们代灾区人民谢谢他，但他笑着说道："你们这么好心，送你们几顶帽子又有什么关系，做好事嘛。"听完他的话，我的心头暖暖的。即使天再冷也不怕了，我们可以用爱心温暖彼此。

还记得清明节去烈士陵园对烈士们的缅怀。那也是一个雨天，雨下得很大，但我们丝毫没有退却。排着整齐的队伍，打着雨伞，每人手里拿着一枝雨水滋润过的洁白的菊花，我们庄严宣誓：决不辜负老师、父母的殷殷期望，尽自己最大的努力，考上理想的大学，英勇的烈士为我们见证。

还记得校运会高三（1）班同学尽展英姿的历史时刻。2008年的校运会，新增了不少集体项目。同学们出谋划策，为赢得比赛寻找最好、最快的方法。呼啦圈项目上，同学们手拉着手，轻巧地穿过呼啦圈，即使卡住了也不埋怨，而是鼓励和加油。团结的力量，合作成功的喜悦，赢得比赛的欢呼声仍在耳边回响。

还记得市一模考试的第二天，是我的宿友慧莹的生日。当天晚上，我们为她准备了一个简单的生日会。为了不让她知道，我们分组行动，三个宿友提前10分钟回宿舍准备，剩下的人想尽一切办法拖住慧莹，等待行动的信号。终于等到三人的电话，我们收拾好书包与慧莹一起回宿舍。一进门，祝福之语"生日快乐"接踵而来。慧莹很是感动，她许完愿后，我们一起吹蜡烛、切蛋糕、喝饮料、吃零食，不亦乐乎。此外，我们还拍照留念，那天晚上拍的照片，恐怕比我高中三年拍的照片还多。虽然第二天还要考试，要早点睡，我们还是度过了一个短暂的快乐时光。

高中三年的点点滴滴，如水滴滴入池中，消失其中，却也泛起涟漪，久久不能平复。真高兴高中三年有高三（1）班全体同学的陪伴，有老师的谆谆教导。在八十九中学读书，让我获益良多。

高中生活感言

2009届高三（1）班　邹文婷

　　站在车水马龙的十字路口，我停下了脚步，感觉路很陌生，刚想伸出脚向前迈步，但又不知道该往哪里走，于是慌忙收回了脚步。在那一刹那，站在迷茫的路口，想起我三年高中生活那简单而忙碌的生活节奏和路线，每天风雨无阻教室—食堂—宿舍。

　　教室。小小的教室里整齐地排满了一张张桌椅，桌子上堆起了一座座同学们用书砌成的小碉堡。教室就像战士们磨刀练枪的练习场地。当同学们伴随着清晨柔弱的阳光踏进教室的那一刻，仿佛成了一个个斗志昂扬的战士，眉宇间透露出一个勇士奋战沙场的斗志。为了战胜高考那场残酷的战役而忍受每天枯燥乏味的学习生活，在书海里埋首耕耘，用汗水浇灌六月的花朵。看着高考倒计时上的时间一天天地减少，同学们开始和时间老人斤斤计较地打起小算盘来。分秒必争，许多同学连中午那短暂的休息时间都安排得满满的，匆匆吃完饭后便又埋头钻进书堆里。直到午休结束的铃声响起，同学们才不情愿地放下笔，趁着午休结束与上课前的片刻稍做休息，或闭目养神，在想象自己心中理想的大学，给自己动力和目标，明确自己努力的方向。每天数不清的试卷如潮水般铺天盖地地向我们涌来，着实让人喘不过气来。但即便如此艰辛、乏味，我们的心仍旧充实而快乐，因为我们在为追逐心中的梦想而努力拼搏着。高三是痛并快乐的。小小的教室弥漫着战争的硝烟和响彻着刺激高考的号角声，但更多的是萦绕在同学们心中的梦想。

　　食堂。在我记忆的碎片中，对食堂的记忆除了人多还是人多，多得让我质疑起中国的计划生育制度来。然而，我对教学楼通往食堂的那段路有更多的回忆。为什么说不经历高考的人生是不完美的人生？高中的生活，同学们除忍受肉体上的劳累，更多的是磨砺一个人的心理承受能力。期间你会遇到许多挫折和失败，很多时候让人欲哭无泪，让人想逃避、想放弃。每次大考后，经过这条路时，我都会放慢脚步，也许是为了排解经受失败后的抑郁吧，但更重要的是从中寻找到坚持下去的勇气和信心。看着道路两旁那坚韧挺拔的小草，柔弱的身躯默默地承受着大自然给予它的一切。任风吹雨打、日晒雨淋，仍坚强地活下去。记忆最深的是食堂前面的那棵树，树的主干有一道很明显的折痕。显然是之前断了后又接上去的。但这并不影响它对生存的渴望，它仍然顽强的生长着。看到这里，我也就增添了坚持下去的信心。相信经过努力的我，也会像这棵树一样撑起属于自己的一片蓝天。

宿舍。宿舍是同学们辛苦学习一天后放松的场地。住宿不仅为我们争取了更多的学习时间，而且缩短了同学之间的距离，使同学之间建立起了牢不可破的友谊。同学之间相互帮助、相互支持。在这里，给我留下了很多美好的回忆；在这里，让我想起曾经与同学开卧谈会时的欢欣雀跃；在这里想起与同学们一起吹蜡烛、切蛋糕、唱生日歌的喜悦场景；在这里与同学一起挑灯夜战，奋笔疾书……

有人说，时间就像海绵里的水，只要挤挤总会有的。有些同学仿佛想要将海绵放进锅里把水蒸成水蒸气不可。挑灯夜战不说，还起早贪黑。相信同学们努力的付出会得到令人满意的回报。

想起这美好的一切，让我更有信心向前迈步了，于是我大胆地迈开脚步，向自己的目的地进发。

永远记得……

2009届高三（1）班　涂慧莹

时间一晃而过，转眼间就离开了生活了6年的母校。花开花落，岁以三载，高中三年的拼搏给青春画上了最亮丽的一笔。

曾经，在那"相看两不厌，唯有凤凰山"的家园，我们手挽手爬上了顶峰，有欢笑，有汗水，有成功的喜悦；曾经，在那记载着青春的跑道上，我们顶着风雨大声地宣读着成人的誓词，有坚定的信念，有扛起责任的决心，有迎接挑战的勇气；曾经，在那美丽的校园里，我们穿越每一个角落，抬起那带着成熟的笑脸，用相机定格住此刻的美好……在校园里，有说不尽的快乐，有谈不完的话题，有忘不了的酸楚；在教室里，有朋友的轻声问候，有恩师的细心教导，还有很多很多刻骨铭心的感动……

经历岁月的磨砺，昔日稚气的我们日益成熟。6年了，第一次永远地离开了亲爱的母校，生活却仍在继续。对于未来，我们作出了新的选择，开始了新的旅程。但曾经熟悉的笑脸挥之不去，曾经的叮咛在耳边回荡，曾经的感动铭刻于心。不管时间过去多久，不管我们走得多远，不管未来多么精彩，不管我们多么成功，不管我们是否年轻，心中永远记得曾经带来欢乐、流过泪水的地方；心中永远记得每一位恩师，永远记得每一位可爱的同学。

谢谢亲爱的母校，每一个洋溢着青春的艺术节，每一个阳光灿烂的运动会，每一个精彩的科技节，每一个读书节我都记着！谢谢敬爱的老师，您那慈祥的笑脸，您那严厉的教导，您那细致的关怀！谢谢可爱的同学，我们一起用团结的力量在校运会团体赛上夺得的奖状；我们带着成功的喜悦写下的纸条；我们怀着对未来的期待与对即将离别的不舍写下的心愿卡；我们在感恩主题班会上的感言，流下的感动的泪水；我们说好的誓言；我们的照片；我们教室里的课桌；我们的一切一切都铭刻在心头。谢谢如亲人般的宿友，陪伴着我度过快乐，陪伴我度过悲伤，属于我们12人的暗号，属于我们12人的秘密，属于我们12人的游戏，属于我们12人的卧谈会，还有属于我们的叛逆、疯狂，都不曾逝去。

亲爱的万老师，您既像严父又像慈母，您既像朋友又像孩子。我们永远都记得那道您为我们拣去跑道上的小石子的背影，永远记得您那振奋人心的激励，记得您那飞速的语调，记得您那哭红的双眼，记得您的笑声；我们记得袁老师那皱起的眉毛，超冷的笑话；我们记得刘芳老师如孩子般的笑容，被粉笔弄得红肿的双手；我们记得曹老师突然的大叫大笑和可爱的辫子；我们记得……

再见了，尘土飞扬的操场；再见了，高大的大榕树；再见了，母校；再见了，老师；再见了，同学们。最宝贵的回忆，最珍贵的礼物，最真挚的友情、师情，最感动的誓言、约定，我都记得，都铭刻于心底……

恰同学少年

2009届高三（1）班　廖晓婷

时间转眼即逝，高中岁月已在身边悄然溜走，伴随着点点滴滴的甜蜜与痛楚离开学校，但我心中充满了对母校的不舍，以及对学校领导和老师们的感激之情。没有他们的培养，我就不会有今天的成绩。

相逢与离别总是匆匆，蓦然回首，便会黯然神伤，但更多的是对青春岁月的回味。曾几何时，充满激情的我们为自己的未来而努力奋斗。无论遇到何种困难，我们都没有退缩，没有逃避。回首来时路，我们风雨兼程。6年前的我们满脸稚气地一路走来，直至今日，在老师的教导和家长的关心下，我们或已初识人生，或仍在探索着自己未来的方向，但至少我们已经在这里学会了关心他人，学会了承担责任，学会了如何拥有一颗善良助人的心，学会了用怎样的目光和胸怀去迎接挑战，相信明天会更好！

虽然离别已经来临，毕业后即使偶然的相会也离去匆匆，然而有一种东西却永远陪伴在我们身边，那就是同学们之间优良的品质和老师的教导——它们就像无形的指明灯，指引着我往后的人生。三年虽像闪电一瞬即逝，却将照亮我生命的永恒。只愿在未来的日子里，能微微地递来一个笑容，让如今的岁月留存心底。

亲爱的同学们，往后，生活或将充满曲折，但我们应当拿出高三（1）班同学的勇气，坦然面对一切。祝同学们一路顺风，就像歌词里写的："人生路上甜苦和喜忧，愿与你分担所有，难免曾经跌倒和等候，要勇敢地抬头，谁愿常躲在避风的港口，宁有波涛汹涌的自由，愿是你心中灯塔的守候，在迷雾中让你看透，阳光总在风雨后……"

最后，请允许我深深地感谢我们2009届的老师们，你们在我的心里永远都是最好、最负责任的老师！没有你们，就没有今天懂事的我！这三年，在学校，你们就像是我的父母，引导着我一步步地往前走。"谁言寸草心，报得三春晖"，愿这无尽的感谢都能化作祝福伴随着你们，让你们继续充满爱心地培育祖国的花朵。

2013届我们一班，非同一般的一班

这是万老师来这个城乡接合部生源刚由五组升为四组的学校所带的第一个理科创新班。三年后全班34个学生全部考上本科，80%的孩子考上了重本。除了高考的优异成绩，更值得关注的是这个班的学生在全国各地的大学就读，依然不忘班规，大一的母亲节他们制作了视频发给万老师，汇报各自在大学不忘初心、恪守做"善良、正直、有用的人"的实际行动，甚至工作了依然如斯地坚守。

两封来信、两篇庆功宴上的发言稿或许会为你解开打造卓越班级的奥秘……

一个高三学子高考前的来信

——迟到的感谢

亲爱的万老师：

祝您一切安好！原谅我三年来一直未能习惯称呼您为"万妈妈"抑或"万妈"，容许我在这儿做些"狡辩"！在我看来，信头中的"老师"不是平日里上课时已经叫得麻木的"老师好"那种。所谓"一日为师，终生为父"，个人比较向往古时风行的"师道"，推崇古时君子独有的"尊师重道之礼"。虽然本人生活在一个今人爱把师对生之教化影响淡化的大熔炉里，但我仍可袒露内心，毫不矫情地说："您会是我在过去、现在、未来三个时间维度中对我影响最大的老师（没有'之一'）。"

这封信本该现场作于那场公开班会上，本该现身于班级日志的尾页，但这高三以来变得冷静，甚至有些偏执的我没有那样做。高三，我逐渐明显感受到三年理工学科对我的熏陶和影响，这让我厌恶、害怕触碰一些自己拿捏不住的情感，担心情绪不受控制，而使自己的行为言语显得煽情可笑。我开始以极冷的心态分析一些事情，选自己认为最重要的事情做。事实上，我希望自己能走在一条"用理性的思维审视这个浮华世界，寻找其中人、事物本质"的路上。因而我选择在此时，临毕业之际，将此信奉上。出发点是：以冷静适当的笔触，让您的心情如风平浪静的大海，平和地看完我这个涉世未深的学生内心真实的陈述。

关于您的一切，有时不知从何说起。最早是在军训吧，在休息时，我不小心低头落泪让您看见了，您问我是否多愁善感想家了，其实不是。我摇头，不愿说出实情也不愿撒谎，因而沉默，事后为自己的不礼貌而感到愧疚，但始终再没对您提起此事。其实，我那时敏感地认为，这个班，并不如我期待的那样优秀，除去舒琴，并无太多志同道合的朋友。我虽看似与普通女生无甚差别，但其实我现如今的心态已经硬朗如舒琴，冷静同男生。因而在高一期末的那篇周记中，我才会如此心灰意冷地问，"老师您那样热情于教学，于这班孩子，真的有必要吗？""以温暖而忧伤的心，无以避免地以爱对人，又无可避免地被灼伤。"（这是我批复在孩子周记里的原话）但您这三年以行动来回答我，已经有力地告诉我，您的选择是"承担"而非"放弃"。实际上，当我在高三这年，看到许多同学或大或小地受您的影响而改变，我真心为您的付出没有付诸东流、为您的呐喊得到了回馈而感到高兴。无论是班长的巨大变化，还是绮雯、泳江在不经意间先进电梯后不辞辛苦地按着"hold on"键的举动，都让我看到，真诚的教化，没有白费。这个班因有了您的引领，多处刺人的棱角，已逐渐变得圆润。现如今，我身处其中，身心无比愉悦！

另外，在您为我们缔造的奇幻无比的文学世界中，我亦收获无穷。犹记得高一上学期末，在别人都整理书包回家的途中，我不合时宜地拿着期末考改后的作文来到您的跟前，听您以小说笔法现场为我的作文重塑骨肉、重造灵魂，第一次为您的"出口成章"感到震惊，但更重要的是，之后您为我打开的那扇里面住着林清玄、张晓风等诗性作家的文学大门。虽"形而上的心灵收获比实际学到的写作可用的真才实干多得多"，但亦无悔。我的高中，虽没承师愿进入张爱玲的世界，没有接受少女本应该有的诗情画意的熏陶，但唯一一本《梵·高传》，就使我收获了自己更钟情的对生命意义先热切而后冷静的思考。

学生不才，没能如您所愿，攀登到别人所不及的高峰，更妄谈青出于蓝而胜于蓝。三年来的沉淀，现如今看来，仍显浅薄。所幸，青春仍在，少年仍未成年，鄙人仍尊奉"小时了了，大未必不佳"的不成文的信条，发誓多年后能如万老师般优秀，不为男性所牵绊，不为时代所牵制，再造一番乾坤！

有时不敢想象高考后离开老师的日子，老师的强大气场实际上是我这三年来的定心丸。有时您外出或因病未回，都会让我有些许的心神不宁。但师生亦可比作那一节节的莲藕，高考的利刃斩断它们后，它们亦可藕断丝连。老师，您的教诲，学生无意间会时常想起。这似乎并非什么坏事，学生届时必会如现在这般冷静、微笑、转身，无甚忧伤。

学生我信马由缰，没打草稿，信将写毕仍未见其中有"感谢"二字的踪影，真是离题万里。但学生又偏执地不愿随俗，望老师谅解我的任性。我固然像男孩般不懂柔情，但我的心意，还是显而易见的！

望安！

学生余意顿首

2013年5月12日

备注：如今余意在广东省外语外贸大学英语系毕业后，自己挣够了读研的费用，申请香港中文大学英语系研究生获通过，且准备追随老师的脚步，做一名优秀的老师。

那三年，我们一起走过的时光

——致我们终将逝去的高中生活

新加坡南洋理工大学　蒋一楚

"所有的日子，所有的日子都来吧/让我们编织你们，用青春的金线/和幸福的璎珞，编织你们。……青春是转眼过去的日子，也是充满遐想的日子/纷纷的心愿迷离，像春天的雨/我们有时间，有力量，有燃烧的信念/我们渴望生活，渴望在天上飞/是单纯的日子，也是多变的日子/浩大的世界，样样叫我们好奇/从来都兴高采烈，从来不淡漠/眼泪，欢笑，深思，全是第一次。"

还记得我们一班的高中生活是这样开始的，是这样走过的，也是带着这样的信念、渴望和些许莫名的忧伤结束的。

上了大学，好多高中的事情都淡忘了。曾经那么在意的人，那么在意的事，都已经变得模糊，即便偶尔想起来，也只是淡然一笑，笑一下自己当初有多么幼稚。但有些事是忘不了的，有些人注定是深烙在脑海中的。而正是这些人，这些事，让我走到了这里，让我成为如今的我。同时，在我日后的道路中继续发挥着作用。

一、致老师们

大学后，不再有老师对你嘘寒问暖，老师们上完课就走，不会对你的课外生活有兴趣。于是，更加怀念高中时与各位老师间那种紧密的联系，想起他们教会我的那些东西。想起万老师是如何告诉我们学会批判、学会独立思考、学会拥有一颗赤子之心、学会坚毅，让我们明白不让时代的洪流洗刷掉我们身上应有的铁骨，挺起自己的脊梁，追求自己所愿追求、坚持自己所愿坚持的事物是多么重要。想起她家里出现了大的变故，在处理好事情后，仍然忍住伤痛回来给我们上课，想起她在我们面前掉下的每一次或感动或失望或伤感的泪水，还有那一个个为了帮我们及时讲完、巩固知识点，集体"迁移"去办公室的中午……没有一个老师能为一个班如此付出、如此全身心地投入，与同学们一起欢笑、哭泣。相信，每一位一班的同学都会同意我们是幸运的孩子，因为我们在最难熬的三年中遇上了万妈。想起老大霸气侧漏的粤语数学课，无论春秋寒暑，都在早上7：00到学校来为同学们解答疑难；上午考试，下午就出成绩，以便让同学们更快地发现自己的问题。想起他的敬业精神，还有他那腼腆略带憨厚（虽然有时候在讲错题的时候笑得略带嘲讽）的笑容；还想起tracy的"the shoter，the better"，每次上课"上蹿下跳"的投入与激情，还有无数个中午都在办公室被一群同学围着讲着口语或作文的场景；此外，还有孟老师的幽默、胡老师和刘老师的严谨细致……还有太多太多，无法一言道尽。

二、致小伙伴们

三年，差不多一千多个日子，我们都陪伴在彼此身边，一起探讨、开玩笑、抱怨等，从一开始的陌生到后来的熟悉，我们经历了很多。一次次班级活动的磨合，才让我们有了后来的配合和默契。还记得我们的每一次全校示范班会课……一起在阶梯教室，在全校老师和家长们的注视下朗诵青春序诗，告诉他们我们的决心与信心；还记得我们一起稀稀拉拉唱完"《团结就是力量》"，集体哀求回教室，结果被万老师罚跑N圈后终于懂得"学不会为他人鼓掌，就不配接受别人的掌声"；还记得我们一起在一个早上，打开窗户，在北风中一起朗诵《沁园春·长沙》：独立寒秋，湘江北去，橘子洲头。/看万山红遍，层林尽染；漫江碧透，百舸争流。/鹰击长空，鱼翔浅底，万类霜天竞自由。/怅寥廓，问苍茫大地，谁主沉浮？/携来百侣曾游。忆往昔，峥嵘岁月稠。/恰同学少年，风华正茂；书生意气，挥斥方遒。/指点江山，激扬文字，粪土当年万户侯。/曾记否，到中流击水，浪遏飞舟。当然忘不了我们帅极了的足球赛，在雨中对战体育班，不是加时赛居然就赢了，真的特别帅也特别自豪。还有很多事，讲也讲不完！是你们，帮助我成长。是你们，在一次次活动中，教会我集体荣誉感。是你们，一次次证明给我看，原来人的潜力真的是无限的。是你们，告诉我高中学的不仅是书本的知识，还有为人处世。

三、让我成熟的书

初中三年，说真的，看的书不怎么多。但是作为万老师的学生，进入高中后就被洗涤了我们无知的大脑，在她的指导下看了大量图书，而其中最让我受益的莫过于《文明论概略》和《知识分子论》。

在《文明论概略》中，福泽谕吉阐述了一个简单的道理，（人类）文明并不是死的东西，而是不断变化发展着的。变化发展着的东西就必然要经过一定的顺序和阶段，即从野蛮进入半开化，从半开化进入文明。现在的文明也正在不断地发展进步着。

在《知识分子论》中，我知道了身为一个受过高等教育的人，我的责任是什么，我的终极目标是什么，我该有怎样的气节。

回顾我的高三生活，对我触动最大、影响最大的事情无疑是那次家访。在那次家访后，我写下了这样的句子：我一直把自己禁锢在一个固定的环境中，我想，是时候看看外面的世界，过不同的生活，做不同的自己了。而我也有点骄傲地说，我真的做到了！从那天起，我不再像以前那样浪费时间、浪费智慧，我更珍惜我身边的同学和老师，也更珍惜我拥有的每一分钟。我很感激我有这样的一次机会，更感激我有这样的同学当我的榜样，给了我前进的动力。

三年就这样结束了！在那期间，有很多事情没有做，也有很多事情可以做得更好。但无论如何，仍然很感激我的高中三年是跟着2013届（1）班其他35位小伙伴、万老师、陈老师、Tracy、老刘、孟老师、胡老师一起度过的。遇上你们，是我的幸运！尤其万老师是我生命里最重要的他人！

2013届庆功宴家长代表周沫晗妈妈发言稿

尊敬的各位老师、家长、同学们：

大家好！

非常高兴参加今天的晚宴，也感谢家长委员会的精心组织和各位的积极参与！

高考结束了，在座的同学们都拿到了录取通知书，悬着的心也终于放下了。三年是累并快乐的三年，老师和学生的艰辛，我们家长都看在眼里，记在心里。除了极少数的天才之外，大多数人的智商都差不多，不能说一班的同学就比别的班的同学聪明，可是，为什么我们班取得的成绩这样辉煌呢？除了同学们自身的努力外，一班这个平台也很重要。我们有幸遇到了八十九中最好的教师团队，这些负责任、敬业的老师们，让我们的孩子在温暖、上进的氛围中边学习边成长。老师的辛苦付出今天已经结出硕果。同学们，请用最热烈的掌声向你们的恩师表达最诚挚的谢意！

我的儿子沫晗的成绩并不稳定，如果说，没有班主任万老师的呵护与指导，他早就被一班淘汰了，我今天也就没有机会站在这里，沫晗也没有机会和这么优秀的老师、同学共度三年美好时光。沫晗在最后关头没有让关爱他的老师失望，也没有让朝夕相处的同学失望，如愿考上985名校，读自己最喜欢的专业。如果说这是幸运的话，也就是因为沫晗遇到了这么好的老师，一班的同学都遇到了好老师，这种幸运也属于一班所有同学。在此，感谢各位老师和同学对沫晗的帮助！

下面我想说说对同学们的期待：

高考结束了，考得好的同学要继续努力，一直以来非常优秀却没有发挥好的极个别同学，也不要气馁，未来会有更大的舞台让你去展示自己。学历是铜牌，能力是银牌，人脉是金牌。你们已经成功摘到了铜牌，下一个目标便是银牌，再来就是金牌，最终争取赢得大满贯。

将要进入大学的孩子们，希望你们在大学里注重能力培养，多接触社会，学会生存。毕业后学会生活，做事懂得坚持，遇到挫折学会坚强。一班的老师是最棒的，所以从一班出来的你们也一定是最棒的！

以后无论是继续学习还是工作，都要多和老师联系，多和家人联系，多和同学联系，共享快乐，分担烦恼。高中生活虽然结束了，可我坚信一班的家长和万老师对你们的关心和帮助还会继续，一班各科老师对你们的牵挂不会消失。师生之间，同学之间的情谊地久天长！

快开学了，老师面临着新的工作任务，还会一如既往地辛苦，同学们别忘了常常回去看望你们的老师。也请我们一班优秀的老师们，为了家人，为了更多的孩子们，一定保重身体，健康才快乐。

最后，向我们最应感谢的老师们说一声：老师辛苦了！

谢谢大家。

2013年8月24日

2013届庆功宴主持人——班长阮戈林发言稿

感谢各位到场的老师、家长与同学：

首先，作为学生代表，同时也作为一班的班长，我想在晚宴之前发表一下我的感想，述说我在一班的成长经历。初到一班的时候，我还是比较叛逆的，对万老师的许多决策都不理解，也不太情愿去服从。她的高标准甚至引起了我的反感……但渐渐地，在一次又一次的活动中我们感受到这高标准背后的大爱，"父母之爱子，则为之计深远"，万老师就是这样一个有深谋远虑和高远眼光的明师。在她既温和又坚定的目光中，我渐渐读懂了这份深沉的大爱，也慢慢地从做班长的过程中学到了许多。例如，高二时候的歌唱比赛，班里不仅唱得不好，还不愿意听其他班的同学唱歌，我们幼稚地向老师提出想回教室的想法，结果全班被惩罚跑圈，尽管当时我们怨声不断，但事后想起来，倘若我们真的不愿意听别人唱歌、为别人鼓掌，那我们输掉的不仅仅是比赛，还有我们的人格魅力。我自己也通过多次活动的筹划和负责，从中锻炼了自己的能力，也慢慢懂得去沟通、去协调、去承担……做了三年一班的班长，我真的学到很多，因此在这里，我要再一次感谢一班的同学和老师，感谢信任我、指导我、包容我的万老师！（鞠躬）

我的成长必然离不开各位老师的辛勤栽培。"老大"，作为一名即将退休的老师，仍然一丝不苟地为我们上课，并没有因为快要退休了却仍要辛苦操劳而有过半句怨言，仍旧全心全意地付出，直到我们走进考场；Tracy，汤老师，以她诙谐幽默的性格在课堂上感染着我们，让我们在枯燥的高中学习中体会到无穷的乐趣。课堂外，她还常关心身体不适的同学，为他们买药、嘘寒问暖；胡老师，上课严谨，批改作业一丝不苟，同时，也很关心同学平日的生活，与同学谈心，经常为我们分享她招聘老师时的经历，给我们上社会课；老孟，常常是先闻其烟味再见其人，是闻名校内的"大烟枪"，热爱自嘲，为课堂增添了无限乐趣，在他的课堂上常常能听见笑声，他的幽默也为我们高中生活添了一道鲜艳的色彩。另外，还有刘鹏飞老师，上课极为严谨，非常注重基础知识，高二刚来一班任教时，一班的生物成绩突飞猛进，他的严谨教学也感染了我们，让我们养成看生物书也字字斟酌，坚决不漏考点的习惯。

最后，还是要再次深谢我们一班的家长——万妈妈。是的，她对于我们来说远不止是老师。三年来，从军训开始就为我们操劳，即使是任务繁重，甚至曾经一段时间家中有不便，但仍一直将我们一班牵挂在心中，一班之所以能这样优秀，无不源于万妈妈三年来的辛勤付出以及她坚持传递给我们的理念——做一个善良、正直、对社会有用的人。因此，在这里谨代表全班感谢您！（献花）

当然，还有我的老妈，虽然整天婆婆妈妈，唠叨不停。不过三年来如果没有她的陪伴，我肯定熬不下去，每天早晨5：40就起床为我做早餐，每天的饮食调理都是她精心准备，高三晚自习后回到家，她还给我做可口的消夜，因此整个高三我的体重是只见增不减，使我有充足的精力应对学习。在此，我要感谢我的妈妈。

最后，感谢文亮爸爸的精湛厨艺，希望大家能尽情地享用晚餐！

2013年8月24日

（备注：阮戈林同学暨南大学计算机本科毕业后，就PK掉了许多名校博士和研究生，被华为公司海外地区部录用。优秀已成为一种习惯。自律、肯担当的品质在三年班长生涯中得以锤炼）

第六章　墙里开花内外香

　　不少人说"德育是风景线，教学是生命线"；可万老师26年来坚持"教学是生命线，德育是教学的源泉"；因而她实现了德育和教学的双丰收。不仅教学成绩好，带班业绩佳，而且被她教过的一届又一届的学生，都深受其影响，成长为善良、正直、对社会有用的人。

　　人们常用"墙里开花墙外香"来形容部分"名师"的处境，或暗指一些名不副实的"名师"状况。万老师不仅做到"墙里开花墙外香"，更不厌其烦地帮助年轻人成长，而花香墙内外。本章中既有来自全国各地听课老师的留言反馈，也撷取其身边的同事发表在校园网或公众号上的文章，看看她是如何帮助和影响身边的年轻人成长的吧！

来自全国各地听课老师的部分留言

广州培训班

专业的热爱，钦佩于您践行身教的决心。奈何时光如箭急，略留遗憾。以下午自己写在笔记本上的句子作结：席暖不知热，情痴你我间。@万三妹儿 🙏🙏🙏

秀婷
万老师，您的讲座，完美地诠释了言传身教。不论时代怎么发展，教育的身教胜于言传，学生们会悄悄地尾随在我们的身后，学着我们的样子。万老师您在教学中一直充满激情，孜孜不倦地教导您的学生，给每一个孩子希望，并且让他们开出了希望之花。下午做了两个小时您的学生，着实受益匪浅，希望以后还有机会再听到万老师您的讲座。@万三妹儿

万三妹儿
@Jacqueline @陈嘉庚 丹丹 @王肥颖 @檸檬 @明慧 @秀婷 @承華sysu @冰儿 @深海紫莎 🖤❤🙏！在秋意渐起的清师也好，班主任也好，要想给孩子们最好的，首先要先做最好的自己，以身作则，亲身示范，真真的做到"学为人师，行为师范"👍👍👍@万三妹儿

袋甲
@万三妹儿 😄😄😄

铃铃公主
学正为师，身正为范@Jacqueline 😄

Jacqueline
哈哈，谢谢丹丹，我大学的校训是"学为人师，行为世范"，用在这里不知是否不妥 😊😊😊

王肥颖
今天万老师的讲座impresses me to a great extent. 做您的学生一定是非常幸运的，您的讲座无时不刻在提醒我作为一名教师首先要记住不断提升个人素养，然后要永远地保持一颗赤子之心，

问。成功的教师是用自己的人格魅力去影响指引学生，使学生在正能量的牵引下朝着正确的目标爆发自己的小宇宙。万老师您做到了👍👍👍！！！@万三妹儿

明慧
万老师，我也有"能做您的学生真的会很幸福"的共鸣，您风趣的言语让我们听得更加投入，您的学生何尝不是呢？！

深海紫莎
听万老师的讲座是一种感官享受，一次心灵的交流。明白了老师不仅要传道授业解惑，更应该具有崇高的人格魅力，如此影响学生，成就人生。👍👍@万三妹儿

冰儿
万老师，我来自江西。所以听您说是江西媳妇便倍感亲切。😊今天下午的江西人的村庄！万老师对专业的热情和对学生的热爱深深的感染了我。感谢万老师为我在成为一个幸福的教育者的道路上点亮了一盏明灯。

亚亚(广州一中王亚萍学员)
就是6，6啊😄您今天把我们迷晕了

亚亚(广州一中王亚萍学员)
哈哈哈，我是数学老师

万三妹儿
谢谢这些小伙伴的鼓励！我们一起走更远的路🙏🙏🙏🙏晚安❤🌹

lily
我是一个热爱语文的数学老师，今天被万老师点燃了对语文的热爱，对阅读的渴望！更加重要的是：我将要学着把我的这份热爱和渴望也传承给所带班级的学生们！万分感谢万老师今天下午的指引！

2 亚亚 (广州一中王亚萍学员)　　10-12 下午5:30
万老师，悄悄的说，本来下午准备备课做做题的，但生生的被您的讲演吸引，就像您说的，今天大家都有一双求知的眼睛，我们感受到您对班主任工作的热爱和专业，深受启迪，我们也会把这种精神带入到明天和以后的工作中，希望今后有机会多跟您学习。👍👍❗❗

银铃公主　　10-12 下午5:31
@一中王亚萍 你的想法与我何其相似☕我的测验卷是白带来了😄

万三妹儿　　10-12 下午5:34
不好意思，耽搁大家做正事儿了😊😊😊😊

魅媛　　10-12 下午5:35
😁

亚亚 (广州一中王亚萍学员)　　10-12 下午5:35
@陈嘉庚 丹丹 哈哈哈，有这种想法的肯

严海舟
听完讲座立刻买了万老师推荐的《一个人的村庄》。万老师对专业的热情和对学生的热爱深深的感染了我。感谢万老师为我在成为一个幸福的教育者的道路上点亮了一盏明灯。

亚亚 (广州一中王亚萍学员)　　10-12 下午9:13
就是6。6啊😁😁您今天把我们迷晕了

亚亚 (广州一中王亚萍学员)　　10-12 下午9:14
哈哈哈，我是数学老师

万三妹儿　　10-12 下午9:33
谢谢这些小伙伴的鼓励！我们一起走更远的路🙏🙏🙏🙏晚安🖤🕯

lily
我是一个热爱语文的数学老师，今天被万老师点燃了对语文的热爱，对阅读的渴望！更加重要的是：我将要学着把我的这份热爱和渴望也传承给所带班级的

万老师的人格魅力无可抵挡，听了万老师的讲座我开始反思自己，作为一名老师也好，班主任也好，要想给孩子们最好的，首先要先做最好的自己，以身作则，亲身示范，真真的做到"学为人师，行为师范"👍👍👍@万三妹儿

铁甲　　10-12 下午9:53
@万三妹儿😁😁😁

银铃公主　　10-12 下午10:03
学正为师，身正为范@Jacqueline 😊

Jacqueline　　10-12 下午10:06
哈哈，谢谢丹丹，我大学的校训是"学为人师，行为世范"，用在这里不知是否不妥😄😄😄

王思颖　　10-12 下午10:29
今天万老师的讲座impresses me to a great extent. 做您的学生一定是非常幸运的，您的讲座无时不刻在提醒我作为

万老师，悄悄的说，本来下午准备备课做做题的，但生生的被您的讲演吸引，就像您说的，今天大家都有一双求知的眼睛，我们感受到您对班主任工作的热爱和专业，深受启迪，我们也会把这种精神带入到明天和以后的工作中，希望今后有机会多跟您学习。👍👍❗❗

银铃公主　　10-12 下午5:31
@一中王亚萍 你的想法与我何其相似☕我的测验卷是白带来了😄

万三妹儿　　10-12 下午5:34
不好意思，耽搁大家做正事儿了😊😊😊😊

魅媛　　10-12 下午5:35
😁

亚亚 (广州一中王亚萍学员)　　10-12 下午5:35
@陈嘉庚 丹丹 哈哈哈，有这种想法的肯

深圳培训班

< 深圳班主任培训班（2017-11） …

赵琳口真
万博老师优雅又有渊博的学识，风趣又女人味十足，您的一言一语无不透漏着您对教育教学事业的无限热爱和高昂的激情。您的演讲使我心潮澎湃，思绪万千!!!

黄琐
没讲高深的理论，却教给了我们高深的教育理念和做人，做事道理，非常感谢。

远璟归真
[动画表情]

杨金花
还想听万老师的课

皎如皓月
德育教育，是个老生常谈的话题，万老师举手投足间的风趣幽默，那种骨子里

听完万老师的课，如醍醐灌顶，心情久久不能平静。一定要做一名有心的老师（爱心、热心、责任心），尤其是班主任。

远璟归真
万博老师优雅又有渊博的学识，风趣又女人味十足，您的一言一语无不透漏着您对教育教学事业的无限热爱和高昂的激情。您的演讲使我心潮澎湃，思绪万千!!!

黄琐
没讲高深的理论，却教给了我们高深的教育理念和做人，做事道理，非常感谢。

远璟归真
[动画表情]

杨金花
还想听万老师的课

@万三妹儿 万老师，我非常同意你说的用简单纯粹的思想去涤净复杂污浊的灵魂，我也一直努力用身体力行带动无数孩子，尽管我没有想过自己可以凭借凡人的努力开创神一样的伟业，但是我一直致力于教导孩子找到并走好自己的未来。已关注了您的公众号，我会一直努力下去的🤟

小锋
如沐春风

万三妹儿
@陈嘉庚 丹丹 @晓丹 @安莉 @邓秋 @SUNNY0251👍👍🤝🖤🖤

装甲
两个字：享受@万三妹儿

邓秋
@陈嘉庚 丹丹 万老师的公众号是？

四替用（四替用用用人源村权）
万老师好❗❗❗，有学问有思想有境界有作为，受益匪浅！

绕风残月
用心工作，用美熏陶，用爱滋润。

北斗
万老师知识渊博，才华横溢，讲学声情并茂，让我回味无穷！期待有机会再聆听万老师的精彩分享！欢迎万老师到大美青海来做客❗❗❗❗

周石
👍👍👍有内涵，底蕴，有魅力，有见地，真的好棒哦

万三妹儿
@新庄中心学校-张芸😊😊谢谢你的宽和！我的准时抵达因你们的早到而迟到了😂😂😂😂我一定要用"大通速度"优化我的"广州速度"😂😂😂😂

花都培训班

花都实验万博工作室群 4 ⋯⋯

2017-11-25

严韵清 下午4:34
谢谢万老师！！！今天的讲座学到很多东西。育人既需要智慧，更需要的是持久的耐心。我会好好对我的学生的😊

好 下午4:42
谢谢万老师！听完讲座心有感触！！！

yuyanjune 下午4:47
美丽笑容，带来美丽享受！🖤

JoJo（JoJo美瑜伽花都实验） 下午5:05
谢谢万老师精彩的演讲👍 🖤万老师人如其名博学多才，博爱善良。笑容灿烂如花，阳光满满。对学生的教育犹如春风细雨滋润心田，是生命的呼唤，人性的呼唤👏直入生命的血液里，振撼心灵🖤

深圳班主任培训班（2017-11） ⋯⋯

赵瑞闪真
万博老师优雅又有渊博的学识，风趣又女人味十足，您的一言一语无不透漏着您对教育教学事业的无限热爱和高昂的激情。您的演讲使我心潮澎湃，思绪万千!!!

齐晓 下午5:08
没讲高深的理论，却教给了我们高深的教育理念和做人，做事道理，非常感谢。

返璞归真 下午5:09
[动画表情]

杨金花 下午5:11
还想听万老师的课

娜如皓月 下午5:12
德育教育，是个老生常谈的话题，万老师举手投足间的风趣幽默，那种骨子里

实自我，超越自我。做学习型的智慧教师！

雨荷 下午9:38
@思露化雨 👍👍👍

微笑（若曦） 下午10:14
万老师不愧是全国优秀班主任！您风趣、生动的班主任经验分享，句句牵动着我们大通四百多个班主任的心！让我不得不佩服您的妙语连珠，您的许多金点子，非常实用！我也钦佩您对教育事业的那份真诚、执着与热情！您确实是一位有智慧的班主任，今后我也会向您学习：善学、善思，做一个热爱生活、关爱学生、高效做事、充满爱心的班主任，也善待每一个孩子，成为孩子生命中的"重要他人"。教会他们做人，教会他们做善良、正直、有用的人！万老师您不远万里来到咱们高原地区，忍受了寒风、克服了高原反应，一直站着给我

中国移动 13:12
育人之路漫漫其修远兮，吾将上下而求索😊

红宝有你 下午9:07
听完万老师的课，如醍醐灌顶，心情久久不能平静。一定要做一名有心的老师（爱心、热心、责任心），尤其是班主任。

返璞归真 下午9:07
万博老师优雅又有渊博的学识，风趣又女人味十足，您的一言一语无不透漏着您对教育教学事业的无限热爱和高昂的激情。您的演讲使我心潮澎湃，思绪万千!!!

齐晓 下午9:08
没讲高深的理论，却教给了我们高深的教育理念和做人，做事道理，非常感谢。

青海培训班

小贾
万老师记得把红景天喝了，那个药治疗高原反应特别有效果。喝完半个小时之后就会见效。

万三妹儿
@闇门滩学校贾丽娜 🖤🖤👫👫❗❗

花香

174 马秀花
听了万老师的课，让我感触至深，我会在以后的教学中学习万老师的这种博爱、无私！

宁雨
腹有诗书气自华，以自己渊博知识和爱影响学生一生，这是万老师带给我最深的感受

小小 小马哥
超喜欢这句话：唯有爱和温柔不可战胜 😊

My
书中自有育人术！以后要多读书，从书中学习教书育人的智慧。万老师推荐的《道德情操论》我要好好读一下。

临海听风
你的那句职业应该有边界，德育爱心无边界！让自己以后的工作和生活有了界

千寻
如沐浴春风，吹到了枯竭的心上，我很喜欢这几句话：1爱是需要智慧的。 2让自己成为心中有诗意的人，这句话会让自己更加平静，更懂生活，更会排解心中的小烦恼。3不能让教育成为愚民的工具。觉得老师的话很有哲理看问题简单却又深刻。

萍儿
万老师推荐的《道德情操论》我要好好读一下。

小贾
@千寻 👍👍👍👍

千寻
谢谢贾老师

忘忧草
多读一些好书，才能提高自己的人生境界。万老师说的"一个老师自己都没有

读书可以明智，谢谢万老师给我们推荐的书，我会认真去读的

小翠
我觉的万老师的制止学生吵的厉害的方法好，我可以借鉴。

@暖心.
最喜欢万老师说的：唯有温柔和爱是不可战胜的！以后会自省

红尘紫陌
像万老师所说的做水一样的女人

巨克娟
多读书，让自己成为一名智者，像万老师说的：唯有爱和温柔是不可战胜的！

银银的化身
最喜欢的一句，眼泪不要掉，坏人会笑

山东培训班

.ul 中国移动 🤝 13:09

‹ 日照之家万博站3-31 ···

关注单亲家庭孩子心理、关注学困生（不是聪明的差生，是学习认真但提高成绩困难的学困生）心理😊😊😊😊是我没扯完🙏🙏

6

京&韵
@万三妹儿 谢谢万老师，万老师的人品，师品都是我们学习的典范👍👍👍，可惜时间限制，想继续听您扯😵😵😵

小育娜
谢谢万老师精彩的演讲。万老师的人格魅力征服了学生，言传身教感化了学生。在您的课堂上不仅教孩子们知识，还教会了孩子们做人，是我们努力的方向！👍👍👍❗❗

云淡风轻

.ul 中国移动 13:10

‹ 万博工作室青海大通站2 ···

今天听了万老师的讲座，收获颇多，非常感谢万老师！❗❗❗❗❗❗以后一定多读书，多思，多悟，做一个智慧的班主任。

梅朵
抓住教育契机，做一个有文化，有品位，有担当的老师。万老师普通高山，我们需要仰望，也是我们努力的远方！

丁香
喜欢❗❗❗的万老师，谢谢你的讲座！不忘初心，重拾阅读，先读 你介绍的沉思录。😊😊

万三妹儿
我很平凡，但不乏味：有滋有味儿的做老师，有滋有味过生活👏👏❤️❤️❗❗😄😄😄😄😄

小草
做一名启智明心的老师，唯有读书，从今天起始在阅读中成长，在阅读中蜕...

小贾
万老师，这是我听课时的感受及时和家长沟通分享的过程！当一个好的班主任，看到孩子的成长和进步，就是我最大的收获！

红計
渊博的知识是一个人永恒的魅力，一定要多学习。

秋风晓月
语文老师就应当多读书，读好书。

huanhuan
听了万老师的课，有很多感慨，感慨自己读书太少。

苍海明月
若有诗书藏于心，岁月从不败美人！谢谢万老师口吐莲花的讲解，听君一席话，胜读十年书！谢谢！

秋雁

广西培训班

茉莉朵朵 下午12:12
万博老师之所以成为专家，本身有料，有料是万老师读多书。我以后也要多读书，提高自身素养

沧海一粟 下午12:13
听过的专家讲座虽不多，以前上课的时候总觉得难熬，所以都会溜出去偷懒一下。但今天万老师的课只觉时间太短，真的好期待以后能多多聆听万老师的教诲。

执子之手 下午12:13
万老师经验丰富，很喜欢一线老师的课，真实而实用，期待万老师的新书😄🤭，特别很赞赏万老师说的要多读哲学书！

黎春华 下午12:15
万老师学富五车，经验丰富，令人佩服！

中国移动 13:07

2018-4-14

阿娟 下午11:39
万老师的课很精彩，感悟很大，非常感谢！

quietguy 下午11:49
听万老师讲座收获是：1、身正为范2、把平时应该做的事认真做、仔细做3、多读书，多思考，多观察，多反思，多总结

林阿飞 下午11:55
@万三妹儿 半日聆听，收益半生，期待万老师再次光临贵港授课！

伟哥(吴伟灵山) 下午12:00
@万三妹儿 听万老师的课真的受益匪浅，日后定多多请教学习。

中国移动 13:08

艺儿
万老师的课不浮夸很实在，对站在一线工作的我们很实用，万老师的课对于我们今后的工作一定起到实效性作用。感谢万老师毫不吝啬地传授经验给我们！

万三妹儿 下午
言犹未尽，时间太短！好多"鬼点子"还来不及分享😭😭😭😭

艺儿 下午
是呀，时间太短了。

音
万老师的课，让我感受颇多，觉得自己对学生关注不够细，总是偷懒，一偷懒就会走不到学生心里了，跟学生聊天也走不到学生心里

燕子 下午

皓香 下午
三个半小时的如饥似渴，只恨知道万老师太晚，听万老师的报告太迟！

斑兰 下午
初为人师，感谢万老师指点迷津，跟万老师一样爱班上的每一位孩子给他们妈妈般的爱❗❗🖤🖤

蓝胖子 下午
听了万老师的课，感觉生活，工作瞬间充满阳光，充满正能量，时刻谨记己所不欲勿施于人，做一名善良、正直、有用的人！感恩遇见你🌹🌹

青青草 下午
是言传身教教育了孩子，用自己的人格魅力来感化孩子，听了万老师的课后，我想这是我毕生为之努力的！

阳光 下午
听万老师一席话，胜读万卷书。

名班主任培训班

2018-5-29

dongdong 11:56
欢迎万老师！❗❗

spring_flower 11:56
👏欢迎&致谢万老师今天上午给大家带来的精彩课程🌸🌸

邓翠芳 11:57
今天听了万老师的讲座，深受感动，很多教育理论经过万老师的讲解，瞬间恍然大悟，最值得敬佩的地方是对孩子们的热爱，向万老师学习致敬！❗

可乐 12:32
今天上午聆听了万老师的讲座，胜读十年书！专业的引领，朴实的语言，真诚的分享，教会我们如何教学生做一个善良、正直、有用的人，并用自己的言行去影响学生和身边的人！您是一个真正做教育的学者，是我们学习的榜样！❗

Dān Dān
万老师变态式的阅读、卓越的成就让我顶礼膜拜，您真神人也👍👍，真的给我们洗脑了，太谢谢！

梦心雨 11:30
此次培训不虚此行，万老师的亲身经历的演讲，知识渊博，值得学习👍👍👍淡泊名利，用心做事，付出不计回报，真的是一次精神上的新生，保有积极向上、健康的心态，留有激情，努力做更好的自己，懂比爱更重要！！！培训完成不是结束，而是意味着新的开始！谢谢您，万老师，期待您的下一次营养大餐。

冰河时代 11:35
听了您的精彩讲座感受很多：引人入胜、字字珠玑、精彩绝伦、文采飞扬、妙趣横生、辞采华美最后加上案例很接地气，受益匪浅🙏🙏🙏

江南丝竹 12:4
曾经以为学无止境，是年轻时的思想，今天万老师的课，让我羞愧于自己的止步不前，感叹万老师满满的正能量，给我们注入新鲜的活跃的氧气！听君一堂课，胜读十年书！

秋 12:4
希望还机会听这么接地气的讲座。。

紫丁香 12:4
感谢万老师带给我们的心灵盛宴！读书培养人懂得美的欣赏，在尊重下去爱！像温和而坚定，隐忍而高贵的万老师学习😊

PTM 13:0
敬佩万老师对读书的忠爱！多读书可让人上升到无法触及的高度。也谢谢万老师给我们推荐的好书！

寄一束阳光给你 13:35

📶 中国移动 📶 下午1:34

‹ 备忘录

2018年8月16日 下午1:34

1. 一本好书是一个好老师，一个好老师更是一本好书。如您！一个上午远远地看着，听着，如沐春风！

2. 一个好老师要有坚定不移的教育信念，才能不迷失自我，在成长的路上一路芬芳，踩着荆棘亦不觉痛苦；有泪可落却不悲伤。

3. 师者也，教之以事而喻诸德也。

4. 教育的智慧在观察，经历，思考，反馈中凝练，提升。

5. 好老师静能春风化雨，润物无声；动能点石成金，琢璞成器，如您！

6. 打开心灵的窗户，剥开厚厚的心茧，您用穿透心灵的热情书写着自己的育人篇章，微笑，绽放在脸上；关爱，流淌在心田。

7. 追随您的脚步，我定奋力前行……

湖南培训班

国藩学府

乐开花 13:22
最好的教育不是考试考多少分，而是让学生蜕变成自己心中的天使，变成他们最美的样子。万老师对学生的爱感人至深。同时震撼于万老师对时间的管理，对情绪的管理。腹有诗书气自华——美丽的万老师！

芳芳芳 13:22
今天万老师的讲座，让我了解了多读书的魅力，不断提升自我，也让我懂得如何与学生相处：懂比爱重要。期待万老师下次的讲座，谢谢您！

百合醒了 13:24
虽不能至，心向往之。亲爱的万老师，向您致敬！向您学习！❗❗❗

Sisi 13:29
一直在想灵魂带有香气的女子是怎么样的。今天终于见到了真正的灵魂都带有香气的万老师。无论是在教书育人方面，还是为人处世，都深受启发。感谢学校安排的精神文化大餐，感谢万老师的精彩分享。❗❗❗

x8 13:18
万老师，我很好奇，平时您是怎么帮孩儿们养成学习习惯的！

钱哥 13:19
@万三妹儿 很是感慨万老师关于教育意在熏陶、以身做则、懂比爱更重要、功利心等的见解。没事时我还是得多读书

快跑 13:19
今天万老师的讲座让我感觉到了教育教学从我自己做起

天边雁 13:22
我在万老师温柔的坚定中看到了伟酱的

中国移动 13:04

国藩学府

乐开花 13:22
最好的教育不是考试考多少分，而是让学生蜕变成自己心中的天使，变成他们最美的样子。万老师对学生的爱感人至深。同时震撼于万老师对时间的管理，对情绪的管理。腹有诗书气自华——美丽的万老师！

芳芳芳 13:22
今天万老师的讲座，让我了解了多读书的魅力，不断提升自我，也让我懂得如何与学生相处：懂比爱重要。期待万老师下次的讲座，谢谢您！

百合醒了 13:24
虽不能至，心向往之。亲爱的万老师，向您致敬！向您学习！❗❗❗

Sisi 13:29

茉莉花开 13:18
亲爱的万老师：您好。
感谢您今日在我们国藩学府的悉心传授与耐心指导。
我是一名初中教师，我的孩子亦是一名高中生。颇感幸运，能在国藩学府新学期的第一天，便聆听了万老师的精彩讲座。犹如久旱的禾苗遇到了一场及时雨，缓缓在自己的心里升起了一盏前行的明灯，对未来的教育教学有了更多的信心与期盼，也收获了丰富宝贵的家长育儿心得。今天的讲座是一份温润而极见效的药汤，不仅心灵得到了洗礼，倍感读书和思考的重要性，更懂得了做人做事的精辟之道。
良好的教育，应是在温和而坚定的坚持中进行。吾将日益提升和督促自我，在教育大花园里辛勤灌溉，修身修心，力争培育出更多更美的花朵。

四川培训班

竹下听风   15:51
苏霍姆林斯基把教师对学生的爱、对自己劳动的爱看作老师超拔苦难的根本要素。他说，永远去爱孩子，永远不对某个孩子产生绝望，应该成为一个教师的信念。否则，教师的劳动就会成为苦难。

10

竹下听风   15:54
教师应当拥有巨大的热爱人和无限热爱自己的劳动的才能。只有会爱孩子、热爱自己的劳动，才能长年保持精力充沛、头脑清晰、印象清鲜、感情敏锐。而这，将帮助我们超拔苦难。

丫头圈   15:54
你懂 我懂 他不懂

维叶董董   15:54
1.说人话、做人事、通人性、讲人情！

乐开花   13:22
最好的教育不是考试考多少分，而是让学生蜕变成自己心中的天使，变成他们最美的样子。万老师对学生的爱感人至深。同时震撼于万老师对时间的管理，对情绪的管理。腹有诗书气自华——美丽的万老师！

芳芳芳   13:22
今天万老师的讲座，让我了解了多读书的魅力，不断提升自我，也让我懂得如何与学生相处：懂比爱重要。期待万老师下次的讲座，谢谢您！

百合醉了   13:24
虽不能至，心向往之。亲爱的万老师，向您致敬！向您学习！

Sisi   13:29
非常感谢学校在开学之初提供这样的福利，非常荣幸可以享受这样的文化盛宴。同事们都全面地说出了我的心里

PJ   15:37
让学生看到人性的丑陋和美好。这个观点很好。以前觉得应该就应该给学生看到美好的一面，黑暗的就不要看了。但殊不知，生活中的本身也有黑暗的一面。这样更能让学生贴近生活，以后面对丑陋人性时不会手足无措！！这才是真实的生活！

罗良才   15:38
用心生活的人是最具人性的人！

罗艳   15:43
对语文老师来说，万老师的讲座太有意义了

罗艳   15:43
我反思我们都教了些什么

竹下听风   15:44
@罗艳 你教会了他们热爱生活啊！

一直在想灵魂带有香气的女子是怎么样的。今天终于见到了真正的灵魂都带有香气的万老师。无论是在教书育人方面，还是为人处世，都深受启发。感谢学校安排的精神文化大餐，感谢万老师的精彩分享。

x娟   13:18
万老师，我很好奇，平时您是怎么帮孩儿们养成学习习惯的

辉哥   13:19
@万三妹儿 很是感慨万老师关于教育意在熏陶、以身做则、懂比爱更重要、功利心等的见解。没事时我还是得多读书

执拗   13:19
今天万老师的讲座让我感觉到了教育教学从我自己做起

天边雁   13:20
我在万老师温柔的收官中看到了优雅的

8-31中江中学精英群

竹下听风 15:51
苏霍姆林斯基把教师对学生的爱、对自己劳动的爱看作老师超拔苦难的根本要素。他说，永远去爱孩子，永远不对某个孩子产生绝望，应该成为一个教师的信念。否则，教师的劳动就会成为苦难。

11

竹下听风 15:54
教师应当拥有巨大的热爱人和无限热爱自己的劳动的才能。只有会爱孩子、热爱自己的劳动，才能长年保持精力充沛、头脑清晰、印象清鲜、感情敏锐。而这，将帮助我们超拔苦难。

丫头周 15:54
你懂 我懂 他不懂

维升菩菩 15:54

杨Happy
听万老师的课，我觉得
1.女人要自强，男人才更爱😁
2.老师真得博学多才👍
3.对于学生懂比爱更重要
4.身材颜值的管理很重要！😆
5.无私最终是成就了自己
6.期望递减法

清雅微展
@杨Happy 👍👍👍

草
班主任和科任教师（1）言传身教，传道授业！（2）授之以渔！（3）懂比爱更重要！（4）贱行了学高为师，身正为范。（5）感恩所有帮助过我们的老师、同学、朋友和父母！

锋糖
听了万老师的课，计我觉得老师的职业

清雅微展
听万老师的演讲，让人感觉如沐春风。演讲内容精彩纷呈，万老师的教育教学工作经验丰富，值得学习。从演讲中可以看出，万老师在生活中也极具智慧，特别喜欢一句话：自己要活出个人样，才有底气。

幽悠兰花
教给孩子爱比给于爱更重要。

彭华琴
听了万老师的讲座，让我受益终生的是三句话：时间管理，情绪管理，身材容颜管理。

梁海东
万老师是一位很有品位、丰富内涵、性情直爽而又非常智慧的女性，是一位对教育充满无限热爱的、纯粹的优秀教育专家，是一位有责任心、敢担当的班妈妈。我们如何把教育做到"万+博"呢？

8-31中江中学精英群

PJ 14:37
让学生看到人性的丑陋和美好。这个观点很好。以前觉得应该就应该给学生看到美好的一面，黑暗的就不要看了。但殊不知，生活中的本身也有黑暗的一面。这样更能让学生贴近生活，以后面对丑陋人性时不会手足无措！！这才是真实的生活！

罗良才 15:38
用心生活的人是最具人性的人！

罗艳 15:43
对语文老师来说，万老师的讲座太有意义了

罗艳 15:43
我反思我们都教了些什么

 竹下听风 15:44

来自身边同事的记录

她教会我用班级日志带班

广州市第八十九中学　邹莹

2013年9月，我开始担任我的第一个班级的任课老师。由于刚刚入职，不认识任何有经验的老师，我的心里更多的是担心，担心自己的宽容会变成对孩子们的溺爱，担心自己的严格会使得孩子变得死板，也担心自己种种好的动机却会给孩子带来不理想甚至反面的结果。然而，在新教师培训会上，万老师精彩的讲座让我浮躁而忐忑的心找到了方向。

万老师的教育方法和教育理念，对于目前的我来说，简直就像教材一样——只能学习，无法超越。作为一个初学者，我只能先按照万老师的理念，先学个形式，至于具体内容只能是慢慢来了。这学期，我做得最大的学习实践就是班级日志的书写。

细读她所带的每一届班级的日志，都令我惊叹不已。

在参阅了万老师多本班级日志后，我发现，万老师的每个班级日志的前言或者称为序都是由她书写的一封信或者是一篇鼓励的短文。于是，我便选择一封信的格式写给我的学生，并亲自朗诵给他们听。开始，孩子对这本班级日志的态度是——它是神圣的，属于我们自己班级的。一段时间后，通过班级日志让我了解了班里很多上课和下课所看不到的内容。例如，大家上课的状态，谁容易打瞌睡，谁上课很积极活跃，哪个同学乐于助人，哪个小伙伴很贴心，谁很会唱歌及大家对新班的态度和看法，等等。通过这些间接表述，也让我看到了不少孩子身上的闪光点，让我更了解我的学生。对于学生而言，他们通过写和评班级日志增加了与同学之间的交流，更增强了同学们的班集体荣誉感。

前一段时间，班级日志的正面和积极的作用还比较大，但是也随之产生了一些问题。第一，学生的日志越来越趋向于一个模式，先谈同桌，然后谈班上同学，最后聊聊老师，就这样很开心地把一篇日志完成了。这一点与最初让学生写班级日志的初衷是不符的。班级日志是为了让学生记录当天发生的有趣的事件和精彩的故事的。第二，学生的日志中，正面的、积极的事例并不多，反而是某些上课爱睡觉的同学，哗众取宠的一些事例篇幅过多。而且，大家只是停留在对事情的描述上，并未深层次看到事情的本质或者是问题的根源，甚至有点为了写日志而写日志的嫌疑。

在与万老师多次沟通和交流后发现，出现这些问题的根本原因其实还是在我自己。我只是希望先学会万老师的一个形式，可是这个形式如果没有内容的要求，它也会走样。在书写班级日志的过程中，许多潜在的问题也是我没有注意到的。例如，学生刚开始出现一个模式的写法时，我没有去进行适当的提醒；学生在表述班级中不良现象时，我并没有在老师的角度表明我的立场，以至于让学生逐渐形成了不合理的价值观、不正确的认知观。

作为班级的领路人，最关键的是要给学生正确的引导和及时的鞭策，流于形式的想法注定不会有好的结果。对于不擅长的内容，我们应该是边学习边应用，千万不能应用完后，便不再学习。班级日志，是学生发表自己观点和形成自己思维和想法的良好平台，反映了一个班级的班风和班貌，更是老师了解学生状态，掌握学生思想动态和帮助学生形成正确人生观、价值观的媒介。办好班级日志，不仅仅是班级管理的一大亮点，对学生和老师更是受益无穷。

难怪万老师所带的历届班级都那样优秀，这是和万老师一以贯之的正确的德育理念分不开，更和她持之以恒且与时俱进的陪伴与点拨分不开。我不断地在学习中反思，在反思中成长，期待将来我也会拥有万老师带班时的游刃有余。

用心良苦的引路人

——听《向着梦想奔跑》主题班会有感

广州市第八十九中学　郭秀云

长久以来，我一直错误地以为在一个全年级精英集中的学生团体里老师是不需要太费心的，我也曾单纯地以为只有普通班的孩子会有那么张扬的个性和匪夷所思的想法，以及小小的自负心理。然而在和文杰（原来在普通班，后来进入一班）的多次交流中渐渐了解到一班的奇人异事，在办公室看着万老师为学生做的点点滴滴，听着一班的孩子回顾3年流金岁月及感触万老师的经验分享和思考，在亲身体验参与这样一堂主题班会课时，除了敬佩，更多的是从细节中感受用心良苦的引路人带着一群孩子一步步坚定地向前奔跑！

一、她教孩子们学会感恩

万老师生日前夕，文杰和我说起他们一班的孩子为万老师准备礼物的方案时，我就很感动了。后来的母亲节，文杰再次和我说起一班的孩子为给万老师过一个不一样的母亲节，居然悄悄商量了N套预备方案，一定要把向来感性多情的文科班的礼物比下去，不让万老师说他们是机械的理科佬时，我更是感慨万千——万老师用了什么魔法征服了这群孩子啊？虽然万老师一直说她怎么担得起孩子的深情厚谊，可我知道，她担得起！我记得，她说过要让孩子懂得感恩老师，首先要教会他们感恩父母、感恩同伴，然后自然而然地他们就懂得感恩老师了。今天感恩主题班会上一班周沫晗同学和他的母亲一起分享的流金岁月故事就是万老师的感恩班会后布置的"作业"，孩子背着母亲徒步1800m的故事……这些故事让人既感动又羡慕，但这些暖人心故事的背后不是一班的孩子天生比其他人早熟、比其他人懂事——记得最开始在这个年级高一时，这可是全年级唯一一个没给老师送教师节礼物的班啊。两年半之后，他们却个个变得像个贴心小棉袄，这样的蜕变绝不是偶然的。

二、她的教育，润物细无声

"嘉诚不是班上主持能力最强的孩子，表现力不算活跃甚至很内敛，可为何选他当主持人呢？主要是希望学习进步如此之大，性格却偏内向的他能在这样的活动中展现自己、锻炼自己，给他的高中生活留下永难忘怀的记忆！班会完美与否不是最重要的，重要的是让所有应该得到锻炼的孩子都有机会站在这么多人面前展现自己，为他能够在以后走向社会时大方地表达自己的想法或意见迈出第一步……年轻老师开班会总是力求完美，让优秀的孩子尽情表演，殊不知，班会上最需要得到锻炼的不是能力已经很强的孩子，恰恰是能力还不够强的孩子，原生态的真实的班会更能触动人的心灵！"万老师说完这段话之后，我第一次由衷地感到：用心做教育不仅需要智慧和艺术，更需要真心实意为学生着想，为学生的终生发展考虑。我想，这就是所谓的教学生3年，为学生想30年吧！而嘉诚也在万老师逐步引导下，从一个成绩平平的孩子进步为五校联考的理科冠军。孩子的进步，凝聚了老师多少心血和汗水啊！

三、她的教育落到实处

万老师总告诉我，德育活动要想深入孩子的心灵一定要做好两点：第一，引领到位；第二，狠抓落实。从衡水回来之后，万老师连续4节课为一班和七班的孩子从人文景观、衡水揭秘、潜入腹地、亲密接触获取衡水中学高三第一手资料，再到白求恩纪念馆的所行、所思、所感一一和同学们进行分享。有活动就一定有体验，有体验就一定有感悟，有感悟就能够触动心灵。万老师的每一次活动都能做到不浪费时间，抓住每次简单活动的契机提升到更高层次的教育。记得五校联考前，她曾为我们班的孩子上了半节班会课。虽然只是半节班会课，但字字珠玑，句句触动孩子的内心，鼓舞他们的士气和斗志。这一幕我至今想起都觉得备受感染，更让我触动的是，那天是双周测刚结束，万老师那天既要批阅试卷，又要给自己班级上课、开班会，还要准备星期三的工作室活动。可第二天一大早，她就给我们班的孩子做了一个昨天班会的调查反馈问卷，还收齐所有的试卷并批改完所有问卷，给每个孩子一个分数及寄语，然后教我如何去落实。那几天，万老师每晚都是1：30以后才睡！

感受她的教育，领悟她的指导，我开始一步步反思自己的教育方式，开始更仔细地思考自己的教育目标和目的。万老师的主题班会，我选了自己班上5个孩子和我一起去听，我一直反问自己：我如何能把这堂班会的精神传递给那些没去听班会的孩子？我预期想达到什么样的效果？他们多少会有些触动，我如何将触动化为行动落实下去？沿着这样的思路，我开展了一堂题为"传承一班精神"的主题班会。

1. 如何传承这次班会的感染力和震撼力

难得的一次班会我们班却不能全体参加，怎么办？选5个人去听课之前，我跟万老师表达了我的初步想法，请教她我该如何指导这5个人听什么。万老师为我细致地指导选择5个内容进行记录，并叮嘱我这5个人的选择需要考虑哪些条件。于是，我按照她教给我的思路选择学生，并为学生设计、打印了一份《向梦想奔跑》主题班会听课反馈表。而这份反馈表最后发到了全年级每个听课的孩子手上，从收上来的反馈表我们感受到孩子和以往任何一节听大课不同的是，他们因为有了听课指引而受益更多！

我发下这份表给5个孩子后，告诉他们表中5个内容分别需要记录什么，哪些点需要和我们自己的班级进行对比思考记录，哪些是需要记录他们的感人故事等。晚修开始，我回收他们填写的记录表，看着他们的点滴记录和思考的问题，我能看到这次班会课对他们5个人已经产生了非常大的触动。我针对他们写的内容安排这5个人分别从5点内容出发谈自己这次班会课上的感受。

2. 如何达到我想要的预期效果

思想不是灌输的，一定是在各抒己见的碰撞过程中达成共识的；意识也不是传授的，是在交流的过程中引导自发生成的。要想达到真正的传承，必须让绝大多数孩子开口说话，表达自己内心的真实想法。

5个前去听了一班班会的孩子，分别从5个方面谈自己的所听、所思，这一次我在让他们表达的同时，适时调动班级其他人的积极性。凯求先从宣誓的气势和宣誓词谈起，当我投影出那些宣誓词时，凯求带领大家进行宣誓，气势虽不及一班振奋、激昂，但这样一个开头对他们还是有点小小的震撼。宇康谈的是班风问题，于是我抓住他提及的问题抛给其他人：什么是班风？我们有没有良好的班风？外人对一个班级的班风是从哪里感受到的？依依说的是坚持，她抓住了班会中几个感人的小故事，每个故事都触动人心，但令人感触最深的一件事便是我们班和一班那场动人心魄的足球赛，在此之前，所有的班级都以大比分落后败在了我们班的足下——毕竟体育特长生多的班是不好惹的呀！可一班硬是将2∶1领先的比分坚持到加时赛，直到把我班体育生急红了眼，疯狂反扑才以3∶2险胜一班。我再次抓住这个契机问班级几个足球狂热分子：为何平时没时间踢球，却整天泡在题海中的一班的"书呆子"有这样的表现？他们和其他班级最大的不同在哪里？他们谈到了一班学生的团结力量、协作精神、不达目的誓不罢休的毅力！还有三个为集体荣誉挂彩的男生！我也立刻针对他们的回答因势利导，引导他们思考在学习上、体育赛场上最不可或缺的是什么精神？我班存在哪些问题？该如何改进？通过一步步引导，孩子们在自我反思中明白，我们和一班的差距远不是成绩落后、基础薄弱那么简单，大家共同商议，达成共识并决定在后期克服困难、解决问题，向一班学习！

3. 如何化触动为实际行动

班会进行到第二步的时候，效果已开始呈现良好态势，但是感触毕竟是个短暂的东西，如果不能落实到实际行动中，便不能化作持久的动力支持他们向更高远的梦想前进。于是班会的尾声，我告诉他们：剩下的192天里，写一句最想送给自己的话以此鼓励自己。这时候有的同学开始窃窃私语，有的同学开始左顾右盼。我告诉学生：这些话是你发自内心想送给自己的，所以闭上眼向自己的内心寻求答案，你的同学帮不了你。于是课室安静下来，每个人开始用心思考最想对自己说的话。然后收齐学生说的话，我安排他们制作成卡片，贴在班级的板报里，但愿他们的话语能够时刻提醒他们激励自己。

古人云："天下大事必作于细，天下难事必作于易。"从万老师那里，我深刻体会到了班主任之事必作于细，从细节培养人的健康人格，从小事锻炼人的自信和能力，从活动提升孩子追求梦想的实干精神，这是教育唯一的捷径。

一气呵成的教育

——一堂即兴班会带来的震撼

广州市第八十九中学　陈晓欣

我是一个刚毕业就做班主任的老师，幸运的是，入职第一年就遇见了万老师。她不厌其烦地帮助我们这些年轻班主任解决种种棘手的问题。

冯同学是我班上一个比较特殊的孩子，说他特殊主要是从两方面来讲。

第一，家庭背景特殊。孩子出生于一个单亲家庭，家里没有母亲，只靠父亲一人抚养。

第二，行为习惯特殊。他是一个特别嗜睡的孩子，只要在课堂上，基本上都是倒头大睡，尤其是在文科的课堂上。

正是因为这孩子老在课堂上睡觉，尤其是文科课，所以我班的历史老师经常在我面前抱怨这个孩子，让我好好做他的思想工作。当然，我也不懈怠，已经多次跟他谈心。文科课上，我经常巡视课堂，虽然我该做的事情一件没落下，但是这孩子还是自顾自地睡觉，作业完不成。在我眼里，这孩子虽然有很多毛病，但我知道，他本质不坏，只是自制力不足才导致有这样的习惯，改变思想才是"根治"这孩子坏习惯的良药，可是如何改变他的思想却是困扰我很久的难题。

这一天，冯同学又跟历史老师在课堂上发生冲突，原因是历史老师今天穿的牛仔裤在某个角度看像是没有拉上裤链（其实是拉上的）。这孩子比较调皮，就写在一张小纸条上，然后让周围的同学把纸条传给了我班另一个孩子。

历史老师发现了这张小纸条，以为全班同学都知道了这件事情，作为一名新老师，的确情绪会有很大的波动，而且课堂上的表现也会受到很大的影响。课后，历史老师马上找到我，很生气地跟我说起这件事情，她认为教师的尊严受到了侮辱。作为班主任知道了这事情，我也很恼火，想直接把这熊孩子叫到办公室来批评一顿，但是这时万老师制止了我，她让我和历史老师都冷静下来，然后帮我们想办法来教育这个孩子。

下午的班会课，万老师趁着她自己班的孩子去听讲座的时间，给我班开了一堂即兴班会课，针对的就是这件事情。下面，我就来回顾当时发生的事情，以及我自己的看法吧。

万老师一开始，先问我们班所有的孩子是否知道今天历史课堂上发生的一切，结果让我们大吃一惊，历史老师认为全班同学都知道，所以她觉得特别难堪。而事实是，班上只有两名同学知道缘由。接着，万老师让冯同学说说这件事情是如何发生的，他做这件事情的目的是什么。万老师这样的处理方式，在我看来至少有两点值得我去学习：

一、给予孩子说出心里话的机会，这是我认为最重要的

作为老师尤其是新老师，最容易走进的一个误区是：把自己放在一个比较高的位置，把孩子放在一个比较低的位置，总是认为自己的想法就代表权威，孩子需要受到正确的教育，结果是所谓的教育很容易变成了说教模式，慢慢地我们进入了一个死循环，我们老说道理，孩子老犯错误，老师与孩子之间存在了一个怎么都打不开的死结。给孩子说话的机会，其实就是告诉孩子，我们的地位是平等的，我想听听你的声音、你的想法，我不是想批评你，只是想帮助你更好地成长。给孩子说话的机会，另一个作用是拉近师生距离，让孩子放下防卫心理，这样教育的效果才能更好。

二、及时发现孩子的闪光点

孩子在说出心里话的时候，万老师都是很认真地在聆听，用很真诚的眼光看着他。这孩子确实本性不坏，一开始就没有把责任推卸到任何一个人身上，一直在说是自己的问题，与他人无关。他很感谢万老师百忙之中还带病给他上一节班会课。万老师从冯同学简单的几句话中，就能发现他身上至少两点优点：第一，懂得感恩；第二，有担待。有很多"问题学生"认为自己在老师眼

里没有优点，只有缺点。如果我们能够及时发现孩子的优点，并适时给予表扬，那么孩子会觉得在班里获得了尊重，师生距离也会进一步拉近，老师对孩子的教育也会更加容易进行。

接下来，万老师也提到了帮助冯同学传纸条的几位孩子，指出他们存在的问题：一是课堂上不该传纸条；二是如果身边的同学犯错误，作为同学、朋友不能袖手旁观，而应该立刻制止。

我很欣赏万老师的这种教育方式。因为作为教育者，我们不能只针对一个点，而应该针对一个面，从一件小事中发现问题所在，以小见大，给孩子树立正确的价值观与人生观。在本次班会课中，万老师给孩子诠释了一个词——看客。何谓看客？看客就是对于看起来和自己没有关系的事情漠不关心，甚至以旁观者的身份、围观的心态来看着伤害他人的事情发生。引导学生从这件小事入手，思考如果身边的朋友、亲人或者是陌生人受到伤害，我们是袖手旁观还是及时出手制止？

后来，我们还谈到假如出现类似的事情，我们该怎么做才能既保护到当事人，又能避免出现尴尬？我们写下一份承诺书，承诺今后要成为一名怎样的人。

令我震撼的是，这节临时班会虽是即兴的班会课，可功力深厚的万老师在这节临时班会课上的教育却是一气呵成，似乎是预设许久的！我们的教育很多时候只是停留在说和想这一步，其实对于孩子来说，我们更应该对他们的行动有进一步的指导才行，毕竟他们还是孩子，在处理事情上，可能他们的出发点是好的，但是缺乏处理事情的经验，所以往往好心办坏事。作为老师，我们不能只指出孩子的问题所在，更要指导孩子今后遇到这类事情的时候，该如何去解决。用承诺书的形式提醒孩子、鞭策孩子，对孩子的教育也有很好的强化作用。

经过这次的即兴班会课，我自己也受益匪浅：

第一，教育孩子一定要先被孩子接纳，获得孩子的信任。

第二，教育孩子要从小事入手，引导孩子往更大的方面思考，而不仅仅是停留在表面。应该由点及面，再由面及点，班级教育与个人教育两手都要抓，两手都要硬，教育效果才好。

第三，从说教改为动之以情，晓之以理，走进孩子心灵深处。

第四，最好的德育是引导孩子如何做，给出指导性的建议，不断强化与落实。

【万博工作室公号小编】

那天和万老师吃饭，她不断地接到同事和学生的电话、信息和微信，问她有没有看到某体育老师发的朋友圈。原来是她们学校有个体育老师写了一篇文章《教坛女英雄》发在自己的朋友圈。小编一边感叹万老师魅力无穷，一边哭着准备找这位体育老师补语文去！

下面我们一起来看看体育老师的文采和万老师的风采。

教坛女英雄 女版陆菲青

——一个体育老师眼中的万老师

广州市第八十九中学 谭一流

一、教坛女英雄：女版陆菲青

昨天在学校工作QQ群上得知我校学生唐珑毓同学已被香港浸会大学录取，潜意识地一愣，这是万博老师的学生。每年高考后的一个月，在我的眼里就是一个"封神榜"时间，不仅仅是对学生，对教师也是如此，可能是自己学生时代看小说太多的缘故，脑子里想的东西总是那么奇幻。对于自己身边的朋友，特别是一些能人，我都喜欢根据其特点在武侠小说里寻找角色与之配套，那万博是何许人呢？我想到的是金庸小说《书剑恩仇录》中的陆菲青，小说里以教书先生身份隐藏在江湖的武当派名宿，既精擅武当柔云剑术（此剑术一经发动就连绵不断，在一招之后，不论对方如何招架退避，第二招顺势跟着就来，如柔丝不断，春云绵绵），又擅长用"芙蓉金针"打穴。

万博老师

毕业典礼合影

二、高手巧出招，招到病速除

第一次听到万博这个名字是几年前刚入职时，校长在介绍我们学校时提到的。在我的概念里，能人的名字总是饱含意境的，当时我想到是杨昌济对毛泽东说的"修学储能，先博后渊，坚忍"。第一次见万博老师是在她的一节班会公开课上，她一身旗袍登场，如果每个人都有自己独特的磁场，那她的磁场就是粉红色的奶油巧克力水帘，浸润人心。当然，这也是一次非常精彩的班会课。在评课时，大家都赞不绝口，我思考的是，真正精彩的不是课堂这40分钟，而是这40分钟之外与学生一起相处的那些生活。后来经过与万老师的学生交流，深刻感受到万老师所带的学生具有的那种阳光与大气。后来得知，原来学生们都爱管她叫"万妈"。其实，学校教育就是师生相处的一段生活，能给学生用"妈"来称呼，可想而知，这位班主任与学生的那段生活是何等精彩与感人肺腑。所以，女版陆菲青的称呼非万博老师莫属。她一出招，任何学生都招架不住，面对奇难杂症的各类学生，她的"'芙蓉金针'打穴"也同样"招到病除"。

朋友圈截图

三、桃李满天下，高手在民间

班主任，可以说一个权力最小而对人类奉献最大的主任。在应试教育的大环境中，很多事情是教师无法改变的，我们唯一能做的就是发挥自己的功力去不断丰富、追求这个结果的过程。虽然万老师的桃李已经遍布全国各名校，但同样衷心祝愿万老师能培养出更多、更优秀的学生。致敬这位优秀的班主任，女版陆菲青——万博。

朋友圈与学生合影图